어떤 죽음에도 당신의 책임은 있다

Der KILL SCORE

어떤 죽음에도 당신의 책임은 있다
지속가능한 삶을 위한 작은 실천

초판 1쇄 인쇄일 2023년 6월 20일 **초판 1쇄 발행일** 2023년 6월 26일

지은이 야코프 토메 | **옮긴이** 유영미
펴낸이 박재환 | **편집** 유은재 | **관리** 조영란
펴낸곳 에코리브르 | **주소** 서울시 마포구 동교로15길 34 3층(04003) | **전화** 702-2530 | **팩스** 702-2532
이메일 ecolivres@hanmail.net | **블로그** http://blog.naver.com/ecolivres
출판등록 2001년 5월 7일 제201-10-2147호
종이 세종페이퍼 | **인쇄·제본** 상지사 P&B

ISBN 978-89-6263-253-8 03300

책값은 뒤표지에 있습니다. 잘못된 책은 구입한 곳에서 바꿔드립니다.

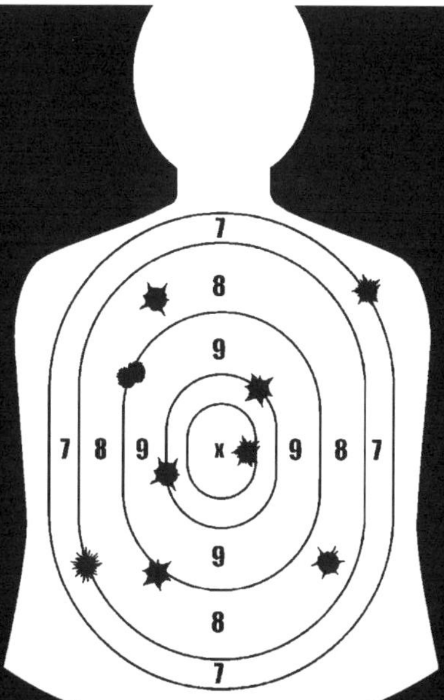

어떤 죽음에도 당신의 책임은 있다

야코프 토메 지음 | 유영미 옮김

지속가능한 삶을 위한 작은 실천

에코리브르

차례

"살인에는 두 가지 방식이 있다. 하나는 단도직입적으로 '죽이다'라는 동사로 지칭할 수 있는 살인이고, 다른 하나는 '삶을 불가능하게 만들다'라는 완곡어법으로 표현할 수 있는 살인이다. 이것은 많은 공범자가 천천히, 은밀히 행하는 살인이다. 이것은 코로자(종교재판 때 죄인에게 씌우던 모자—옮긴이)도 화염도 없는 화형으로, 재판관이나 판결도 없이 종교재판에 의해 집행되는 처형이다."

–에우헤니 도르스(Eugeni d'Ors), 《고야의 삶(La vida de Goya)》(1928)

"당신의 삶이 시대에 좌우된다고 생각하나요? 그럴 거예요! 하지만 행동이 곧 시대라오."

–조지 고든 바이런(George Gordon Byron), 《만프레드(Manfred)》(1817)

일러두기

참고문헌. 모든 중요한 수나 사실, 인용의 출처는 기본적으로 텍스트 안에서 밝혀두었다. 하지만 독서의 흐름을 고려해 모든 출처를 직접적으로 언급하지는 않았다. 대신 본문에 인용한 순서대로 참고문헌 목록에 출처를 실어놓았으니 참고하기 바란다. 세심하게 참고문헌을 밝히지 않았기 때문에 출처를 찾는 것이 약간 수고스러울지도 모르겠지만, 논의가 자연스럽게 흘러가는 데 비중을 두었다.

수와 사실. 킬 스코어(원서 제목이 Der Kill Score이고, Kill Score를 우리말로 옮기면 '살인 지수'나 '살인 점수' 정도가 될 것이다. 하지만 여기서는 따로 번역하지 않고 그대로 '킬 스코어'로 두었다—옮긴이)라는 말에서 미루어 짐작할 수 있듯이 이 책은 기본적으로 탐정 소설을 표방하긴 하지만 내용상 계산이나 측정이 많이 들어갈 수밖에 없다. 이 책을 위해 취재하는 과정에서 같은 질문을 두고 서로 다른 대답을 제시하는 연구들과 마주쳤다. 이런 경우 나는 세부 사항을 일일이 다루지 않고 그냥 의견의 다양성만 전달했다. 세세한 부분까지 살펴보는 건 이 책의 범주를 넘어서는 일이기 때문이다. 같은 질문에 대해 의견 차이가 특히나 크게 나는 경우에는 본문에서 설명하거나 주를 첨가했다. 그러나 모든 수에서 '신뢰 구간'을 따로 언급하지는 않았다. 관심 있는 독자들은 원전을 참고하기 바란다.

1부

새로운 사례

01

외코와 콩알 세는 사람들

독일어에 외코(Ökos: 영어의 eco라는 뜻으로 환경론자 중 한 부류를 일컫는다—옮긴이)라는 말이 있다. 지속가능성이라는 주제가 나오면 독일 사람들은 외코를 떠올린다. 외코라는 말은 두덴 사전에도 등재되었다. 어떤 사람에겐 명예로운 호칭이지만 어떤 사람에게는 모욕으로 다가오는 말이다.

굳어진 이미지는 참 고집스럽다. 외코라는 비하적인 말 배후에는 지속가능성은 무언가 유약한 것이라는 가정이 숨어 있다. 경제사회계의 가열한 현실에 부응하지 못하는 사람들, 사람보다 판다를 더 소중히 여기는 이상주의자들, 또는 나무를 중심으로 손에 손을 잡고 둘러서거나 양팔로 나무를 "감싸 안는" 환경보호론자들을 위한 평행 세계라고 할까. 외코와 짝을 이루는 영어 단어는 트리 허거(tree hugger)다. 나무를 감싸 안는 사람이다.

외코들을 싫어하는 건 진영을 초월한다. 정치적 우파 중 일부는 환경

보호론자들을 자유 시장의 기적이나 요구를 높이 평가할 능력도 마음도 없는 실패한 정치학자들로 여긴다. 좌파 중 일부는 고학력 가정에서 태어나 미술사를 공부하며 환경운동을 하는 여대생들을 못마땅해한다. 아보카도 스무디를 마시고, 베를린의 프렌츠라우어 베르크(Prenzlauer Berg: 주로 독일의 젊은 전문직 종사자와 부유층이 거주하는 지역—옮긴이) 지역에 살며 환경운동을 한답시고 컨베이어벨트 노동자와 마트 판매원, 계급투쟁 전체를 배신하고 있다는 것이다. 좌파 정치인 사라 바겐크네히트(Sahra Wagenknecht)는 이런 이미지로 대별되는 여대생들에게 "라이프스타일 좌파"라는 별칭을 지어주었다.

대부분의 사람이 기후 재앙에 대한 경고를 숙지하게 되었지만, 그 경고는 여전히 "지구를 구하라"는 슬로건에 그치고 있다. 따라서 인간이 아니라 지구를 구하자는 것이다.

외코. 이 단어는 두 번째 읽을 때도 비하의 뉘앙스를 풍긴다.

그런데 시중에는 또 하나의 "비하적인 말"이 돌아다닌다. 외코가 양이라면 음에 해당하는 말이다. 나는 10년 전부터 지속가능성을 주제로 연구를 하고 있다. 내 주변에는 외코가 별로 없다. 내 세계에는 대신 "콩알 세는 사람들"이 산다. 이런 사람들에게는 영화 〈매트릭스〉의 네오에게처럼 세상이 초록 숫자로 이루어져 있다. 콩알 세는 사람들은 플라톤의 동굴에서의 그림자처럼 실제 현실을 궁색하게 모사하는 추상적 개념과 모델을 가지고 일한다. 자연의 숨 막히는 아름다움, 자연의 힘과 위력에 대한 그들의 반응은 바로 그것을 정리하고, 세고, 목록화하는 것이다.

외코들 또는 콩알 세는 자들은 지속가능성 세계의 주민들로서, 그 세계의 양극을 이룬다. 하나는 자연의 세계에 속하고, 하나는 숫자의 세계에 속하는 극단이지만, 양쪽 모두 공적 세계에 속해 있지 않고, 양쪽 모두 21세기의 가장 중요한 주제와 관련한 불을 끌 능력이 없다.

우리는 지구에 사는 인간보다 지구를 애지중지하는 듯한 외코들일는지도 모른다. 정말로 그런 이미지다. 솔직히 "주요 인물"은 아니다. 즉 정치·경제 분야의 유력 인사거나 대중적으로 존경받는 사람들은 아니다.

또는 우리는 콩알 세는 사람들일지도 모른다. 철학자 발터 베냐민의 말마따나 "추상이라는 얼음 사막"에 거주하며, 동시대를 사는 주변 사람들은 하루하루 실존의 문제로 전전긍긍하는 마당에 에너지 효율성 표준이나 따지고 앉아 있는 그런 사람들 말이다.

나 스스로는 콩알 세는 사람이다. 나나 다른 콩알 세는 사람들의 일은 식물계·동물계·생명계를 온실가스 방출, 생물 다양성 지표, 자연자본 가치로 이루어진 수적 구조로 옮기는 것이다. 우리 콩알 세는 사람들은 지속가능성을 위한 경제적 논지를 제시하고자 한다. 또는 이것이 잘 안 되면 수를 망치 삼아, 도덕적 행동 명령을 인간의 양심 속으로 못 박아 넣고자 한다.

우리 콩알 세는 사람들은 한 나라의 수도나 금융 중심지에 위치한 너무 밝거나 너무 어두운 조명의 회의실에 갇혀서 인생을 살아간다. 이 책의 아이디어는 2018년 1월 어느 추운 날 프랑크푸르트암마인의 한 회의실에서 탄생했다. 나는 유럽 시장을 강력하게 휘어잡을 금융 혁신인 녹색 채권(Green Bond)을 주제로 강연해 달라는 초청을 받아 프랑크푸르트암마인에 갔다. 녹색 채권은 기업·금융 기관·정부가 자신들의 녹색 이미지를 높이고, 최소한 이론적으로는 녹색 프로젝트를 위한 기금을 모으기 위해 발행하는 채권이다. 녹색 채권은 이미 경제지와 일간지의 1면을 장식한 바 있고, 불과 몇 달 전 독일 은행 코메르츠방크(Commerzbank)가 최초로 녹색 채권을 발행하겠다고 나섰다. 정책 입안자들이 이런 시류에 편승했고, 정부는 녹색 국채를 발행했으며, 전문가들은 이 수단의 기준을 마련하고자 애썼다. 독일 연방정부는 2년 뒤에 첫 "녹색 연방 유가증권"으로 이런 흐름에 합류할 터였다.

회의실 안은 순식간에 논쟁으로 뜨거워졌다. 과연 원자력을 녹색 에너지원으로 봐야 할까?[1] 청중 한 사람은 태양광 패널에 녹색 채권을 발행하여 자금 지원을 해준 미국의 예를 언급했다. 하필 태양광 패널이 주차 빌딩에 설치되었다며 파렴치하지 않느냐고 했다! 또 다른 사람들은 투자가들이 보고 의무가 있지만, 그런 보고가 충분히 투명할지, 정말로 녹색 투자가 이루어질 수 있을지를 물었다. 원래 이 오후에 모인 작은 그룹의 콩알 세는 사람들에게 이 대화는 그리 나쁠 것이 없었다. 하지만 내가 호텔방으로 돌아가 저녁을 보내고자 회의실을 나섰을 때, 내 목도리를 더 꽉 매게 만든 것은 차가운 1월의 공기만은 아니었다. 내가 방금 건너온 발터 베냐민의 (추상이라는) 얼음 사막 때문이기도 했다. 나는 이렇게 자문했다. 누가! 누가 이 모든 걸 이해할 수 있을까?

몇 달 뒤 내게 이 질문에 답할 기회가 주어졌다. 우리는 소액 투자가들도 '지속가능성'이라는 종목에 연계된 상품에 투자할 수 있도록 도와주는 MeinFairMögen 플랫폼을 막 구축한 참이었다. 당시 우리는 작업의 일환으로 우리의 목표 집단이 "지속가능성과 금융"을 어떻게 이해하고 있는지를 알기 위해 설문조사를 해야 했는데, 나는 마지막 순간에

조사팀에게 부탁하여 설문지에 꽤나 진부한 질문을 끼워 넣도록 했다. 바로 "녹색 채권이란 무엇인가?"라는 질문이었다. 물론 나는 답을 알고 있었고, 그것에 대해 설명할 수도 있을 터였다. 그러나 일반 사람들은 그것을 어떻게 생각할까? 콩알 세는 사람들의 현실과 살아 있는 현실에는 얼마만큼의 간극이 있을까?

우선 녹색 채권이 갖추어야 할 요건이 아닌 것에 대해 잠시 살펴보자. 녹색 채권을 발행하기 위해 "녹색 기업"(혹은 금융 기관)일 필요는 없다. 언젠가 완전히 "친환경 기업"이 될 의무도 없다. 나아가 더 친환경적이거나 보다 기후 친화적이 될 의무도 없다. 탄소 발자국을 1000퍼센트 더 늘리면서도 녹색 채권을 발행할 수 있다. 채권에서 공모할 수 있는 녹색 사업을 하는 것으로 충분하다. 단, 그렇게 모인 돈은 녹색 사업에만 사용할 수 있다(주차 빌딩이나 원자력 발전소에 설치한 태양광 패널은 어떻게 보아야 할지 규명해야겠지만 말이다).

녹색 채권이 진행되는 메커니즘이 명쾌한 마당에 어떤 문제가 생겨날 수 있을까? 그러나 현실은 그렇지 않았다. 설문조사 결과 내 진부한 질문에 응답한 2000명 중 90퍼센트가 녹색 채권을 오해하고 있는 것으로 드러났다. 그들은 더 친환경적인 기업이 되지 않고도 녹색 채권을 발행할 수 있다는 점을 도무지 납득할 수 없어 했다. 물론 나 역시 약간의 혼동을 예상했지만 90퍼센트가 이럴 줄은 몰랐다! 나는 녹색 채권에 대해 강의하고 지속가능성의 기준을 협의했다. 그러나 진실의 핵심은 말하지 않았던 것이다. 그래서 아무도 우리를 이해하지 못한다. 그리고 우리를 이해하는 사람은 우리를 믿어주지 않는다.

이것은 커다란 문제의 작은 예에 지나지 않는다. 커다란 문제는 "지속가능성"이라는 말로 홍보되는 내용이 일반인에게 얼마나 먹혀들지 않는가 하는 것이다. 나는 내 주변 반경을 벗어나면 거의 아무도 알아들을 수 없는 말로 이야기를 했다. 이것은 슬픈 진실이다. 내가 바로 문제의 일부고, 나는 음악을 연주하면서 로마가 불타는 것을 지켜보고 있는 형국이다.

전문가들이 상아탑에서 즐겁게 지내며, 세상과 동떨어져 함께 음악을 연주한다 해서 뭐 어떠냐고? 세상이 다 그렇지. 다 나름의 질서를 갖고 존재하지 않느냐고?

하지만 이건 괜찮지 않다! 왜냐하면 전문가들은 사람들을 설득해야 하기 때문이다. 그리고 여기서 중요한 것은 의사소통이다. 명확한 생각과 메시지다. 우리는 감정적 언어를 전문 용어만큼 잘 구사해야 한다. 나무를 껴안는 사람들은 그들의 감정을 구조화하는 것을 배워야 하겠지만, 콩알 세는 자들은 감정의 모호함과 막연함에 대한 반감을 극복해야 한다. 그도 그럴 것이 인간은 감정적으로 납득이 되고 스스로가 올바른 결정을 내렸다고 확신할 때만 자기 본연의 과제를 감당할 수 있을 것이기 때문이다. 과제란 기후 변화를 줄이거나 돌이키는 것, 세계의 생태계를 지켜나감으로써 우리 스스로를 보호하는 것이다. 우리는 공동으로 연대하여 함께할 때만 우리 스스로와 세계를 구원할 수 있다. 그렇지 않으면 모두가 함께 실패할 수밖에 없다. 기후 연구만큼 홍보 문제가 가시적으로 드러나는 곳도 없다. "기후 변화"라는 말만 봐도 그렇다. 기후 변화? 흠, 내가 "변화(Wandel: '변화'라는 뜻도 있지만 '걷기'라는 뜻도 있다—옮긴이)"를 정말로 두려워할까? 이 말에서 치명적 눈사태보다는 느긋한 일요일 산책이 더 연상되는 것을? 그리고 대부분의 사람이 기후

라고 하면 어차피 매일 바뀌는 날씨를 생각하는 마당에 기후 변화에 대한 전망이 그렇게 충격적으로 다가올까? 실내 온도도 제대로 감지하지 못하는 우리에게 지구 온도가 섭씨 2도 상승할 거라고 떠들어 봤자, 그것이 사람들을 불안하게 할까?

어둡게만 보고 싶지는 않다. 희망의 빛도 보인다. 많은 사람이 이런 문제를 인식했기 때문이다. 영국의 〈가디언〉지는 그러는 동안에 "기후 변화"라는 말을 "기후 위기"라는 말로 대체했다. 기후 위기라고 하면 더 강하게 다가온다. 세계자연기금(WWF) 로고에 등장하는 판다를 모르는 사람은 별로 없다. 판다는 유니세프 광고의 영양실조에 걸린 어린이를 제치고, 공항에서 더 많은 모금액을 달성하고 있다. 끔찍하고 충격적인 홍수 사진들과 해수면 상승으로 인한 범람 사진들은 강렬하다. 대규모 비영리 단체는 이러한 미디어 연출을 활용하여 자신들에게 기부를 하거나 소비를 줄이도록, 종국에는 정치적으로 활동하도록 촉구한다. 그러나 이것은 개별적인 경우들이다. 여론을 만들어가고, 목소리를 내고, 사회적 양심을 부추기는 것은 결국은 외코들과 콩알 세는 자들의 몫이다.

2007년 미국의 환경운동가 빌 맥키번(Bill McKibben)은 버몬트의 교양대학인 미들베리 칼리지 학생들과 더불어 350.org라는 환경단체를 설립했다. 이 단체 이름은 NASA 기후 과학자 제임스 핸슨(James Hansen)에게서 비롯되었다. 핸슨과 동료들은 대기 중 이산화탄소 농도가 상한선인 350ppm(100만 개의 입자 중 350개—옮긴이)을 초과하지 않는 한 무해하다는 결론을 내렸다. 350.org라. 흠, 360도와 비슷하게 들리는 말이다. 360도는 이스탄불에 있는 내가 좋아하는 식당의 이름이기도 하다. 모든 환경운동가는 이제 이 숫자를 보면 거의 향수를 느낄 지경이다.

그도 그럴 것이 우리는 오래전에 이 숫자를 따돌렸기 때문이다. 대기 중의 이산화탄소 농도는 400ppm을 훌쩍 넘어버린 지 오래다.

맥키번과 대학생들은 스스로를 350.org라고 불렀다. 이런 이름을 조금 더 구체적으로 살펴보기로 하자. 자, 우리의 현대적 삶의 토대는 100만 개의 구슬 중 350개(또는 400개) 이하를 색칠하는 데 그쳐야 한다. 그중에서 550개만 색칠해도 무참한 결과를 초래할 것이다. 그러나 이런 뉘앙스를 누가 실감할 수 있을까? 350.org는 환경단체로서는 꽤 성공했지만 이런 이름은 지속가능성에 대한 대부분의 논의가 (현실 지구가 아닌) 평행 우주에서나 진행되고 있음을 보여준다.

작은 수나 큰 수나 별로 다르지 않다. 내가 나 스스로 먹는 음식을 통해 1년에 1500킬로그램의 이산화탄소를 방출하고 있다고 말한다면, 많은 사람은 헷갈리는 표정을 지을 것이다. 아, 그게 많은 건가요? 적은 건가요? 누가 그것을 말할 수 있을까? 비밀을 하나 말해두자면 대부분의 지속가능성 전문가들도 그것을 알지 못한다(지구인 한 사람이 음식으로 배출하는 이산화탄소 평균치는 1690킬로그램을 갓 넘는다).

혹은 독일의 탄소 발자국을 살펴보자. 2021년 독일의 온실가스 배출량은 7억 6200만 톤이었다. 많은 것 같아 보인다. 숫자로 표현하면 762,000,000이다. 하지만 이것이 무슨 의미일까? 7억 6200만 톤이 기후와 환경에 어떤 영향을 미칠까? 이런 글로벌한 논의에서 숫자는 의미를 잃는다. 숫자가 제기되지만, 피부에 와닿지도 않고, 이해되지도 못한다.

콩알 세는 사람들과 외코들의 홍보에 문제가 있다는 지적은 뭐 당연한 소리다. 하지만 이 문제의 근본 원인은 딱히 뭐라고 말하기가 힘들다. 한 가지 확실한 것은 우리 콩알 세는 자들이 데이터와 분석으로 문제를 해결할 수 있다고 생각한다는 것이다. 하지만 너무나 자주 우리의 삽질이 분석의 먼지 속에 진실을 묻어버리곤 한다. 진실은 각주, 괄호, 뉘앙스, "만약 그러면 그때는", "그러나 그 밖에", 가능성, 물음표, 영리한 정의, "개념", "틀", "원칙"에 갇혀 질식해 버린다.

금융 포트폴리오의 기후 목표를 준수할 수 있는지를 테스트하기 위해 2015년 우리 팀이 만든 첫 번째 지속가능성 모델인 파리 협정 자본 전환 평가(The Paris Agreement Capital Transition Assessment, PACTA) 모델을 돌아보면 가슴이 서늘해진다. 우리는 우리의 모델을 사용하는 투자자들에게 포트폴리오당 30만 개의 데이터 포인트를 제공했다. 하지만 누가 이런 세부적인 것들을 살펴보거나 하물며 이해할 시간이 있었겠는가? 나중에 돌아보니 그런 결과물을 작성했다는 사실이 미친 짓으로 생각되었다. 슬픈 진실은 내가 당시에는 이런 자료를 만들고 자랑스러워했다는 것이다.[2]

세계의 복잡성은 정확한 수치에 반영된다. 복잡한 것을 정확하게 표현하려 하면, 고려할 것이 많아 단순화하기가 쉽지 않다. 그러나 이것은 홍보에는 도움이 되지 않는다. 기후 변화와 관련하여 홍보 문제는 특히나 두드러지게 나타나지만, 기후 변화 외에 다른 분야도 마찬가지다. 가령 노동 안전 분야에서는 TRCF(Total Recordable Case Frequency)와 LTIFR(Lost Time Injury Frequency Rate)을 구분한다. 첫 번째 용어는 사고가 일어난 횟수를 나타내는 것으로 약간 감이 오지만, 두 번째 용어는 기이하게도 부상당한 직원의 부재로 회사가 얼마나 어려웠는가를 측정하는 것이다. 원래의 부상은 뒷전으로 밀려난다.

지속가능성은 복합적이다. 그 또한 어제오늘 일이 아니다. 하지만 거기에는 엄청난 문제가 숨어 있다. 많은 것이 어느 때 정말 많은 것이고 적은 것이 언제 정말로 적은 것인지를 이해하지 못한다면 어떻게 사회적 변화를 기대할 수 있겠는가?

녹색 채권에 대한 우리의 설문은 내 눈앞에 이런 진실을 가차 없이 들이댔다. 그러고는 내가 프랑크푸르트에서 그렇게 얼음 사막을 건너듯 방황한 지 1년쯤 지났을 때 동료이자 친구가 문자 메시지로 내게 2009년부터 그라츠에 있는 체계적 음악학(Systematic Musicology) 연구소 소장을 맡고 있는 리처드 판컷(Richard Parncutt)이 쓴 기사를 링크해 보내주었다. 기사에서 판컷은 인간을 죽이는 데 몇 톤의 이산화탄소가 필요한지를 "반정량적" 평가로 예측해 놓고 있었다.[3] 그의 글은 2019년 심리학 저널에 실렸다. 음악학자가 심리학 저널에 기후 변화의 치명적 결과를 다룬 글을 기고하다니 꽤 묘하다는 생각이 들지도 모르지만, 판컷은 정곡을 찌르고 있었다.

몇 톤의 이산화탄소가 기후로 인한 사망자 1명을 낼 수 있는지를 측정할 수 있다면, 그것을 1킬 스코어로 환산할 수 있다. 콩알 세는 자인 내 두뇌는 곧장 덜거덕거리며 돌아가기 시작했다. 30만 개의 데이터 필드나, 여러 페이지에 걸쳐 방법과 지표에 대한 지루한 설명, 또는 귀여운 판다와 나무 사진이 필요 없는 지속가능성 지표가 여기에 있었다. 킬 스코어는 우리의 관심을 끌 뿐 아니라 사로잡는다. 나는 판컷의 글을 읽은 뒤 며칠간 다른 생각을 할 수 없었다.

문제는 다만 판컷이 이 이야기를 끝까지 파헤치고 계산하고 있지 않다는 것이었다. 가해자는 누구이며 피해자는 누구일까? 왜 여성 소비자 이야기만 했을까? 금융 기관과 그들의 녹색 채권 내지 기업들은 어떻게 되었을까? 어찌하여 그는 기후 변화에만 국한했을까? 모든 '범행 현장'을 점검하고, 모든 희생자를 헤아리지 않으면 킬 스코어는 불완전 상태로 남는다.

따라서 나는 찾기 시작했다. 그리고 발견했다. 일본에 사는 여섯 살짜리 남자아이가 기후 변화가 가져온 이상 고온 현상으로 말미암아 열사병으로 사망했다. 가나의 수도 아크라에서는 한 청년이 플라스틱과 전자 폐기물이 타면서 내뿜는 유독가스에 희생되었다. 모리츠 에르하르트는 런던에서 사흘 밤낮을 쉬지 않고 일한 뒤 사망했다. 멕시코의 한 다리에서는 범죄 조직이 충돌하여 열아홉 사람이 목 매달린 채 발견되었다. 영국의 여학생 몰리 러셀은 소셜 미디어로 인해 괴로워하다가 결국 자살로 내몰렸다.

이런 죽음을 접하면서 나 스스로에 대해서도 깨닫는 바가 있었다. 나는 직업상 세상을 더 지속가능하게 만들고자 노력을 기울였다. 하지만 그 가운데 나는 사람들의 이야기를 논하지 않았다. 나무, 야생동물, 산호초에 관한 기사를 읽고 생물종 멸종과 환경오염이 미치는 경제적·재정적 결과를 연구하고 통계를 냈다. 그러나 그런 가운데 사람들을 시야에서 놓치고 있었다.

물론 지속가능성은 인간만의 문제는 아니다. 귀여운 판다만의 문제도 아니다. 인간이 만들어낸 환경 파괴는 상상을 초월할 정도로 끔찍하다. 추정에 따르면 매년 몇 백만 개체의 생물이 플라스틱 쓰레기에 희생돼 죽어간다.[4] 이런 규모는 우리의 상상을 초월한다. 이 책은 결코 이런 끔찍한 사실을 부인하거나 감추지 말아야 할 것이다. 그러나 솔직히 말해 문제는 우리가 지속가능성과 관련해 동물들에 대해 너무 적게 생각한다는 것이 아니다. 문제는 우리가 스스로를 잘 생각하지 않는다는 것이다.

여기서는 죽음이 개입된다. 알버스 덤블도어가 해리 포터에게 "잘 준비된 마음"에 죽음은 "단지 다음번의 커다란 모험"일 따름이라고 말했던 그 죽음 말이다. 지속가능성 홍보가 무참히 실패하고 있는 것은 우리가 지속가능하지 않은 소비·생산·투자로 말미암아 사람들이 죽어나가고 있다는 참으로 단순한 사실을 제대로 알리지 못하기 때문이다.

바로 이런 통찰이 이 범죄 소설 같은 책을 쓰는 동기가 되었다. 이 책은 지속가능한 삶의 네 가지 핵심 영역, 즉 생태적 영역 두 가지와 사회적 영역 두 가지에 대해 킬 스코어를 한번 내어보려고 한다. 기후변화, 폐기물 및 배기가스, 우리를 병들게 하는 현대적 노동 조건, 익명의 소비를 살펴보고, 현재와 미래 세대의 삶에 미치는 우리의 영향을 분석하고자 한다. 이 이야기는 개인의 결정, 그러나 또한 기업과 금융기관이 내리는 결정으로 말미암는 사망을 중심으로 한다. 그리고 마지막으로 마음 아픈 다섯 번째 현장인 전쟁과 분쟁을 다루려고 한다. 전쟁과 분쟁이 지속가능성과 무슨 관계냐고? 이런 긴장감 넘치는 이야기에서 이 현장이 어떤 역할을 하는지 나중에 드러나게 될 것이다.

사람은 평생 살아가면서 몇 사람을 죽일까? 살인자도 사형 집행인도 아닌 다음에야 이런 질문 앞에서 모두들 편안하게 몸을 뒤로 기댄 채, 자신 있게 대답할 것이다. 한 사람도 죽이지 않는다고 말이다. 판컷은 기사에서 약간 극단적인 시나리오지만 서구 산업 국가의 평균적 주민은 일생에 걸친 이산화탄소 발자국으로 다른 한 사람을 죽인다는 결과를 내놓았다. 몇몇 평가에 따르면 이 수는 너무 낮게 평가된 것이고, 또 다른 평가는 너무 높게 잡은 것이라는 의견이다.

다시 한번 잠시 독일의 탄소 발자국을 살펴보자. 7억 6200만 톤! 이를 아주 상이한 방식으로 해석할 수 있다. 이것이 가령 기후 변화에 현저히 기여하고, 그로 말미암아 생물 멸종, 또는 사망을 유발하는 것으로 말이다. 판컷은 앞으로 기후 재앙으로 1년에 76만 2000명이 희생될 것으로 본다. 다른 학자들의 좀더 보수적인 계산에서도 여전히 거의 20만 명의 희생자가 나올 것으로 예측된다. 이런 수는 모든 이에게 단번에 확 들어온다.

우리는 모두 살인자다. 어떤 사람은 더 많이, 어떤 사람은 좀더 적게 살인한다. 소비·생산·투자에서의 결정으로 우리는 "조기 사망"(곧 더 자세히 살펴보고 점검해 볼 개념이다)에 책임이 있다. 원래 이것은 일반적으로 알려진 사실이지만, 우리는 이를 전 남자 친구의 불쾌한 전화처럼 의식에서 떨쳐버리려 한다.

이 책을 제쳐두어야 할 이유는 많다. 콩알 세는 사람들은 아마 만족하지 못할 것이다. 여기서도 계산이 중요한 역할을 하긴 하지만, 그것은 콩알 세는 사람들의 계산은 아니다. 그들에게 킬 스코어는 너무 일차원적이며, 나아가 단순화된 것일 터이다. 킬 스코어가 끔찍함의 다양함을 두루두루 충분히 고려하지 못하기 때문이다.

이 책은 외코들에게도 마찬가지로 불만족스러울 것이다. 나무와 동물을 껴안고, 이들의 운명에 대해 더 많이 알고자 하는 사람들은 이 책에서는 자신의 관심사를 발견하지 못할 것이다. 내 친구처럼 느낄 독자들도 많을 것이다. 내 친구는 자신의 탄소 발자국으로 한 사람이 생명을 잃는다고 해도 그리 많이 와닿지 않는다고 말했다. 우리가 어차피 공포와 경악, 고통과 죽음이 넘쳐나는 세상에서 살고 있는 마당에 아름다운 삶을 사는 대신 한 사람이 죽어야 한다는 게 뭐 그리 대수란 말인가?

이른바 트롤리 딜레마는 요즘 과학에서 아주 많이 등장하는 모티프다. 브레이크가 고장 난 화물 열차가 선로를 따라 구르고 있다. 열차가 직진하면 레일 위에서 일하던 인부 5명이 죽는다. 그렇지 않고 레일 변환기로 선로를 바꾸면 1명만 죽게 된다. 자, 어떻게 결정할 것인가? 이때 대부분의 사람은 두 번째 선택지를 고를 것이다. 하지만 미국의 철학자 마이클 샌델은 이 문제를 약간 바꾸면 사람들의 선호가 변한다는 것을 보여준다. 레일 변환기로 레일을 바꾸는 대신, 화물 열차를 멈추게 하기 위해 뚱뚱한 사람을 높은 곳에서 선로 위로 밀어 떨어뜨려야 한다면 어떻게 할까? 이런 상황에서 응답자들은 눈에 띄게 불편함을 느낀다. 책임에 대한 느낌이 달라지기 때문이다. 한편으로는 그들이 더 적극적으로 개입해야 한다는 점에서, 다른 한편으로는 더 이상 다섯 사람이 아니라 뚱뚱한 한 남자가 중요하게 부각된다는 점에서다. 희생자가 구체적 윤곽을 얻고, 우리 눈에서 익명성의 베일이 걷히는 것이다.

지속가능성 논의도 이런 식으로 해야 한다. 즉, 통계적 죽음을 전문용어를 섞어 논하는 대신, 가나의 후세이니 혹은 런던의 몰리 이야기를 하면서 우리의 생태적·사회적 발자국을 추적해야 한다. 눈을 질끈 감고, 총을 꺼내 방아쇠를 당기고, 사람이 죽어 낡은 건물 마룻바닥에 털썩하고 쓰러지는 둔탁한 소리에 귀를 기울인다고 해보라. 눈을 뜨니 시체가 바닥에 놓여 있다. 몸을 부자연스럽게 잔뜩 구부린 채, 정적 속에서 점점 차갑게 식어가는 시체를 내려다본다. 이래도 우리가 한 사람을 죽인다는 것이 뜨뜻미지근하게 다가오는가?

우리 자신이 아니라 기업에 눈을 돌리면 어떨까? 판컷의 추정에 따르면, 모 패스트푸드 체인은 햄버거를 팔아 하루에 24명을 죽음으로 내몬다. 여기서 주의해야 하는 것은 이것이 햄버거가 건강하지 않은 음식이어서가 아니라 육류 생산이 장기적으로 초래하는 생태학적 결과와 관련한 죽음이라는 것이다.

죽음을 생각하는 걸 마뜩잖아하다 보니 킬 스코어라고 하면 우선 거부감을 느끼고 주저하는 마음이 든다. 누가 그런 걸 생각하고 싶겠는가? 하지만 킬 스코어가 식은 죽 먹기처럼 들리지 않더라도 이를 피해갈 수는 없다. 우리 모두는 언젠가 죽겠지만, "자연적" 죽음과 "때 이른" 죽음은 커다란 차이가 있다. 레프 톨스토이의 소설 《안나 카레니나》는 다음과 같은 유명한 문장으로 시작한다. "행복한 가정은 서로 비슷비슷하지만 불행한 가정은 제각기 다른 방식으로 불행하다." 이와 비슷하게 자연적 죽음은 모두 비슷하지만, 때 이른 죽음은 그렇지 않다.

이런 문장은 우리가 정말로 킬 스코어 이야기를 하고 싶지 않게 할지도 모른다. 때 이른 죽음에 대해 이야기하고 싶지 않고, 이와 관련한 범죄 현장을 세세하게 점검하고 싶지도 않다. 그러다 보면 그 현장에서 우리 자신의 발자국도 발견될 것이기에 말이다.

피해자가 있는 곳엔 가해자도 있는 법. 이 책은 가해자들이 있는 죽음을 다루고자 한다. 때로는 이런 가해자들을 쉽게 찾을 수 없을 것이다. 소설 미디어 피해자 몰리의 이야기, 일본 소년의 이야기, 모리츠의 비극적 운명 이야기는 특히 가슴이 아프다. 여기서는 사람이 죽임을 당했는데, 눈을 크게 뜨고 둘러봐도 가해자는 도무지 보이지 않기 때문이다. 몰리는 자살을 했고, 일본 소년은 열사병으로 죽었으며, 모리츠는 간질 발작을 일으켰다. 그러나 그 밖에 정말 아무도 관여하지 않았을까? 아무도 책임이 없을까?

가해자를 찾아 나설 때에야 비로소 생태적·사회적 측면에서 우리의 발자국으로 우리가 어떻게 사람을 죽일 수 있는지를 이해할 수 있다. 직접 마트에 가서 식료품을 구입할 것인지 온라인으로 주문하고 배달시킬 것인지, 자전거를 탈 것인지 택시를 탈 것인지, 플라스틱 쓰레기를 재활용할 것인지 아무 생각 없이 쓰레기통에 버릴 것인지와 같은 이런 일상적인 결정들이 어느 정도로 치명적 결과를 불러오는지, 그리고 우리가 무엇을 다르게 할 수 있는지를 규명해 보려고 한다.

나는 여전히 마음으로는 콩알 세는 자다. 콩알 세는 자로서, 나는 신과 악마는 세부적인 것에 숨어 있다는 걸 안다. 그리고 이것은 정말로 범죄 이야기이기에 범죄 소설에서처럼 정확하고 방법적으로 신중하게 규명되어야 한다. 커다란 의문이 풀려야 한다. 사망의 책임은 누구에게 어느 정도로 있는가? 누가 책임져야 하는가? 행동에 대한 귀인 연구로부터 얻은 새로운 통찰을 통해 책임에 대한 우리의 이해는 어떻게 변할까?

하지만 소비자에게만 책임을 덮어씌울 수는 없다. 이 책은 재활용이 어떻게 지구를 구하는지를 보여주는 또 한 권의 책이 아니다. 상품을 소비하는 것 외에 상품을 만들어내는 주체들도 중요하다. 아이가 납으로 오염된 물을 먹는다면, 그 물을 주는 엄마가 아이를 죽이는 것인가 아니면 상수도 시설이 죽이는 것인가? 헤로인 중독자는 스스로를 죽이는 것인가 아니면 딜러가 그를 죽이는 것인가? 기업에 투자하는 금융 기관은 어떠한가? 그들은 자본으로 국민 경제의 기관실을 돌리고, 글로벌 기업의 소유주로 등장한다.

이 범죄 이야기에는 세 부류의 용의자가 있다. 바로 소비자·생산자·투자자다. 이들 모두는 분명히 킬 스코어에 본인들이 기여하는 역할을 무시하기로 암묵적으로 짠 듯하다. 여기에는 원고도 판사도 없다. 그러므로 피고도 없다.

하지만 새로운 사건이 테이블 위에 놓였고, 조사해야 할 범죄 현장이 있다!

첫 장을 마치기 전에 나는 콩알 세는 사람들만큼 중요한 친구에게 잠시 돌아가야 한다. 바로 외코에게로 말이다. 우리는 앞서 몇 페이지에서 외코를 등한히 했다. 콩알 세는 자들이 추상적인 얼음 사막에서 부지불식간에 대부분은 의도하지 않은 채, 진실을 그냥 파묻어 버린다면, 우리의 외코는 어떤 비난을 받을 수 있을까?

콩알 세는 자들이 무엇을 잘못하고 있는지 말하는 것은 쉬웠다. 나도 그중 하나니까. 외코의 잘못을 꼬집기가 내겐 더 힘들다. 하지만 이 타입들에겐 지적할 것이 두 가지 있다. 우선은 외코는 사람들의 주의를 지구로 돌린다. 그들이 플래카드에 애용하는 모티프를 잠시 가져와 보자. 그것은 바로 “행성 B는 없다”이다.

다음으로 외코의 모토를 보자. 그것은 바로 “Primum non nocere”, 즉 “무엇보다 해를 가하지 말라”는 것이다. 환경에 부정적이고, 지속가능하지 않은 발자국을 남겨서는 안 된다는 것이다. 나는 이런 전제에 어느 정도 공감한다. 하지만 이런 전제를 곧이곧대로 적용하려는 것은 분명히 현실에 맞지 않는다. 외코들은 우리의 킬 스코어는 절대적으로

0이 되어야 한다고 말한다. 우리는 삶의 그 어느 곳에서도 이렇게 급진적으로 생각하지 않는다. 값비싼 약물 치료를 승인하거나 화재경보기를 설치하는 문제에서 우리는 한편에서는 삶과 죽음을, 다른 한편에서는 경제적 이익과 예상되는 수요 사이에서 계속 고민한다. 따라서 왜 지속가능성 분야에서는 이런 기본 원칙을 포기해야 한단 말인가?

삶과 죽음에 대한 결정을 트레이드오프(Trade off: 상반되는 것들 사이의 균형을 맞추는 일—옮긴이) 관계로 고려하는 것은 사람을 냉소적으로 보이게 할 것이다. 그러나 무엇보다 이 책의 범죄 현장에서 살펴보게 될 것인바 트롤리 딜레마는 우리의 삶에서 일상적으로 일어난다.

때로는 이렇게 트레이드오프로 보는 것이 잘못일 테고, 때로는 우리가 찾지 못할 뿐 화물 열차에 브레이크가 있을 것이다. 그러나 때로는 또한 그렇지 않다. 물론 우리는 이사야 벌린이 말했듯이 "내부의 요새"로 물러나 세상에 등을 돌림으로써 우리의 발자국을 지우거나, 아예 애초에 발자국이 생겨나지 않도록 할 수도 있을 것이다. 이런 길은 사회적 고립으로, 모든 즐거움을 포기하는 길로 이어진다. 행복한 길은 아니다. 우리도 살아야 한다. 그리고 삶을 최대로 향유하기 위해서는 니체의 말마따나 "위험하게 살아야" 한다. 발자국을 전혀 남기고 싶지 않는 사람은 어쩔 수 없이 이 세상에서 퇴장해야 한다. 진실은 그로써 또한 도덕은 이런 양극단, 즉 무분별하게 위험하게 사는 것과 내부의 요새로 퇴각하는 것 사이 어딘가에 놓여 있을 것이다. 인간으로 살아간다는 것은 또한 발자국을 갖는다는 의미다. 우리는 우리의 발자국에 영향을 끼친다. 심지어 힘을 행사한다고도 말할 수 있을지 모른다. 우리가 가는 길을 늘 미리 정할 수 있는 것은 아니라도 우리가 시대, 배경,

경제·사회적 조건에 매여 있고, 그런 조건하에서 성장한다고 하더라도 말이다. 이런 상황들은 우리의 힘을 제한할 것이다. 그러나 행동하고자 하는 의지를 제한할 수는 없다.

책임, 나아가 죄가 어디에 있든지 간에 여하튼 경제적 원심력과 도덕적 원심력이 상호 작용하여 킬 스코어가 산출된다. 사람들이 죽어간다. 이것은 잔인한 진실이다. 우리 모두 이런 진실과 대면할 시간이다. 외코들과 콩알 세는 자들이 홍보를 좀 다르게 해야 할 시간이다. 이런 잔인한 진실에 뭔가 대항해야 할 시간이다.

스릴러와 같은 이 책의 이야기는 구체적이며 불편할 것이다. 그러나 이 이야기는 우리가 지속가능성을 이전과는 전혀 다른 방식으로 다루고, 이해할 수 있는 기회가 될 것이다. 해피엔딩을 약속할 수는 없다. 이 이야기가 어떻게 끝날지는 우리에게 달려 있다. 킬 스코어에 온 걸 환영하는 바이다.

02

라이프스타일 죽음에서 킬 스코어까지

이 책의 첫 사망자가 죽은 것은 대체로 자기 책임이다. 우리는 아직 제2부(4~8장)의 범죄 현장에 있지 않다. 우리의 스릴러는 그다지 눈에 띄지 않는 뜻밖의 희생자로 시작한다. 그의 이름은 패럴 오스틴 레빗. 딕 패럴이라고도 알려져 있다. 패럴이 나중에는 우리의 킬 스코어에서 등장하지 않을지라도, 그의 이야기는 킬 스코어를 이해하는 데 중요한 도구가 되어준다.

패럴은 2021년 8월 코로나바이러스로 사망했다. 정치적으로 보수 성향을 띤 라디오 진행자로, 미국 우파의 대중적 텔레비전 방송인 뉴스맥스(Newsmax)와 플로리다의 여러 방송국에서 활동했던 패럴은 사망 몇 주 전까지 페이스북에서 백신 접종을 반대하며, 그것을 사기라고 몰아붙였다. 그러다가 얼마 뒤 코로나에 걸려서 사망하는 바람에 슬픈 유명세를 탔다.

패럴의 이야기가 관심을 끄는 것은 그의 죽음을 "라이프스타일 죽음"이라 칭할 만하기 때문이다. 그는 자신의 죽음을 스스로 선택했던 것이다. 65세 생일을 맞은 지 얼마 안 가 사망한 패럴은 60세가 넘은 모든 사람에게 무료로 코로나 백신을 맞혀주는 나라에 살았다. 무료 백신 접종은 2021년 2월부터 이미 시행되었다. 패럴은 2월, 3월, 4월, 5월, 6월 또는 7월에 백신을 맞을 수 있었다. 하지만 그는 미접종을 택했다. 그가 택한 라이프스타일이었다.

물론 어떤 백신도 완벽하지 않다.[5] 백신을 맞았어도 코로나에 걸려 사망할 수 있다. 그러나 여기서 핵심은 바로 선택의 자유다. 2021년 2월부터 60세 이상의 모든 미국 시민은 백신 접종을 할지 안 할지 선택할 수 있었다. 과학은 백신 접종으로 이 변이 바이러스로 사망할 확률을 거의 0으로 낮출 수 있다는 데 의견을 같이한다. 패럴은 백신 접종을 할지 안 할지 선택 앞에 섰고, "고마워. 하지만 난 됐거든!"이라고 말했다. 그런 라이프스타일을 선택한 것이다.

그런 식의 삶을 선택하는 이는 패럴만이 아니다. 그의 죽음은 오히려 많은 사람이 라이프스타일로 스스로를 죽음으로 몰아가는 이 시대와 세대의 전형적인 죽음이다. 흡연, 음주, 마약, 자살, 설탕, 지방, 운동 부족. 우리는 죽음을 가져다주는 무기를 선택하고 제련한다. 이런 무기를 사용하면 어떤 효과가 나는지는 자세히 연구되었다. 그래서 우리는 거의 모두가 알코올, 마약, 설탕 등을 소비하는 것이 어떤 결과를 초래하는지를 아주 정확히 알고 있다. 이번 장의 요점을 미리 발설하고 싶지는 않지만, 그러나 우리는 정직하게 다음과 같이 물어야 하는 것이 아닐까. 우리가 스스로에게 해가 되는 일을 하고 스스로를 죽음으로 몰아가면서, 어떻게 다른 사람들에게는 해를 끼치지 않고 있다고 생각하는 걸까?

하지만 언뜻 보기에 패럴의 이야기는 우리와 별 관계가 없어 보인다. 대다수의 유럽인은 예방 접종을 했고, 백신 반대자들을 경멸하고, 그런 사람들의 태도를 비과학적으로 여긴다. 그러나 한편으로 우리는 자신의 라이프스타일이 우리 스스로를 죽이고 있음을 인정하지 않으려 한다. 거의 모두가 적잖이 "비과학적"으로 행동하는 것이다. 패럴이 백신 반대 운동의 선봉에 서면서 누렸던 아드레날린이 솟구치는 기분은 시원한 맥주, 콜라, 햄버거, 담배, 마약을 통해 아드레날린이 솟구치는 기분을 느끼는 것과 기본적으로 별다르지 않다. 우리 모두는 거의 매일 소비 결정을 내린다. 이런 결정이 우리의 사망 진단서에 사망 원인으로 기입되지는 않을 것이다. 하지만 그런 사망 진단서를 생각보다 빠르게 가족들의 손에 쥐여줄 위험을 상당히 높인다.

물론 이런 (종종은 무의식적으로 내리는) 결정이 우리의 동료 인간들에게 미치는 영향은 굉장히 다양할 수 있다. 우리가 다른 사람들에게 해를 끼치는 곳에서는 대부분 국가가 개입한다. 그리하여 담배세와 교통 법규가 있고, 특정 영역에서 일하는 근로자는 의무적으로 예방 접종을 해야 한다. 하지만 우리의 라이프스타일을 통한 (자유로운) 죽음은 널리 용인된다. 우리가 법을 어겨가며 자신에게 겨눌 수 있는 무기는 몇 되지 않는다.

물론 엄밀히 말해 술이 우리를 죽이는 건 아니다. 술이 없는 세계에서도 모두가 결국은 다 죽을 테니까. 과도한 알코올 섭취는 "다만" 죽음을 앞당기고, "평화로운" 죽음이 아닌 더 고통스럽고 아프고, 보통은 또한 비용을 많이 들이면서 삶을 끝내게 할 따름이다. 하지만 그럼에도 많은 사람은 기대 수명이 5년 혹은 10년, 15년, 20년 짧아지는 것을 감수하고 알코올 같은 중독 물질을 즐긴다.

딕 패럴은 백신을 허풍으로 여겼을 수도 있다. 하지만 바이러스가 치명적일 수 있음은 이미 의식하고 있었다. 그럼에도 위험을 감수했다. 백신 반대 운동으로 대중의 많은 관심을 받고, 페이스북에서 '좋아요'를 많이 얻었기 때문일지도 모른다. 아무튼 패럴은 목숨을 걸고 도박을 하다가 진 셈이다.

자기를 파괴하는 것과 삶을 누리는 것 사이의 경계는 어디에 있을까? 우리는 이 책에서 계속해서 이런 문제에 천착할 것이다. 내 아내가 아침마다 모든 영양소가 최적으로 배합되어 있는 휴엘 파우더를 물에 타서 식사 대용으로 먹겠다고 선언하면, 많은 사람이 고개를 절레절레 저을 것이다. 이런 식사를 해서 통계적으로 평균보다 수명이 몇 달 더 늘어날 수 있다고 해도 말이다.[6] 그와 비슷하게 우리는 아침부터 맥주를 열 잔이나 들이켜는 친구에게 제정신이 아니라고 열을 낼 것이다. 하지만 우리 모두는 그보다 덜 극단적이고 덜 의식적일지는 몰라도 이와 비슷한 행동을 하면서 살아간다. 그렇다면 마지막으로 제기되는 질문은 우리가 이런 행동으로 스스로를 해칠 때, 그 모든 것이 또한 주변 세계에도 어떤 영향을 끼치지 않겠는가 하는 것이다.

하지만 이 두 세계, 자기 자신의 세계와 다른 사람들의 세계는 서로 어떤 관계에 있을까? 우리는 얼마나 많이 스스로를 죽음으로 내몰고 있을까? 라이프스타일 살인, 즉 이 책의 주제인 킬 스코어는 이미 어느 정도의 규모로 이루어졌을까?

이에 대한 답을 찾기 위해 우선 연방통계청의 사망 통계를 들여다보자. 이런 통계는 사망 원인에 대해 더 이상 상세할 수 없을 정도로 굉장히 상세한 정보를 알려준다.

사망 원인 V011("보행자가 자전거와 충돌하여 부상당함: 교통사고")과 V019("보행자가 자전거와 충돌하여 부상당함: 교통사고로 사망했는지, 교통 외의 사고로 사망했는지 특정할 수 없음") 사이의 차이를 보자. 2019년에는 4건의 사망 사례가 첫 번째 그룹으로 분류되었고, 1건이 두 번째 그룹으로 분류되었다. 따라서 이런 예만 봐도 독일의 통계는 너무 시시콜콜하다는 걸 알 수 있다. 그리하여 나는 여기서 등을 돌려 다른 나라의 통계를 예로 들어보기로 하겠다. 바로 영국의 통계를 말이다. 영국은 인구통계학적으로, 사회적으로 독일과 구조가 비슷한 반면, 영국 사람들은 더 실용적이며, 그들의 실용주의는 공적 통계에도 반영이 된다.

영국 통계청은 사망 사례를 "피할 수 있는" 죽음과 "피할 수 없는" 죽음으로 구분한다. 언뜻 보면 왜 이렇게 분류하는지 잘 이해가 가지는 않지만 말이다. 그리하여 HIV/AIDS 관련 사망은 언제나 모든 상황에서 항상 "피할 수 있는" 죽음으로 여겨진다. 만 75세가 안 되어 결핵으로 죽는 것도 "피할 수 있는" 것으로 여겨진다. 하지만 75세가 넘어서 결핵으로 사망하면 "피할 수 없는" 죽음으로 본다. 이것을 더 잘 이해하기 위해 영국과 이탈리아가 겨루었던 2021년 유럽 축구 선수권 대회 결승전을 찾아가 보자. 관중들 중 그 누구도 자신이 어떻게 죽을지 생각하지 못했을 것이다. 모든 관중은 자신의 팀을 응원하느라 정신이 없었을 것이다. 하지만 이 경기장의 관중이 영국 인구를 대략적으로 대표하는 집단이라고 생각해 보자(물론 대표한다고 보기는 좀 그렇지만 말이다. 왜냐

하면 이 경기의 관중들은 국적이 서로 다른 사람들로 구성되어 있었고, 압도적으로 남자가 많았기 때문이다). 그러면 이런 관중들의 예로 누가 어떻게 죽을 것인지를 상당히 잘 조망할 수 있다.

경기장에 약 6만 5000명의 관중이 있었다고 해보자. 그리고 이에 해당하는 사망 원인 목록을 살펴보자. 다음 목록은 영국 통계를 바탕으로 한 것이지만, 전 유럽과 서구 세계 전체에 적용할 수 있을 것이다. "피할 수 있는" 사망 사례는 다음과 같다(위에서 언급했듯이 특정 범주의 경우 연령에 따라 분류가 달라지긴 한다).

- 가장 흔한 사망 원인은 심혈관 질환으로, 1800명이 이로 인해 사망할 것으로 보인다.
- 두 번째로 흔한 사망 원인인 폐암으로 1429명이, 기타 암으로 2200명이 세상을 떠날 예정이다.
- 약 1200명이 (교통사고 외의) 사고로 사망할 듯하다.
- 알코올 섭취로 말미암은 질병으로 484명이 희생될 것이다.
- 자살로 생을 마감하는 경우도 400명 이상에 이를 것이다.
- 287명이 폐렴으로, 7명이 유행성 독감에 희생될 것이다.
- 약 140명이 교통사고 사망자로, 주로 도로 교통에서 일어난 사고로 사망할 것으로 보인다.
- 95명은 의료 "과실"로 죽게 될 것이다(과실이라는 말은 상당히 무해하게 들리지만 말이다).
- 59명은 간질로 사망할 것이다.
- 약 50명은 살해당할 것이다.

- 12명은 결핵에 희생될 것이다.
- 9명은 마약 남용으로 세상을 떠날 것이다.

이를 제외하고 나머지 82퍼센트는 "피할 수 없는" 사망 사례에 들어간다. 6만 5000명의 관중에서 5만 5000명이 조금 못 되는 사람이 그에 해당한다.

개발도상국을 대상으로 이런 사고 실험을 수행하면 비율이 다르게 나온다. 하지만 서구 산업 국가에서는 라이프스타일 죽음이 중요한 역할을 하고, 그것에 관심이 많다. 나는 위에서 사망 원인을 이야기했다. 사실 이런 통계는 질병을 포함한 "무기"를 열거하지만, 진짜 원인은 반영되지 않는다. 알코올과 마약, 자살은 특히 눈에 띄는 "사망 유형"으로 열거되지만, 운동 부족, 흡연, 과도한 지방과 설탕 섭취 같은 다른 악습은 사망 원인으로서는 찾아볼 수 없다. 이런 것들을 발견하려면 질병이 만들어낸 베일을 걷고 질병 뒤에 숨은 원인을 살펴야 한다.

폐암은 치명적인 질병이다. 그런데 사실 폐암으로 숨졌을 때 그 뒤에 숨은 진짜 사망 원인은 흡연인 경우가 많다. 미국 보건복지부 산하 기관 질병통제예방센터(CDC)는 폐암으로 인한 사망의 90퍼센트가 흡연에서 비롯되었다고 본다. 따라서 누군가가 폐암으로 사망했다고 말하는 것은 누군가가 총으로 사망했다고 말하는 것만큼이나 어불성설이다. 두 경우 모두 원래의 방아쇠가 아니라 사망에 이르게 한 도구를 말하고 있기 때문이다.

심혈관 질환과 비만도 그렇다. 이 둘의 관계는 종종 인용되지만, 여기서도 짧게 짚고 넘어가는 것이 좋을 듯하다. 로베르트 코흐 연구소에 따르면 독일 남성의 3분의 2, 여성의 절반이 과체중이다. 과체중의 이유는 여러 가지이지만, 설탕이 결정적 역할을 한다. 반면 놀랍게도 대부분의 국가에서 식단에서 지방이 차지하는 비율은 지난 30년간 감소했다.

미국인은 하루 평균 5테이블스푼의 설탕을 섭취한다. 이는 의사가 권장하는 용량의 세 배에 달한다. 5테이블스푼이면 각설탕 18개에 해당한다. 미국의 최근 연구에 따르면 설탕이 함유된 청량음료로 전 세계에서 매년 18만 명이 사망한다. 또한 독일 할레 비텐베르크 대학교 학자들이 규명한 바에 따르면, 독일에서 연간 진단되는 모든 심혈관 질환의 절반(연간 16만 명)이 굉장히 건강하지 않은 영양 섭취에서 기인한다. 유럽 전체로 따지면 연간 100만 명이 건강하지 않은 영양으로 심혈관 질환을 진단받게 되는 것이다.

그러나 개별적 질병과 사망 유형에 대한 이런 통계는 전반적인 그림을 그리는 데는 약간 미흡하다. 우리는 아직 "때 이른" 죽음 혹은 "피할 수 있는" 죽음이 어느 정도 규모인지 대답하지 못했다. 따라서 다시 한 번 20세기를 돌아보면서 전반적인 그림을 그려보자.

이런 간단한 의학사적 윤곽에서는 사망 원인을 늘 상세하게 확인할 수 없다. 하지만 우리의 결정이 죽음과 어떻게 연결되는지, 즉 우리의 결정이 어떻게 죽음을 불러오는지는 알 수 있다. 전체적으로 볼 때 20세기에 마약, 담배, 알코올, 운동 부족, 영양, (무분별한) 성관계와 같은 넓은 의미에서의 라이프스타일로 약 4억 명이 죽음을 맞았다. 그리고 훨씬 더 많은 사람이 뇌졸중이나 심장병으로 사망했는데, 이런 질환들 역시 라이프스타일로 말미암은 것일 때가 많다. 나는 뇌졸중이나 심장병으로 사망한 경우는 라이프스타일 죽음으로 분류하지 않았는데, 라이프스타일 죽음의 규모를 가늠하기 위해 그렇게까지 할 필요는 없다. 하지만 위에서 언급했듯이 더 정확히 분석하면, 여기에도 라이프스타일로 말미암은 죽음이 숨어 있을 것이다.

따라서 라이프스타일 죽음은 20세기 사망 원인에서 높은 비중을 차지한다. 이것은 전쟁이나 전쟁의 여파가 가져온 죽음보다 더 많은 희생자를 낳는다. 이제 거기에 우리가 얼마나 많은 라이프스타일 죽음을 무시하고 있는가(심혈관 질환 뒤에 숨은 원인들)를 감안한다면 라이프스타일 죽음은 20세기 후반에 가장 흔한 사망 유형으로 부상한다.

"라이프스타일"이라는 말은 다소 오해의 소지가 있다. 라이프스타일이라고 하면 우리는 흔히 타고 다니는 자동차나 멋진 옷차림, 음악, 맥주나 와인을 (너무) 많이 홀짝이는 지적인 저녁 시간, 여행과 모험을 떠올리기 때문이다. 그리하여 미국의 두 경제학자 앤 케이스(Anne Case)와 앵거스 디턴(Angus Deaton)이 명명한 "절망의 죽음(Deaths of Despair)"이라는 머리에 쏙 들어오는 말이 더 적절할지도 모르겠다. 이런 우려스러운 현상이 라이프스타일 죽음의 전반을 다 포괄하지는 못하지만 어쨌든 많은 경우 그런 라이프스타일을 선택하게 하는 슬픈 원인을 반영해 준다.

적어도 20세기 말부터 서구 사회에서 라이프스타일 죽음이 지배적인 사망 원인으로 자리 잡았는데, 이는 상당히 극적인 인식이다. 인간이 자연에서 나왔고 자연의 일부라 할지라도 인류 역사의 첫 200만 년간 인간을 죽음으로 몰고간 주된 적은 자연이었기 때문이다. 자연의 무기는 질병과 불리한 환경 조건이었다.

하지만 어느 순간 인류는 자연에 대한 지배권을 획득했다. 백신, 항생제, 제왕절개 등 의학적 업적과 눈부신 기술 발달은 인간이 자연 선택의 물결에 희생되지 않도록 보호해 주었다. 그리하여 인간은 예나 지금이나 자연의 산물이긴 하지만 스스로를 자연에서 해방시켰다. 인간이 사물과 자연의 진행에 개입하고 결정하여 상황이 정반대로 바뀌었다고 말할 수 있다. 그리하여 자연 선택의 종말이 중대하고 치명적인 결과를 빚을 수 있다는 우려 섞인 논문들이 등장하고 있다.[7]

이런 변화의 결과, 20세기에 약 4억 명이 라이프스타일로 죽음을 맞았다. 이것은 굉장히 과소평가된 수치이지만, 이만해도 정말 어마어마한 수가 아닐 수 없다.

따라서 많은(어쩌면 모든) 사람이 자신의 라이프스타일로 스스로에게 해를 가하고 있다. 이런 마당에 우리의 라이프스타일이 우리 주변에 해를 끼치지 않을 수 있을까? 그건 있을 수 없는 일이다. 그리하여 우리는 라이프스타일 죽음에서 라이프스타일 살인으로 나아간다. 바로 우리의 킬 스코어로 말이다.

직접적으로 미치는 효과는 모두가 알고 있다. 코로나에 걸렸을 때 딕패럴은 주변의 몇몇 사람에게 바이러스를 옮겼을 확률이 높다. 간접흡연이 비흡연자에게 피해를 주는 것처럼 말이다. 여기서 흥미로운 동시에 경악스러운 사실은 우리가 이제 더 이상 우리 자신이나 이웃뿐 아니라 간접적으로 오늘과 내일, 여기와 모든 곳에서 각종 생물과 사람을 죽이고 있다는 것이다. 개인적으로 서로 알지도 못하고, 존재조차 모르는 그런 사람들을 말이다. 앞에서 나는 라이프스타일 죽음을 가리고, 덮고, 간과하게 하는 베일에 대해 이야기했다. 이를 침묵의 외투라고 말할 수도 있을 것이다. 이런 침묵의 외투가 우리의 킬 스코어를 은폐하고 있다. 이 외투를 들추자. 벗겨버리자! 그리고 킬 스코어와 대면

하자.

인류 역사의 첫 번째 장에서는 자연이 인간을 죽였다. 두 번째 장에서는 예기치 않은 전환에 이르러 우리 인간은 자연의 많은 부분에 대한 지배권을 획득했고, 자연 위에 군림할 수 있다고 생각했다. 그러나 마지막으로 인간에 의한 자연 지배는 인간 스스로를 죽이기에 이르게 되었다.

이제 인류사의 세 번째 장에서 우리가 자연을 지배하는 힘과 우리 삶을 편리하게 하는 기술이 새로운 희생자를 내고 있다. 바로 다른 사람들을 희생시키고 있는 것이다. 새 시대가 열렸으니 바로 킬 스코어의 시대다.

이 모든 것은 새로운 일이 아니라고 이의를 제기할 수 있을 것이다. 전쟁과 분쟁에서, 그리고 식민주의를 불 지핀 우리의 라이프스타일을 통해 사람들은 예전에도 서로를 죽여왔지 않느냐고 말이다. 유감스럽게도 전쟁 중에 살인은 일상이다. 오늘날이나 1만 년 전이나 마찬가지다. 스티븐 핑커는 그의 책 《폭력: 인류의 새로운 역사》에서 인류는 오늘날 옛날보다 덜 폭력적이라고 주장한다. 그렇다면 오늘날 새로운 것은 무엇일까? 우리는 어째서 우리의 킬 스코어로 과거 시대와 다른 범행을 저지르고 있는 것일까? 이런 질문에 답하기 위해 지난날의 범죄자들을 잠시 소개하는 것이 좋을 듯하다.

첫 번째 범죄자 유형은, 이왕이면 전부 다 소개하기 위해 언급하는 바, 탐욕·정욕·두려움·사랑 혹은 랠프 월도 에머슨이 〈사랑〉이라는 에세이에서 이야기하듯 "모든 것들이 생명과 의미를 얻게 하는" 어떤 다른 정열에 이끌려 아주 구시대적인 방식으로 타인을 죽이는 개인이다. 이 책에서는 취급하지 않는 낡은 유형의 범죄자다.

하지만 이런 유형의 범죄자를 완전히 제쳐버리기 전에 이와 관련하여 두 가지 문제점을 언급하고 넘어가기로 하자. 첫 번째 문제점은 넷플릭스 다큐멘터리와 범죄 실화(True Crime) 팟캐스트를 통해 범죄자를 도덕적으로 다르게 평가하는 문화적 변화가 가속화하고 있다는 것이다. 대중은 범죄자의 성격적 약점에 병적으로 매료되어 더 이상 범죄자의 잔인성을 인정하려 하지 않고, 심각하게 보려 하지 않으며, 때로는 "공감적"으로 반응하기까지 한다. 살인이 더 이상 혐오스러운 것으로 인식되지 않고, 오히려 매력적인 것으로 여겨지고 "어쩔 수 없는 것"으로 받아들여질수록 문화적 환경에서 킬 스코어를 제한하고 줄여나가는 것이 어려워질 수밖에 없다.

두 번째 문제는 특정 범죄자 유형을 배출하는 조건에 대해 집단적 책임을 묻기가 힘들다는 것이다. 첫 번째 범죄자 유형의 경우 우리는 개인에게 꽂혀서 너무나 종종 사회나 "시스템"을 잊고 대신 그 개인을 우리가 두 번째 범죄자 유형으로 소개할 "영웅"의 축소 버전으로 여기기 십상이다.

사회 위에 서서 개인으로서 급진적으로 행동하는 "영웅" 이론은 특히 영국의 작가 토머스 칼라일(Thomas Carlyle)과 연결된다. 칼라일은 간결하게 딱 잘라 "세계사는 영웅들의 전기"라고 말한다. 우리의 두 번째 범죄자 유형이 바로 그들이다. 그러는 동안에 이런 개념의 현대적이고 중성적인 개념도 등장했다. 바로 옥스퍼드 대학교의 역사학 교수인 디아메이드 맥클로흐(Diarmaid MacCulloch)가 고안한 "커다란 야수(big beast)"다.

영웅 혹은 야수 이론은 19세기에 고안되자마자 공격을 받았는데, 그중에서 아마도 레프 톨스토이의 공격이 가장 잘 먹혀들었던 듯하다. 톨스토이는 이른바 영웅을 "역사의 노예"라고 여겼다. 그럼에도 오늘날 역사에서 자행된 살인과 학살 이야기를 할 때 우리는 늘 이 "영웅"의 마력에서 헤어 나오지 못한다. 우리는 칭기즈칸이 얼마나 많은 사람을 죽였는가 하는 이야기를 만난다. 칭기즈칸을 따르는 몽골인들이 아니라 칭기즈칸 혼자서 그 모든 행위를 대표한다. 히틀러, 스탈린, 마오쩌둥 그리고 오늘날에는 푸틴에 희생된 사람들의 수를 헤아리고 비교하지만, 이런 사람들을 독일인, 중국인, 러시아인의 희생자라고 말하지는 않는다. 카이사르가 갈리아를 정복했을 때, "적어도 요리사 한 사람"은 데리고 있었을 게 아니냐고 했던 베르톨트 브레히트의 생각에 확실히 동의함에도 그렇게 한다.

2022년 초 엘리자베스 2세 여왕이 토니 블레어 전 영국 총리에게 가터 훈장을 수여하자 말들이 많았다. 웹사이트 Change.org에 이런 결정에 이의를 제기하는 청원이 올라오자, 몇 주 되지 않아 100만 명 이상이 동의를 했다. 청원 글에는 토니 블레어 총리는 "여러 무력 분쟁에서 희생된 수많은 무고한 민간인과 군인의 죽음에 개인적으로 책임이 있다"고 되어 있었다. 그렇다. "커다란 야수", 우리는 그들을 사랑하고, 또한 그들을 미워한다.

그러나 우리가 독일인, 러시아인, 중국인 또는 영국인에게 그들의 행동에 책임을 묻기로 한다면, 우리는 다분히 안개 속을 헤맬 위험이 있다. 그도 그럴 것이 세 번째 유형의 범죄자는 무엇보다 이름도 얼굴도 없는 익명의 대중인 것이다. 한나 아렌트는 자신의 에세이 〈집단적 책임〉에서 대중의 익명성을 가리켜 "모두가 죄가 있는 곳에서는 아무도 죄가 없다"라고 쓴다. 1960년에 개봉한 영화 〈스파르타쿠스〉(이 영화에서는 모든 노예가 스파르타쿠스를 자처한다) 또는 애거사 크리스티의 《오리엔트 특급 살인 사건》에서 볼 수 있듯이 한 사람의 '커다란 야수'가 없을 때 모든 개인이 죄가 있는 것으로 드러난다. 큰 죄인(토니 블레어)이 있거나 아니면 우리 모두 죄가 있어서 누가 무엇을 했는지 세부적인 것은 밝힐 수 없게 된다.

이런 편리한 구분은 모든 당사자, 즉 원고와 피고에게 이익이 되는 경우가 많다. 가해자를 싸잡아 크라우트(Krauts: 독일인을 경멸하는 용어—옮긴이) 혹은 로스비프(Rosbifs: 영국인을 경멸하는 용어—옮긴이)라고 부르면서 익명화하면, 따라서 범죄자를 개개인의 인간으로 보기보다 뭉뚱그려 집단으로 보면, 집단 전체를 악마 취급하기 십상인 것이다. 대중은 익명화되고, 싸잡아 하나가 되는 효과를 갖는다. 《군중심리(Psychologie der Massen)》(1895)를 쓴 귀스타브 르봉이나 지크문트 프로이트과 같은 군중심리학의 선구자들과 미국의 사회학자 랠프 터너는 이미 이것을 강조했다. 르봉은 이렇게 말한다. "영향력을 행사하는 군중 속에 한 개인이 오랫동안 묻혀 지내다 보면, 곧 그 군중으로부터 쏟아져 나오는 것들을 통해, 또는 그 밖에 아직 알려지지 않은 원인을 통해 …… 특별한 상태에 있게 된다. 이런 상태는 최면술사의 영향하에 최면에 걸린 사람의 상태와 가깝다."

세월이 흐르면서 르봉이 문제를 지나치게 단순화하고 개인의 행동을 간과해 버린다는 반대 의견이 거듭 제기되기도 했다. 그러나 그의 기본적인 생각이 완전히 그르다고는 할 수 없을 것이다. 공동체적 신념의 그 강력한 흐름에 휩쓸리는 느낌을 모르는 사람이 어디 있겠는가? 우리 모두는 1943년 2월 18일 베를린 체육궁전에서 "총력전"을 부르짖으며 군중을 열광의 도가니로 몰아넣은 괴벨스의 연설을 알고 있다. 물론 군중과 완전히 동화된 상태로 보인다고 하여 개인의 행동에 책임을 면제해 주는 것도 너무 지나친 일이겠지만 말이다. 내가 이번 장의 내용을 거의 다 써가고 있던 2022년 2월 24일 푸틴은 러시아 군대에 우크라이나 침공 명령을 내렸다. 하지만 전선으로부터 날아든 첫 영상 보도는 군중은 언제나 개별 인간으로 이루어져 있다는 사실을 자못 인상적으로 보여주었다. 어머니와 연락하는 러시아 군인들의 모습이 비쳤다. 겁에 질리고 혼란스러워하는 러시아 젊은이들의 모습. 이반, 드미트리 혹은 알렉세이라는 이름의 젊은이들. 그들은 인간이지 결코 이상화된 영웅이 아니었다.

우리의 킬 스코어도 이런 그림에 맞는다. 이것은 전통적인 역사적 범죄자 유형과는 아무 상관이 없다. 킬 스코어는 비정상적 정열로 점철된 냉혈한 살인자에 대한 것이 아니다. 커다란 야수나 익명의 군중 이야기도 아니다. 이것은 그냥 평범한 인간에 관한 것이다.

우리가 말하는 킬 스코어는 개인의 발전과 자유에 최우선 순위가 부여되고, 이런 자유를 또한 높이 평가하는 사회에서만 생각할 수 있다. 개인의 자유를 우선시하는 분위기가 아직 사회 전반에 확산하지 않았을 때는 죽음과 살인은 라이프스타일과 거의 관계가 없었다. 자기를 펼치고, 스스로를 책임지고, 경제적 제약으로부터 어느 정도 자유로워질 수 있는 시대에야 비로소 우리의 킬 스코어를 도마 위에 올리는 것이 의미가 있다. 예전에 인간은 경제적·도덕적으로 궁지에 몰린 상황에서 행동했다. 예전에 사람들은 서로를 죽였다. 질서·사회·조직에 편입되어 조직적으로, 익명으로 죽였다. 반면에 우리는 우리의 라이프스타일을 연출하는 배우이며 "전 세계가 무대"이다.

킬 스코어가 새로운 것은 그 때문만은 아니다. 살인이나 암살을 하는 사람들, 혹은 그런 명령을 받드는 사람들은 거의 늘 있었다. 그들은 올가미를 조이거나, 첫 발 혹은 마지막 발을 발사하고, 상처를 칼로 쑤시고, 채찍을 휘두른다. 간접적 희생자, 혹은 최소한 간접적이라고 칭해지는 희생자들 역시 전에도 있었고 지금도 있다. 아메리카 원주민의 기대 수명은 오늘날까지도 미국인 평균보다 낮다. 이들은 미국 백인 조상들의 간접적 희생자들이다. 당시 행동하던 사람들 역시 자신의 행동이 간접적으로 어떤 결과를 미칠는지를, 그 비극이 직접적 결과보다 결코 뒤지지 않을 거라는 걸 잘 내다보지 못했을지도 모른다. 그러므로 간접적이고 비의도적인 살인이 21세기에야 비로소 행해지게 된 것은 아니다. 그러나 과거에는 결코 21세기 정도의 규모로는 그런 일이 일어나지 않았다. 킬 스코어의 범죄 현장에서 죽음은 희생자들의 관자놀이를 겨눈 총을 통해서가 아니라 천천히 때로는 의도치 않게 건네지는, 오랜 세월 영향을 미치는 독으로 말미암는다.

이에 더하여 킬 스코어를 말할 수 있는 것은 우리가 킬 스코어를 정의할 뿐 아니라 측정할 수 있는 능력이 있기 때문이다. 배기가스로 말미암은 환경오염이나 광산 근로자가 사망하는 일은 우리 시대 이전에도 있었다. 하지만 이런 사망을 직접적으로 우리가 유발한 킬 스코어와 연결시킬 수는 없었다. 이런 연결은 끊겼거나 더 정확하게 말하면 아직 다시 연결되지 않은 상태였다.

우리가 오늘날 이 책에 나오는 범죄 현장을 볼 때, 어떤 흔적들은 과

거의 범죄 현장을 상기시킬 것이다. 자연을 무분별하게 개발한 흔적은 태평양의 이스터섬에서도 찾아볼 수 있다. 19세기 유럽의 산업 혁명 동안에, 그리고 노예 제도와 식민주의를 통해서도 사람들은 착취를 당했다. 대도시의 대기 오염도는 20세기 초에 이미 엄청나게 치솟았다. 다만 우리가 오늘날 방문하는 범죄 현장에서 새로운 것은 이전 세대가 자연과학적으로나 기술적으로 기록할 수 없었던 우리의 흔적, 또는 생태적·사회적 발자국이다. 이런 발자국은 우리가 배출한 새로운 세계의 토양에 나 있다.

이런 범죄 현장은 새로우며, 우리가 범죄자를 찾아내기 위해 그 현장을 연구하는 데 사용하는 도구들도 마찬가지로 새롭다. 킬 스코어의 과학적 측면은 범죄수사학이나 법의학과 비슷하다.

새로운 도구로 우리는 살해 규모를 산출하고 흔적을 추적해서 그 원인을 알 수 있다. 그 과정에서 여러모로 구불구불한 길을 가야 한다 하더라도 말이다. 서구의 개인주의는 개인적 자유와 개인적 책임을 중시해 왔다. 이것이 바로 범인 색출을 가능케 한다. 킬 스코어는 이런 조건을 토대로 한다.

우리가 선택한 라이프스타일은 자신의 죽음을 야기하는 것으로 그치지 않고, 자연과 우리 삶의 사회적 구조도 파괴한다. 그리하여 결국 다른 사람들을 죽인다. 치명적 결과를 초래하는 행위와 사망 진단서 발급 사이에는 몇 십 년이 흐를 수도 있다. 살인이 일어나고, 킬 스코어가 늘어난다. 처음에는 자연이 사람을 죽였고, 그다음에는 사람이 스스로를 죽였으며, 이제는 사람이 자신들의 미래를 죽이고 있다.

사실 나는 여기서 살인 이야기를 너무 단순화하고, 역사적 변화를 극도로 단축해서 제시하고 있다. 그 점을 익히 의식하고 있다. 장프랑수아 리오타르(Jean-François Lyotard, 1924~1998: 프랑스의 철학자이자 사회학자로 포스트모던 시대를 거대담론, 혹은 메타담론이 비중을 잃은 시대라고 보았다—옮긴이)의 "메타 이야기에 대한 회의론"이라는 말이 떠오르기도 한다. 그럼에도 이런 단순화는 시적이고도 차가운 진실을 담고 있다. 우리의 환경이 오래전부터 반격을 가하고 있기 때문이다.

1장에서 나는 이미 킬 스코어 범죄 현장을 언급했다. 우리가 제2부에서 만나게 될 범죄 현장에 대한 대비 차원에서 여기서 다시 한번 이런 범죄 현장들을 정리해 보려고 한다.

이 책에서 나는 환경 위기와 사회 위기를 다룰 것이다. 정확히 말해 다섯 가지 범죄 현장을 도구로 킬 스코어, 즉 미래에 있을 살해의 규모와 사망자 수를 산출해 볼 것이다. 다섯 가지 범죄 현장은 바로 기후 변화, 폐기물 및 배기가스, 노동, 익명의 소비, 전쟁과 분쟁이다.

기후 변화는 간접적으로 영향을 미친다. 유럽이 배출하는 배기가스는 전 세계 기후 변화에 영향을 미친다. 염세적으로 추산하여 기후 변화로 말미암은 추가 사망자는 21세기 말까지 3억 명에 이를 것으로 예상된다. 보수적으로 추산해도 기후 변화를 늦추거나 막지 못하면 희생자가 8000만 명에 이를 것으로 보인다.

폐기물과 배기가스 범주에는 무엇보다 플라스틱 폐기물과 환경오염이 들어간다. 폐기물과 배기가스의 영향은 더 지역적이며 플라스틱 폐기물로 약 100만 명이, 대기 오염으로 300만~400만 명이 사망하는 것으로 추정되어, 합쳐서 현재 연간 400만~500만 명에 이르는 사망자를 내는 것으로 보인다. 실내 공기 오염의 결과는 아직 고려하지 않은 수치다. 실내 오염은 개발도상국의 지역적 경제 조건과 생활 조건이 중요한 역할을 해서, 글로벌한 연쇄 작용을 가늠하기가 힘들다.

폐기물과 배기가스 배출이 지금과 같은 수준으로 유지되면, 2020년에서 이번 세기 말까지 폐기물과 배기가스로 약 3억 2000만에서 4억 명이 사망할 것이다. 그런데 21세기에 폐기물과 배기가스로 인한 사망이 기후 변화로 인한 사망보다 더 많을 것으로 보이는 것은 어찌 된 일일까? 그것은 부분적으로는 기후 변화로 사망하는 수를 확실히 추산하기가 힘들기 때문이고, 무엇보다 금세기에 그 수가 얼마나 증가할지가 불확실하기 때문이다. 하지만 이것은 부분적으로 이산화탄소가 대기를 파괴하는 유해 물질로 여겨지지 않기 때문이기도 하다. 이산화탄소는 온난화를 촉진한다. 온난화는 장기적으로 심각한 결과를 초래하는 섬세하고 점진적인 변화다. 그리하여 기후 변화는 폐기물과 배기가스보다 더 우려스럽다. 기후가 전 지구적 규모로 무너지면, 전 세계 경제가 요동할 위험이 있기 때문이다.

노동, 즉 글로벌 생산 및 공급망의 치명적인 영향은 국제노동기구(ILO)의 계산을 토대로 살펴보려고 한다. 그에 따르면 직접적으로(따라서 직접적으로 일터에서) 약 35만 명이 사망하며, 간접적으로(즉 일터에서 직접적으로 사망하지는 않지만, 노동 조건의 결과로) 연간 230만 명이 사망하는 것으로 추정된다.[8] 이런 조건이 지금처럼 계속 유지되면, 21세기 말까지는 희생자가 약 1억 6000만 명 선에 육박할 것이다. 이것은 인구 증가로 말미암은 영향은 고려하지 않은 보수적인 추산치다.

아울러 우리는 전 세계적으로 고독의 위기를 맞게 될 것이다. 오랫동안 관심을 제대로 받지 못한 잡초가 시간이 지나면서, 카를프리드리히 폰 바이츠제커(Carl-Friedrich von Weizsäcker, 1912~2007: 독일의 물리학자이자 철학자—옮긴이)의 말을 빌리자면 "인간의 정원"을 변화시킬 것이다. 익명의 소비, 즉 광범위한 의미에서의 경제 활동을 자신의 네 벽 안으로 축소하는 추세는 다양한 형태로 나타난다. 우선은 우리 사회가 방치하는 수백만의 노인이 떠오른다. 그러나 고독은 노인의 전유물이 아니다. 코로나 팬데믹은 사회적 고립이 얼마나 사망률을 끌어올릴 수 있는지를 가차 없이 보여주었다. 무엇보다 익명의 인터넷에서 증가하고 있는 학대적 사회관계처럼 다른 형태의 익명 소비들도 파괴적 결과를 동반한다. 익명의 소비와 고독이 미치는 치명적 결과를 다룬 광범위한 연구는 지금까지 이루어지지 않았다. 그리하여 구체적인 수치를 얻는 것이 거의 불가능하다. 익명의 소비로 말미암은 사망 사례들을 자해로 인한 것으로 보아야 할까, 아니면 라이프스타일 죽음으로 이해하는 것이 나을까? 잘 모르겠다.

익명 소비로 분류할 수 있는 트렌드는 구체적으로 손에 잡히는 것들이 아니어서, 나는 이 책에 이 범죄 현장을 포함시켜야 할지 오래 망설였다. 하지만 이 문제는 무시하기에는 너무나 중요하다. 고독이 때 이른 죽음을 맞이할 위험을 26퍼센트 증가시킨다는 연구 결과가 있는데, 이것은 비만을 능가하는 수치이며, 하루에 담배 15개비를 피울 때의 위험과 맞먹는다. 독일에서의 한 설문조사 결과에 따르면 5명 중 1명꼴로 종종 혹은 계속해서 외로움을 느끼는 것으로 나타났다. 외로움으로 말미암아 사망할 위험이 흡연과 맞먹는다면, 외로움에 시달리는 사람의 3분의 2가 그로 인해 죽을 수도 있다는 소리다.

얼마나 많은 사람이 정말로 병에 걸릴 만큼 외로운가 하는 질문이 남는다. 이 책에서 논의하는 킬 스코어를 위해 더 중요한 것은 우리의 행동과 다른 사람들의 외로움이 얼마나 긴밀한 연관이 있는가 하는 질문이다. 나는 익명의 소비를 더 정확히 분석하면서 이런 질문에 답을 해보려고 한다. 하지만 이 경우 킬 스코어를 정량적으로 제시하는 것이 의미가 있다고 생각하지는 않는다. 햄릿은 "하늘과 땅에는 너희가 학교에서 배운 지식이 꿈꿀 수 있는 것보다 더 많은 것이 있어"라고 했는데, 이 경우에는 내 산술이 보여줄 수 있는 것보다 더 많은 것이 존재하는 것이다.

다섯 번째 범죄 현장은 우리의 고찰에서 특별한 역할을 한다. 이 범죄 현장에서는 전쟁과 분쟁에서 서로를 불행으로 몰아넣는 인류의 오래된 게임이 드러난다.

이런 게임은 너무나 잘 알려져 있다. 하지만 전쟁과 분쟁이 킬 스코어와 어떤 연관이 있는지는 우선 앞서 네 가지 범죄 현장을 방문한 뒤에야 이해할 수 있을 것이다. 그리하여 나는 우리의 범죄 이야기 마지막 정거장에서 보게 될 것들을 여기서 미리 이야기하지는 않으려고 한다.

치명적인 영향을 행사하는 또 하나의 중요한 요소가 있다. 이 요소는 바로 항생제 내성이다. 그러나 이것은 이 책에서는 자세히 다루지 않으려 한다. 그 이유는 다음과 같다. 우리는 물론 이에 대해 집단적 책임이 있으며, 항생제 내성이 심각한 결과를 빚는다는 사실도 알고 있다. 2022년에 나온 한 연구 결과는 항생제 내성으로 1년에 최대 100만 명이 사망할 수 있으며, 금세기 중반까지 사망자 수가 10배로 증가할 수 있다고 말한다. 대부분의 사람이 항생제 복용을 꺼려서 되도록 복용을 피하고자 하거나 조심스럽게 복용하는데도 그런 일이 일어날 수 있다.

비채식주의자들은 실로 육식을 통해 항생제 내성 확산에 기여할 수 있다. 그도 그럴 것이 가축을 비육하기 위해 남용된 항생제의 꽤 많은 양이 지하수나 폐수로 흘러 들어가기 때문이다. 그러나 항생제 문제에서는 전체적으로는 명확하고 우세한 원인이 부족하다. 결국 항생제를 사용하며 효과가 감소하는 것은 거의 자연적인 과정이다. 다만 특정 관행(가령 가축 비육)이 이 과정을 가속화할 따름이다.

내가 이 책에서 살펴볼 범죄 현장에 귀속시킬 수 있는 킬 스코어를 종합하면, 염세적인 추정치로는 이번 세기에 약 10억 명이 죽어가는 것으로 나온다. "낙관론자"들은 킬 스코어를 약 5억 정도로 본다. 이것은 20세기에 라이프스타일로 말미암아 빚어진 죽음의 규모와 비슷하다.

기후건 폐기물 및 배기가스건 노동이건 또는 익명의 소비건(그리고 마지막으로 전쟁과 분쟁이건) 간에 우리는 물론 일의 진행을 변화시킬 수 있다. 하릴없이 우두커니 앉아서 역사상 유례없는 학살이 벌어지는 걸 구경만 하고 있을 수는 없는 일 아닌가? 어쨌든 상황은 우리가 개입하지 않으면 바뀌지 않을 것이다. 애초에 우리의 개입이 이런 상황을 유발했기 때문이다.

5억이라는 수를 과거 어떤 것과 비교하여 논하는 건 쉽지 않다. 그런 비교는 약간 유식하게 표현하자면 복잡한 윤리적 숙고들과 결부되기 때문이다. 즉, 모든 죽음이 동일하지 않으며, 모든 살인도 동일하지 않다는 뜻이다. 어떤 정권 혹은 어떤 민족이 다른 민족을 대량 학살하는 것과 우리가 의도하지 않은 채, 아마 알지도 못한 채 치명적인 영향을 빚어내는 무수히 많은 작은 일들에 가담하는 것은 똑같다고 볼 수 없다. 그러나 그럼에도 우리가 행동을 바꾸지 않는다면 이번 세기에 정말

전례 없는 규모의 끔찍한 일이 닥칠 것이다. 통계적 추정에 따르면 "고전적" 살인으로 20세기에 1억 7700만 명이 목숨을 잃었다. 전쟁의 희생양이 1억 3100만이고, 정치적 이데올로기(여기서는 파시즘과 공산주의를 언급한다)에 희생된 사람이 1억 4200만 명이다. 그런데 이렇듯 "직접적으로 살해당한" 사람들을 모두 더해도, 우리가 위에 언급한 5억 명에는 못 미친다. 물론 20세기에는 인구 자체가 적었지만 우리는 백분율이 아니라 생명을 따져보기로 하자!

물론 킬 스코어는 전에 없던 새로운 것이다. 그러나 그 규모만이라도 다시 한번 가늠해 보기 위해 역사책에 나오는 두 가지 예를 들어보기로 하겠다.

우선, 1933년 6월 어느 온화한 날 독일 인구의 예를 들어보자. 인구조사에 따르면 당시 독일 인구는 약 6600만 명이었고, 그중 유대인은 약 50만이었다. 그리하여 홀로코스트에 대한 책임성을 (비유대인) 독일인에게 대략적으로 부과해 보면, 10명당 1명꼴로 학살 희생자가 나온 것으로 집계된다. 나아가 홀로코스트의 희생자들에 더해, 제2차 세계대전 동안 태평양 전선을 제외하고 발생한 모든 민간인과 군인 희생자를 독일인들의 책임으로 돌려보자. 그 책임을 독일인 전체가 고르게 지는 것으로 해보면, 독일인 2명이 희생자 1명에 책임을 져야 하는 것으로 나온다. 물론 이 책에서 이야기할 사망은 미래에 일어날 것이므로, 더 긴 시간을 고려해야겠지만, 서구 현대인은 기후 변화로 말미암아 예전의 독일인이 홀로코스트와 제2차 세계대전을 통해 죽음으로 내몬 사람들보다 더 많은 사람을 죽음으로 내몰 가능성이 높은 상황이다.

두 번째로 식민주의의 예를 들어보자. 영국 통계청에 따르면 1851년 영국 인구는 약 2700만 명이었고 그로부터 7년 뒤에 영국의 인도 통치가 공식화되었다. 그러면 이때의 통계를 근거로 영국령 인도에 대한 식민 통치의 결과를 평가해 보면 좋을 것이다. 하지만 여기서 우리는 문제에 부딪힌다. 그도 그럴 것이 독일인들은 영국인들보다 콩알 세기를 더 열심히 하는 사람들이기 때문이다. 그러다 보니 독일의 경우는 꼼꼼한 기록이 있어서, 오늘날에도 나치 정권의 잔인성을 정확히 조망할 수 있다. 영국의 상황은 달라서, 영국에 희생된 사람이 어느 정도인지 정확한 수가 집계되어 있지 않다. 어쨌든 역사가들은 남아시아에서 영국의 식민 통치로 말미암은 인명 피해를 대략 200만 내지 3000만으로 본다. 중앙아프리카와 남아프리카, 중동에서 희생된 사람까지 합치면 킬 스코어는 영국 국민 1명당 약 1명의 희생자가 발생한 것으로 나온다. 제국 시대 동안 몇 세대를 합친 영국의 총인구수를 고려한 수치다.

이 자리에서 영국과 다른 민족들이 16세기부터 가담한 유럽의 식민주의와 제국주의의 역사에 대해 중요한 보충 설명을 좀 하고 지나가자. 최신 연구 결과에 따르면 인간이 만들어낸 기후 변화의 최초 사례는 결코 리버풀, 맨체스터 또는 나중에 켐니츠와 피츠버그에서 시작된 산업혁명 시대에서 연유하는 것이 아니고, 더 옛날로 거슬러 올라간다. 즉, 인간으로 말미암은 최초의 기후 변화 사례는 1492년에서 1610년 사이에 일어났다. 이 시기 북아메리카와 남아메리카에서 약 5000만 명의 원주민이 대량 학살되었고, 이 일로 말미암아 생태계가 변했다는 것이다. 기후 변화의 방향은 오늘날과 반대다. 새로운 연구를 진행한 학자들은 1600년대에 있었던 소빙하기는 이런 대량 살육으로 말미암아 당시 대기 중의 이산화탄소가 감소한 탓이라고 본다.

이런 섬뜩한 비교는 중요한 질문으로 이어진다. 방금 나는 임시로 홀로코스트와 식민주의의 책임을 독일과 영국의 모든 국민에게 동일하게 지웠다. 하지만 히틀러가 권력을 잡던 당시 네 살배기였던 내 증조할아버지 혹은 증조할머니가 히틀러와 동일한 킬 스코어를 갖는다는 것이 말이 될까? 제2차 세계대전 때 유럽에서 사망한 이들에 대한 책임이 전적으로 독일에 있을까, 아니면 스탈린의 폴란드 침공도 감안해야 하지 않을까? 영국 부르주아 상인, 거리 노동자는 어느 정도나 책임이 있을까?

내가 이 책에서 분석하는 킬 스코어는 방금 과거의 독일과 영국 국민들과 관련하여 대략 산출해 본 수보다 더 정확하고 상세하고 타당할 것이다. 나는 과거의 문제들을 재고하거나 그와 관련해 킬 스코어를 계산해 볼 생각은 없다. 무엇보다 방금 설명했듯이 킬 스코어는 21세기에나 거론할 만한 새로운 현상이기 때문이다. 홀로코스트를 킬 스코어로 내보자는 생각이 말도 안 되고 거부감이 느껴지는 것은 충분히 이해가 가는 일이다. 당시 인구가 가해자, 추종자, 피해자, 선동가, 군인, 저항운동가 등 다양하게 구성되어 있었던 마당에 개인의 책임을 따지는 건 힘든 일이고 말이다.

하지만 현대의 킬 스코어에서도 사망자 수를 세는 것만으로는 충분하지 않다. 콩알을 세는 것이 하나의 일이라면, 책임을 분배하는 것은 또 다른 일이다(한편에서는 콩알을 세어야 하고 다른 한편에서는 책임을 분배해야 한다). 책임 문제가 중요한 것은 킬 스코어가 세 부류의 행위 주체와 관계된 일이기 때문이기도 하다. 행위 주체는 바로 소비자, 기업, 금융 시장 참여자다. 이들 모두가 역할을 한다. 그리하여 재판에서 정치적·개인적 행동에 대한 결과를 논의하는 제3부에서 과학적 질문뿐 아니라 법적·윤리적 질문도 함께 다룰 것이다. 여기 첫 부분에서 이미 밝히고 가자면, "올바른" 대답은 발견할 수 없을 것으로 보인다. 도덕, 윤리, 책임은 거실 마룻바닥 위의 단순한 발자국과는 매우 다르다. 발자국은 우리의 흔적을 측정할 뿐, 우리 행동의 동기와 합법성은 측정하지 못한다.

우리는 이번 장에서 라이프스타일 살인에 대해 이야기했지만, 사실 이런 라이프스타일의 책임은 누구에게 있을까? 소비자? 생산자? 아니면 금융 기관? 우리는 어떻게 우리의 생태적·사회적 발자국을 추적하고, 그것을 이런 행위 주체들에게 귀속시킬 수 있을까? 제대로 준비를 갖추고 여러 범죄 현장을 방문하기 위해 별도의 장을 마련하여 이런 질문들을 다루려고 한다. 앞서 범죄수사학, 법의학에 대해 이야기했지만, 이 범죄 이야기에서 우리에게 필요한 범죄수사학은 약간 다른 것이다. 우리는 그것을 귀인 연구라고 부른다.

03

킬 스코어의 과학

모든 시대를 통틀어 가장 유명한 영화 포스터의 하나로 쿠엔틴 타란티노의 1990년대 영화 〈펄프 픽션〉의 포스터를 들 수 있을 것이다. 그 포스터에서 주인공인 미아 월리스 역을 맡은 우마 서먼은 15센티 하이힐을 신은 채 흐트러진 침대 시트 위에 배를 깔고 엎드린 포즈를 취하고 있다. 시대를 초월해 인기인 앞머리를 자른 헤어스타일, 관능적인 시선, 빨간 립스틱, 베개 위에는 권총이 놓여 있고, 왼손은 잡지 〈펄프(Pulp)〉 위에 올리고 있다. 영화사의 아이콘이 아닐 수 없다.

하지만 내 묘사에는 뭔가가 빠져 있다. 내가 무엇을 잊어버린 것일까? 나는 속으로 다시 한번 포스터를 떠올려 본다. 다리를 꼰 채 카메라를 응시하는 미아 월리스. 검정색 킬 힐, 검정 옷, 빨간 립스틱, 잡지 위에 올린 왼손, 베개 위의 권총. 그렇다. 오른손에는 무엇이 들려 있더라?

친구들에게 즉석 설문조사를 해보니, 1990년 이전에 태어난 사람은 거의 정답을 맞혔다. 담배! 〈펄프 픽션〉을 본 사람들에겐 이것이 뇌리에 꽉 박혀 있었던 것이다.

〈펄프 픽션〉을 모르는 사람은 이런 이미지가 별로 와닿지 않을 것이다. 다른 배우들이 더 친숙하게 느껴질지도 모른다. 〈대부〉에서 마이클 콜레오네로 분해 담배에 불을 붙이던 알 파치노. 제임스 본드 역을 맡아 포커 테이블에 앉아 있던 숀 코너리. 〈원초적 본능〉에서 캐서린 트라멜 역을 맡아 속옷을 입지 않은 채로 담배를 피우던 샤론 스톤. 〈파이트 클럽〉에서 말라 싱어 역을 맡은 헬레나 보넘 카터. 〈그리스〉의 마지막 장면에서 샌디로 분한 올리비아 뉴턴존. 〈카사블랑카〉의 험프리 보가트. 〈티파니에서 아침을〉의 오드리 헵번. 브리짓 존스 역의 러네이 젤위거. 〈석세션〉 오프닝 신의 켄들 로이.

영화사에서 담배는 흔히 등장하는 소도구다. 1960년대와 1970년대에 담배는 사회적 지위를 상징했고, 1980년대와 1990년대에는 고전적인 담배 광고를 엄격히 규제하게 된 것에 대한 반응으로 담배 회사들이 공격적 마케팅 전략을 펼쳐 흡연은 전 세계적으로 만연하게 되었다. 미국 담배회사 R. J. 레이놀즈는 배우들에게 한 달 분량의 담배를 무료로 제공하기도 했는데 다 계산이 있어서였다.

미국의 연구에 따르면 아이들이 영화 속 흡연 장면에 자주 노출되는 경우 나중에 스스로 흡연을 시작할 확률이 세 배가 높아진다고 한다. 이런 인과 관계는 꽤 인상적이다. 영화에서 담배 피우는 장면을 보고, 본인이 담배를 피워보려는 마음이 5퍼센트에서 25퍼센트로 높아진 열세 살 소년을 상상해 보라. 이것은 심심풀이 과학처럼 들리지만 독일 연구에서 반복되고 확인된 사실로, 그냥 간과해 버릴 수 없는 무언가가 있다.

예술과 문화가 우리의 습관과 행동에 무의식적으로 지속적인 영향을 미친다는 건 비단 학술 연구가 아니어도 너무나 당연한 사실이다. 그러나 이에 대해 학술 연구가 존재하면 더 도움이 된다. 세계를 깊은 곳에서 떠받치고 있는 것이 무엇인지를 안개 속에 갇힌 것처럼 흐릿하게 아는 대신, 인과 관계를 증명해 주고, 책임 소재를 알려주고, 정량화해 주는 연구가 있으면 속이 시원하다. 연구는 가해자와 피해자, 행동과 반응을 연결해 주는 인과 관계와 책임의 사슬을 조명해 준다. 이런 분석적 연구, 이른바 귀인 연구가 없었다면 나는 이 책을 쓸 수 없었을 것이다. 앞서 말했듯이 귀인 연구가 없으면 킬 스코어도 없었을 테니까 말이다.

귀인 연구라는 말은 추상적으로 들린다. 그러나 사실 이 연구에 대해 들어보지 않은 사람은 없을 것이다. 다음 설명을 들으면 아, 이것이 바로 귀인 연구였구나 할 것이다. 이것은 1961년 어느 여유로운 휴식 시간에 시작되었다.

미국의 수학자이자 기상학자인 에드워드 로렌즈의 휴식 시간은 정확히 한 시간이었다. 그 시간에 그의 컴퓨터는 복잡한 일기예보를 계산했다. 로렌즈는 원자료를 신뢰성 있게 입력했다. 오직 단 한 번의 입력에서만 소수점 뒷자리 수들 중 마지막 세 자리를 삭제하고, 즉 0.506127 대신 0.506을 입력했을 뿐이다. 그런데 로렌즈가 휴식을 마치고 컴퓨터로 돌아왔을 때 그의 모델 계산은 굉장히 다른 결과를 내놓은 상태였다. 소수점 뒷자리를 아주 미세하게 다르게 입력한 결과였다. 바로 나비 효과가 탄생한 순간이었다. 나비 효과는 나비의 날갯짓 같은 정말 사소한 행위가 지구 반대편에서 허리케인을 일으킬 수도 있다는 개념이다.

나비 효과는 자못 아름답고 시적인 이미지다. 하지만 이 효과는 말 그대로 나비들이 태풍을 일으킨다는 건 아니다. 원래는 정말로 그런 의미였을지도 모르지만, 이제 우리는 그렇지는 않다는 걸 알고 있다. 오늘날 양자물리학자들은 굉장히 세부적인 것의 중요성이 종종 과장된다는 것을 확인하는 데 특히 비중을 둔다. 양자물리학의 최신 연구는 시간 여행자가 레이 브래드버리(Ray Bradbury: 공상과학소설계의 거장—옮긴이)의 추측과는 달리 마음 놓고 곤충을 밟아도 세계가 혼란에 빠지지 않는다는 걸 보여준다. 모든 것이 카오스이고 카오스가 모든 것이다.

흠, 모든 것이 카오스라니. 이런 말은 이 책의 논지를 펼쳐나가는 데 그리 유리한 말은 아니다. 그렇다. 우리는 우리가 사는 현대 세계와 자연을 구성하는 여러 가지 모자이크 조각을 아주 정확히 추적해서 그려 보일 수는 없다. 그렇다고 하여 우리의 환경을 변화시킨 원인으로 지목할 수 있는 행동이 없다는 뜻은 아니다. 카오스 이론가들 중에서도 기후 변화를 부정하는 사람은 거의 없다. 그러나 나비의 날갯짓이 이런 변화를 유발했거나 강화하는 것은 아니다. 우리가 바로 범인이다.

킬 스코어를 내는 일은 사망 원인을 추적할 수 있는가에 달려 있다. 그러므로 우리는 이 책이 다루는 죽음의 원인을 확인해야 한다. 귀인 연구는 우리에게 범인을 범죄 현장(기후 변화, 폐기물과 배기가스, 노동, 익명 소비)에 귀속시킬 수 있게 한다. 그뿐만이 아니다. 각각의 행위 주체들의 역할을 살펴보고, 가해의 상황을 그려 보인다.

정확히 말해 귀인 연구는 날마다 전 세계적으로 우리 눈앞에 펼쳐지는 범죄 이야기에서 두 가지 과제를 감당해야 한다. 우선은 죽음의 원인을 확인하는 것, 다음으로 범인을 명명하는 것이다.

귀인 연구를 하는 동시에 범인을 찾는 탐정 역할을 해야 한다는 것이 의아하고 낯설게 다가올지도 모른다. 연구라고 하면 언뜻 따분하고 세상과 괴리되어 있으며, 접근하기 어렵고, 추상적인 확률 계산을 하느라 골머리가 빠지는 모습이 떠오른다. 아마도 기후 변화를 확신하는 사람 중 콩알 세는 사람들이 작성한 기후 변화에 대한 고찰을 읽고 실제로 이해하는 사람은 극소수일 것이다.

두통이 있을 때 의학 연구 논문을 읽는 사람은 아무도 없을 것이다. 그냥 파라세타몰(paracetamol: 해열 진통제의 일종—옮긴이) 알약을 꿀꺽 삼키면 그만일 것이다. 하지만 그럼에도 해당 연구가 대체적으로 어떻게 돌아가는지를 이해하는 것은 좋은 일일 터, 그러므로 자동차 보닛을 열고 기계를 약간 자세히 살펴보기로 하자. 자세히 보면 킬 스코어의 잠재력을 대략 파악할 수 있다.

귀인 연구는 발생한 피해를 처리하는 데 도움을 주며, 환경에 해를 끼친 책임이 있는 사람들을 기소하는 재판에 활용되고 있다. 철저하게 원인을 규명하는 양질의 귀인 연구는 손해 배상 확정과 정치적 의사 결정에 영향을 미친다. 그로써 귀인 연구는 우리 개인의 삶에도 간접적으로 영향을 미친다.

사망 원인을 알아내기 위한 범죄 현장 조사에서 두 가지 유형의 귀인 연구를 예로 들어보자. 하나는 러시안룰렛이고, 하나는 능지형(최대한 많은 횟수로 살을 발라내어 죽이는 형벌—옮긴이)이라는 중국 형벌이다.

러시안룰렛에서 게이머는 총알이 한 발만 들어 있는 리볼버를 머리에 대고 방아쇠를 당긴다. 실린더 속의 총알이 발사될지 알지 못한 채 말이다. 보통 리볼버는 탄약 여섯 발을 채울 수 있기에 총알을 한 발만 장전하면 살아남을 확률은 83퍼센트이다. 뭐, 아주 나쁜 확률은 아니다. 다섯 발이 들어가는 리볼버로 살아남을 확률을 더 줄어들게 하는 러시안룰렛도 있다.

이제 누군가 규칙을 어기고 총에 총알 다섯 발을 더 장전한다고 하자. 그러면 이제 살아남을 확률은 0이 된다. 귀인 연구는 처음 총에 얼마나 많은 총알이 있었고, 세상이 변화한 뒤 마지막에 총알이 몇 발 들어 있는지를 규명하고자 한다. 따라서 게임에 지는 것이 누구 탓인지를 알아내고자 하는 것이다. 러시안룰렛 비유는 또한 이미 위에서 말한 논리를 보여준다. 여기서 관심의 대상은 게이머가 아니다. 즉 누가 방아쇠를 당기느냐가 아니다. 우리의 관심은 게임 규칙에 있다.

귀인 연구의 대상은 총알을 여섯 발 장전할 수 있는 리볼버가 아니다. 오히려 귀인 연구가 다루는 권총은 때로 총알 100만 발을 장전할 수 있다. 그리고 이미 권총에 있는 한 발의 총알에 999,999개의 총알을 추가한 사람들이 있다.

이게 무슨 말이냐고? 구체적인 예로 이 개념을 설명해 보겠다. 2020년에 발표되어 관심을 끌었던 최신 귀인 연구 중 하나인 일본 기상청 연구소의 유키코 이마다 팀의 연구는 러시안룰렛 스타일로 이야기의 논지를 끌어낸다. 유키코 이마다는 2018년 일본에서 1000명 이상의 사망자를 낸 폭염을 연구했다. 기상 관측소 927곳의 데이터를 종합하면, 2018년 7월에 섭씨 35도 이상의 고온 현상이 6000번 이상 보고되었다. 이마다 팀은 이런 폭염이 '인간이 만들어낸 기후 변화 때문일까?'라고 자문했다. 만약 그렇다면 그것을 어떻게 규명할 수 있을까? 연구팀은 컴퓨터로 날씨를 시뮬레이션했고, 컴퓨터에 세 종류의 정보를 입력했다. 우선 그들은 신뢰할 만한 경험적 자료인 오래된 기상 데이터를 활용했다. 이것이 출발 상황이었다. 리볼버에 몇 발의 총알이 있을까?

두 번째로는 날씨에 영향을 미칠 수 있는 갖가지 정보를 기후 컴퓨터에 입력했다. 기온 변화와 나란히 진행되는 대기의 움직임 및 다른 역학들이었다.

세 번째 단계로 연구자들은 날씨와 제반 조건 사이의 관계를 측정하고 시뮬레이션하는 공식과 규칙을 개발했다.

이 모든 것이 너무 추상적으로 다가온다면, 비행 시뮬레이터를 생각해 보라. 바람, 온도, 고도, 무게, 밸런스 등을 파악하지 않는가. 그 밖에 인간의 개입도 허용하므로 환경 이야기를 이해하는 데 적절히 들어맞는다. 비행 시뮬레이터는 변화하는 조건하에서 나타나는 다양한 결과를 살펴보는 데 도움이 된다. 귀인 연구도 대략 그렇게 기능한다. 귀인 연구는 다양한 시나리오를 시뮬레이션한다.

우선 2018년 7월 이마다 팀이 검토한 서로 다른 시나리오 5000개를 살펴보기로 하자. 이 중에는 인간이 기후에 전혀 영향을 미치지 않는 (물론 가상) 세계에 대한 시나리오도 있었다. 그러나 동시에 연구에서 실제 세계의 기후 변화 전개 과정도 분석했다. 그리하여 시뮬레이션을 통해 7월에 927곳의 기상 관측소에서 섭씨 35도 이상의 고온이 6000번 이상 보고되는 일이 얼마나 자주 일어날 수 있는지를 규명했는데, 데이터에 따르면 지구 온난화가 없을 때는 이런 폭염이 발생할 확률이 0.003퍼센트였다. 반면 지구 온난화가 진행되는 세계(즉, 우리가 사는 세계)

에서는 이런 폭염이 발생할 확률이 19.9퍼센트에 이르렀다.

이게 무슨 의미일까? 우선 이것이 무슨 의미가 아닌지부터 말해보자. 그것은 기후 변화가 없는 세상에서는 그런 폭염이 도무지 발생하지 않을 거라는 이야기가 아니다. 하지만 그런 일이 3만 년에 한 번 정도일 거라는 이야기다. 그런 여름에 폭염으로 사망하는 사람들이 있을까 생각해 보면 역시나 그런 사람이 아예 없었을 거라는 이야기가 아니다. 섭씨 35도 이상의 고온이 100번만 보고되어도 죽는 사람이 있었을 것이다. 그러나 2018년 여름에 희생된 수보다는 훨씬 적었을 것이다. 결국 여기서는 이미 언급했듯이 어떤 사건이 일어날 확률만 평가하는 것이다. 사람들이 그것에 어떻게 반응하고 어떻게 대처할 것인가 하는 문제는 논외다. 따라서 늙고 쇠약한 상태에서 물도 에어컨도 없이 무더위에 맞서보려다가 관자놀이에 권총을 들이댈지는 연구하지 않는다.

그러나 정말로 발생할 수 있는 피해와 애도해야 할 희생자들과 관련해서는 이런 질문이 중요할 것이다.

그렇다. 사안은 복잡하다. 간단하다고 말하는 건 무책임한 일일 것이다. 위에서 언급한 비유를 다시 한번 들먹인다면, 나비가 없이도 태풍은 발생할 수 있다. 마찬가지로 인간이 없이도 폭염, 눈사태, 홍수 같은 것이 일어날 수 있다. 이런 이견은 개별 사건과 관련해서는 맞는 이야기다. 하지만 이것은 관찰되는 기후 변화의 역동성을 바꾸지 못한다. 이마다 팀의 연구는 폭염이 인간 활동으로 말미암은 것임을 명백히 보여주었다.

내가 3만 발짜리 권총에 총알을 단 한 발 장전한 권총을 손에 드는지, 아니면 3만 발짜리 권총에 총알을 6000발 장전한 권총을 손에 드는지

하는 것은 차이가 크다. 이것이 바로 귀인 연구의 러시안룰렛 비유다.

귀인 연구를 또 다른 방식으로 생각해 볼 수도 있다. 이 생각을 가장 잘 묘사한 것은 존 F. 케네디의 동생 로버트 F. 케네디다. 최소한 겉모습은 존 F. 케네디보다 더 우직해 보였던 로버트 F. 케네디는 상원의원으로 활동하던 1966년, 남아프리카를 여행하며 사회적·정치적 발전과 관련하여 나비 효과라 부를 만한 것에 대해 연설했다. 물론 케네디 가문의 일원이자 미국인으로서 그는 남아프리카의 비참한 모습보다는 긍정적인 쪽으로의 변화에 더 관심이 있었다. 1966년 6월 남아공 대학생들을 대상으로 한 반(反)인종격리정책 연설에서 로버트 F. 케네디는 시민의 힘을 물결에 빗대어 이야기했다. "한 사람이 이상을 위해 헌신하여 타인의 권리를 보호해 주기 위해 투쟁할 때마다 그는 희망의 작은 물결을 일으키는 것입니다. 100만 개의 힘의 중심에서 나오는 이런 작은 물결이 큰 물결로 합쳐지면, 저항과 억압의 철통같은 벽도 무너뜨릴 수 있습니다." 케네디의 이런 말은 사람들의 마음에 상당한 울림을 주었고, 그의 묘비에도 새겨졌다.

책임 귀속을 위한 러시안룰렛 버전에서는 보통 큰 그림에서의 인과성을 다룬다. 기후 변화 없이 폭염이 발생할 수 있을까? 기후 변화가 없을 때 허리케인과 태풍은 얼마나 강해질 수 있을까? 방아쇠를 당기면 죽을까? 확률을 따지고 여러 요인을 고려하지만 기후 변화와 관련하여 이런 접근은 결국 이진법적 접근이다. 즉, 이것 아니면 저것 시나리오를 지향한다. 자, 이제 그렇다면 x가 y를 유발했는가? 그런가, 안 그런가? 내지는 x가 결국 어느 정도 확률로 y를 야기했는가? 그러나 때로 우리는 결과에 미미하게 기여하는 요인들에 관심을 갖는다. 그럴 때는 x가 y를 야기했는지가 아니라 x가 어느 정도 비율로 y에 기여하는지를 알고자 한다.

이런 접근은 러시안룰렛과는 달리 이른바 책임 귀속의 비율을 따진다. 이런 접근은 각각의 "작은 물결"이 벽을 무너뜨리거나 거대한 물결을 만드는 데 얼마나 기여하는지를 묻는다. 책임 귀속의 몫을 따지는 방법은 때때로 기후 연구에서도 활용된다. 이 방법은 특히나 이 책에서 논의할 사회적 킬러들을 살펴보는 데 적합한 듯하다.

이런 방법은 중국에서 집행했던 형벌인 "능지형"을 예로 들어 설명하면 가장 이해하기 쉬울 듯하다.

능지형은 죄수가 죽을 때까지 몸에서 살점을 조금씩 조금씩 떼어내는 방식의 형벌이다. 이런 끔찍한 방법은 중국에서 1000년 동안 실행되었던 것으로 보인다. 하지만 아주 특별한 경우에만 집행되었다. 이 형벌이 집행되면 정말로 1000번 정도 살점을 도려내는 행위가 이루어졌는데, 결국 사람을 죽음에 이르게 하는 건 마지막 칼질이었다. 하지만 그 어떤 칼질도 그 자체로는 치명적이지 않았다. 특정 칼질을 누락해도 결과에는 아무런 변함이 없었을 것이다. 다시 말해, 모든 칼질이 합쳐져야 의도한 결과에 이르는 것이다.

책임 귀속의 몫을 따지는 방법은 이런 현상을 구체적으로 파악해 보려는 것이다. 이런 형벌이 1000명에게 사용되어 그들 모두가 정확히 1000번째 칼질 뒤에 죽는다고 상상해 보자. 즉 다양한 칼질이 각각 동일한 고통과 상해를 야기한 끝에 말이다. 이런 계산에 따르면 각각의 모든 칼질이 정확히 사람을 죽인다. 이런 논리가 바로 이런 유형의 귀인 연구의 토대이다. 그에 따르면 가령 어깨에서 살점을 떼어내는 하나의 칼질은 0.001명의 죽음에 책임이 있다. 그러나 이런 칼질이 1000번 이어지면 결과적으로 1명의 죽음을 초래한다.

여기서 내가 이번 장 처음에 언급했던 흡연 연구로 살짝 돌아가는 것이 도움이 될 듯하다. 이 연구는 2009년에 미국의 다트머스 대학교의 두 과학자 토드 헤더튼(Todd Heatheron)과 제임스 사전트(James Sargent)가 발표한 것이다. 두 사람은 (아마 대학생들의 도움을 받거나 설문조사 회사에 의뢰하여) 무작위로 선정한 10~14세 청소년 6522명을 대상으로 전화 설문조사를 진행했다. 이런 청소년들에게 평균적인 영화관 방문 횟수·성격·부모·생활 환경에 대해 많은 질문을 했고, 마지막으로 두 가지, 즉 영화를 통해 배우들의 흡연 장면을 보는 것과 스스로 흡연을 하는 것 사이의 통계적 상관관계를 살펴보았다.

앞서 말했듯이 이 연구에서 13세 아이들을 기준으로, 영화 속 배우가 담배 피우는 모습을 늘 보아온 경우 흡연 확률이 5퍼센트에서 25퍼센트로 증가하는 것으로 드러났다. 책임 귀속 비율을 따지는 연구 방법을 다트머스 대학교 연구 결과에 적용하면, 다음과 같은 결과가 나온다. 100명이 흡연 장면에 자주 노출된다고 해보자. 조만간 그들 중 25명은 흡연을 하게 될 것인데, 그중 5명은 영화를 보지 않았어도 어차피 흡연을 시작했을 아이들이다. 즉, 나머지 20명이 영화에서 비롯된 "작은 물결"에 휩쓸린 셈이다. 이제 계산을 단순화하기 위해 흡연을 하는 모든 이가 그 때문에 죽는다고 가정해 보자(물론 사실은 그렇지 않지만 말이다). 그러면 이 계산에서 킬 스코어는 20점으로 나온다.

자, 그럼 이제 전체 흡연자의 50퍼센트만 그들의 해로운 습관으로 사망하며, 이런 습관에는 건강하지 못한 식습관도 들어간다고 해보자.

그러면 25명의 흡연자 중 12.5명만 흡연으로 사망한다는 이야기가 되고, 그중 2.5명은 어차피 영화와 상관없이 흡연을 하다가 죽었을 사람들이다. 그리하여 이제 10명의 사망자를 영화에서 담배를 피우는 배우와 연결시킬 수 있을 것이다. 그러나 우리는 위에서 또 하나의 해로운 습관을 고려하기로 했던 바이다. 즉 건강하지 못한 식습관 말이다. 그러므로 영화관 방문과 관련한 사망률을 줄여야 한다. 10명의 사망자가 건강하지 못한 식습관과 흡연의 협력 작용으로 사망하기 때문이다. 평균적으로 10명 중 3명이 건강하지 못한 식습관 탓에 죽는다고 가정해 보자. 그러면 영화에서 비롯된 흡연 습관으로 말미암은 킬 스코어는 7이 된다.

이런 가상의 예에서는 25명이 흡연을 하고, 결국 12.5명이 흡연으로 사망한다. 그중 2.5명이 영화관 방문과 상관없는 흡연의 결과로 사망하고, 3명은 건강하지 못한 식습관의 결과로 사망에 이른다고 보면, 이제 7명이 영화로 말미암은 흡연에 귀속된다.

이 예만 보아도 이런 분석이 빠르게 꽤 복잡해질 수 있음을 상상할 수 있을 것이다. 그래도 뭐 나쁘진 않다. 영리한 과학자들이 조망할 수 있도록 정리를 해주니 말이다.

귀인 연구는 최소한 사회적 영역에서는 사회 변화가 어쩔 수 없이 "100만 개의 힘의 중심"에서 공급하는 거대한 물결을 따른다는 것을 보여준다. 이것은 모든 힘의 중심이 동일한 정도로 힘을 행사한다는 뜻은 아니다. 그러나 그들 모두가 합쳐져 변화가 만들어진다. 이런 힘의 중심은 우리에게 작은 것의 힘을 보여준다. 늘 전체 시스템만 고려하지 않고, 또한 시스템 안의 주체들을 연구하고, 이해하고, 그들의 책임을 이끌어낼 가능성을 보여준다.

지금까지는 학문적으로 책임을 어떻게 귀속시킬까 하는 문제를 주로 다루었다. 그러나 누가 무엇을 하고 하지 않는지의 질문뿐 아니라 누가 뭔가를 해야 할지, 혹은 누가 합법적으로 뭔가를 하리라고 기대해도 좋을지 하는 질문이 제기된다. 과학은 우리에게 누가 시스템에 영향을 주는가뿐 아니라 누가 변화에 책임을 져야 할지도 밝혀준다.

이를 플라스틱 폐기물로 인한 오염을 예로 들어 설명해 보자. 우리가 사회적으로 매년 생산해 내는 플라스틱 쓰레기가 100톤이며, 2050년까지 쓰레기를 0으로 줄이려는 목표를 세웠다고 하자. 물론 그때까지 모든 관계자는 동일한 수준에 도달해야 한다. 그러나 중간 단계가 있다. 모두가 똑같은 속도로 쓰레기를 줄여야 할까? 2050년 이전에 어떤 특별 권한이나 의무 규정을 발효하여 주체에 따라 약간 차등을 둘 필요가 있을까? 공공의 압박하에 새로운 방향을 모색해야 하는 기업과 금융기관은 이런 시급한 질문에 당면해 있다. 누가 얼마나 빨리 변화를 시도해야 할까?

다행히 이 질문에 콩알 세는 사람들은 적절한 답을 알고 있다. 그것을 짧게 살펴보고 넘어가자. 정확히 말해 최근에 환경에 대한 책임을 어떻게 분담해야 할지를 제안하는 네 가지 학파가 생겨났다.

우선 첫 번째 선택지를 대변하는 사람들은 변화에 대한 책임을 모두에게 동등하게 할당해야 한다고 말한다. 기업에는 시장 점유율에 따라 가중치를 부여하며, 다른 기준은 일절 따지지 않는다. 이런 접근은 우아한 단순함이 돋보인다. 비중이나 공평함을 따지는 다른 기준을 포기하는 것은 그런 기준이 틀려서가 아니라 그런 기준을 공평하고 투명한 방법으로 적용할 길이 없기 때문이다. 이런 논리는 개인에게도 적용할 수 있다. 더 많은 돈을 벌거나 지출할수록 더 많은 온실가스 배출에 일조한다고 볼 수 있다. 그러나 이를 선형적으로만 따질 수 있지 그 사람이 개인 비행기를 몰고 다니는지 같은 세세한 것은 따지지 못한다. 그러면 이런 선택지에서는 가난하거나 부유하거나 모두가 자신의 발자국을 줄여야 한다.

두 번째 선택지는 효율성의 기준을 따른다. 일반적으로 특히나 효율성이 떨어지게 행동하는 기업 혹은 사람들이 다른 사람들보다 더 많은 책임을 져야 한다는 의미다. 따라서 그들 먼저 시작하고, 천천히 다른 사람들에게로 나아가야 한다고 본다. 플라스틱 쓰레기의 경우 이것은 (경제적으로) 가장 비효율적인 공장이 우선적으로 문을 닫아야 하고 가장 효율적인 공장이 가장 늦게 문을 닫아야 한다는 뜻이다. 이런 숙고 뒤의 경제적 논리는 명백하며, 실제적 변화도 이런 도식을 따를 수 있을 것으로 보인다. 문제는 이런 논리의 토대가 되는 그 효율성을 측정하는 것이 종종 쉽지가 않고, 정치적 혹은 사회적인 비경제적 측면은 전혀 역할을 하지 못한다는 것이다.

이것은 세 번째 선택지로 이어진다. 세 번째 선택지는 변화의 책임에서 경제적·사회적·정치적 측면을 고려하자는 것이다. 이런 방식으로 가능한 한 실제 상황을 완전하게 고려하고자 한다. 하지만 다양한 요소를 결정하고 가중치를 부여하는 것은 상당히 주관적이고 종종 불투명한 일이다. 투명성과 명료함을 보증하기가 어렵다. 우리 모두가 응하고 싶지 않은 거래가 아닐 수 없다.

마지막 네 번째 선택지는 과거의 전력을 토대로 변화의 책임을 묻는 것이다. 그에 따르면 이미 쓰레기를 가장 많이 배출한 이들에게 가장 먼저 앞으로 계속 환경오염을 시킬 권리를 박탈해야 한다. 이런 논리의 한 가지 버전은 가령 유엔기후변화협약에서 선진국과 개발도상국 사이에 부담 분담 규모를 정하는 데 적용되었다. 하지만 경제계 및 금융계에서는 이 같은 접근이 통상적이지 않다. 그것에는 여러 가지 이유가 있겠지만 무엇보다 역사적 책임을 따지는 일은 오히려 정치적 범주에 속하는 일이라는 이유가 가장 크다. 그런 요소들은 경제계에 받아들여질 만한 뭔가를 가지고 있지 않다는 것이다.

이제 어느 학파의 의견을 따라야 할지 헷갈리는 사람은 다음 질문을 고려해 보자. 이런 질문은 플라스틱 폐기물 감축에도 유사하게 적용된다. 심각한 기후 변화에 직면하여 마지막까지 석유를 생산해도 되는 사람은 누구일까? 이제 첫 번째 학파는 "그래, 좋아. 누구나 마지막 배럴의 3분의 1, 4분의 1, 혹은 100분의 1을 생산해도 좋아"라고 말한다. 공정한 분담이다. 하지만 효율성을 신봉하는 두 번째 학파는 이렇게 말한다. "흠, 그건 너무나 현실에 맞지 않고, 비경제적이야. 사우디아라비아나 이란에 석유 생산권을 넘겨주자. 이 두 산유국은 세상에서 가장 값싼 비용으로 석유를 생산하는 나라들이잖아. 이것은 정치적으로는 좀 모양새가 안 좋을지 몰라도 값싼 에너지를 얻을 수 있다면 우리의 복지에 도움이 되니까 말이야. 이것이 바로 세상이 돌아가는 방식이야." 이제 세 번째 학파는 이렇게 말한다. "그렇게 서두르지 마. 석유 생산을 효율성의 렌즈를 통해서만 보는 것은 에너지 독립이라는 정치적 목표를 백안시하는 거야. 이건 우크라이나 전쟁 때문에 더 우려스러운 주제가 되었지. 효율성만 중시하는 관점은 사회적 문제, 석유 산업이 제공하는 일자리의 미래, 전쟁 자금 조달 등을 전혀 고려하지 않고 있어."
자, 이제 네 번째 학파는 역사적 평가 없이는 이런 질문에 대답할 수 없다고 말한다. 그러나 위에서 언급한 것처럼 이런 견해는 정치권 밖에서는 거의 먹혀들지 않는다.

물론 더 많은 견해를 생각해 낼 수 있을 것이다. 그러나 지금 언급한 이 네 가지 견해가 이런 문제를 두고 어떤 생각들이 이루어지고 있는지를 대체로 보여준다고 하겠다. 이것은 상아탑에서 이루어지는 실험이 아니라 실제적인 선택지들이다. 이것들은 뭐랄까 윤리에서 효율적인 이타주의라고 칭하는 것의 거울상이라고 할 수 있다. 효율적인 이타주의의 대변자들은 어떻게 하면 가능한 한 효율적인 방식으로 선을 행할 수 있을지, 따라서 자원을 어떻게 최적으로 활용할 수 있을지를 알아내고자 한다. 그리하여 환경 분야에서는 같은 원칙으로 손해를 피하는, 따라서 나쁜 일을 하지 않는 최선의 방법을 모색하는 것이다.

한 사람에게 가장 그럴듯하게 다가오는 선택지 혹은 선택지들의 조합은 학문적 기준만으로는 결정되지 않는다. 이 모든 질문에는 물론 도덕적 요소들이 포함된다. 그것은 개인적 책임과 행동 윤리에 대한 것이다. 행동 연구가 어떤 동인이 서로 다른 결과로 이어지는지 알려준다 하더라도, 책임 귀속을 통해 변화 과정을 실행하기 위한 몇몇 것들을 말할 수 있다 해도, 책임을 개인, 생산자, 투자자에게 어떻게 분배할 것인지 하는 질문은 도덕적 차원을 갖는다. 그리고 이 책의 제3부에서 열릴 재판에서 분명히 드러나겠지만 법적 차원을 갖는다.

여기서 인도계 미국인 경제학자 아마르티아 센(Amartya Sen: 1998년 노벨 경제학상 수상자—옮긴이)의 저서 《정의의 아이디어》에 나오는 이야기에서 영감을 얻은 비유가 도움이 될 듯하다. 자, 우리가 여왕이 베푼 호의를 분배하기 위한 (가상) 위원회에 속해 있다고 해보자. 여왕은 중병을 앓다가 기적적으로 회복했다. 방에서 들은 플루트 연주가 신비한 작용을 일으켜, 회복의 기적이 일어났다. 이제 위원회는 되찾은 건강에 대한 감사의 표현으로 여왕이 희사한 금화 한 닢을 누구에게 수여할지 결정해야 한다. 후보는 세 사람이다. 마리아는 플루트를 제작했고, 소피는 플루트를 연주했다. 그리고 조세핀은 플루트를 제작할 재료를 마련하고, 마리아가 플루트 제작 기술을 배우고 소피가 음악 수업을 받을 수 있도록 재정적 지원을 아끼지 않았다. 자, 이제 누가 금화를 받아야 할까? 또는 다르게 말해, 누가 이 일에 책임이 있다고 보아야 할까?

까다롭지만 행복한 고민이 아닐 수 없다. 선물을 불공평하게 나눌 위험은 늘 있지만, 최악의 경우 여기서는 누군가에게 부당하게 너무 적은 대우를 해주는 정도로 끝난다. 그러나 킬 스코어에서는 정반대로 생명을 선사한 책임이 아니라, 생명을 앗아간 선택에 책임을 묻는다. 이것은 우선은 책임 귀속 문제를 다루는 학자들과 실천가들이 해야 하는 일이다. 그러나 우리는 '금화'를 나누기 위해 우선 팩트들을 확보하고, 범죄 현장을 조사하고, 이 책의 첫 장에서 말한 내용을 토대로, 킬 스코어를 만들어내는 킬러에게 다가가야 한다. 이제 이 일을 시작하기 위한 이론적 준비를 모두 마쳤다. 이 자리에서 다시 한번 셰익스피어의 말을 인용해 본다. "고수는 북을 쳐서 나팔수에게 알리고/나팔수는 성 밖 대포수에게 알려라/대포는 하늘에게, 하늘은 땅에게 알려라/'이제 왕이 햄릿을 위해 건배를 든다'고—자 시작하라/너희 재판관들아, 예의 주시하라!"

2부

(범죄) 현장

기후 변화

너, 조그맣고, 매끈하고, 겁에 질린 짐승아.
네 가슴은 얼마나 공포로 떨리기에!
뭘 그리 허둥지둥 도망치는 거니?
내 앞에선 그렇게 서둘러 도망치지 않아도 된단다!
여기 내 쟁기질은 네게
피로 물든 죽음을 안겨주려는 게 아니란다!

–로버트 번스, 〈쥐에게(To a Mouse)〉(1785)

도쿄에서 자동차로 네 시간 남짓 거리에 있는 일본의 도시 도요타. 2018년 7월에 일어난 일로 여섯 살 어린 소년은 역사책에 작고 슬픈 기록으로 남았다. 그날 이 도시의 기온은 아침부터 이미 섭씨 33도를 웃돌았고, 최고 기온은 37.3도를 찍었다. 그럼에도 우메츠보 초등학교 선생님들은 예정대로, 오전 9시 50분 1학년 학생들 112명을 데리고 1킬로미터 떨어진 와고공원으로 나들이를 나섰다. 아이들은 곤충을 채집하고, 놀이터에서 집라인을 타고 놀기도 했을 것이다. 와고공원은 자동차 산업으로 유명한 이 일본 도시에 있는 초록 오아시스다. 도요타시는 원래 지명이 코로모였다가 1959년 도요타 자동차 창업 가문의 이름을 따서 도요타로 개명했다. 그렇게 아이들은 회색 도시의 회색빛 일상 속 작은 기분 전환 활동으로 와고공원으로 짧은 소풍을 다녀온 뒤, 11시 30분에 학교로 복귀했다.

하지만 돌아온 직후에 그 어린 소년은 교실에서 쓰러지고 말았다. 그리고 뒤늦게 병원으로 이송되었으나 오후를 못 넘기고 세상을 떠났다. 우메츠보 초등학교 교장은 후에 지역 언론에 이날 아이들이 열사병에 걸리지 않도록 각별히 주의를 기울였으며, 아이들에게 물을 많이 마시라고 누누이 이야기해 주었다고 설명했다. 이날 오전 그 남자아이 외에 여자아이 3명도 일사병 증상을 보였지만, 소년과는 달리 여자아이들은 목숨을 잃지 않고 회복했다.

이 일이 있고 얼마 안 있어 연구자 유키코 이마다는 소년을 희생시킨 이 폭염을 명백히 기후 변화로 인한 것이라고 정의했다. 이 일과 관련하여 학술지에 게재된 에세이들은 이구동성으로 우메츠보 초등학교의 이 어린 소년과 그 외 2018년 7월 일본에서 폭염으로 사망한 1000여 명은 "명백히 기후 변화로 인한 희생이라고 못 박을 수 있는 첫 번째 사망자들"이라는 슬픈 결론을 내렸다. 소년은 자신이 살았던 삶보다 더 긴 세월을 기후 위기를 경고해 주는 기념비로 존재하게 될 터이다.

인간의 경제 활동이 기후에 영향을 미친다는 인식을 가장 먼저 한 사람이 누구인지에 대해서는 논란이 분분하다. 어떤 이들은 1824년에 대기와 기후의 관계를 두루 고찰한 프랑스 물리학자 조제프 푸리에(Joseph Fourier)가 맨 처음이라고 본다. 또 다른 이들은 1882년 12월, 〈네이처〉지에 게재된 글이 최초라고 한다. 그 글은 영국의 전형적인 절제된 표현으로 "[이산화탄소로 말미암은] 대기 오염 증가가 세계 기후에 상당한 영향을 미칠 것으로 전망된다"고 확인하고 있다. 이 내용을 쓴 장본인은 스톡슬리 출신의 H. A. 필립스라는 사람으로 당시 대기 중의 "이산화탄소량"으로 말미암아 1900년까지 "모든 동물이 멸종하게 될 거라는" 지나친 기우로부터 독자들을 좀 안심시키고자 했다.

그로부터 140년이 흐른 지금, 우리가 알고 있는 것에 따르면 이산화탄소로 지구상의 동물이 멸종하기까지는 아직 최소 몇 십 년, 길게는 몇 백 년이 지나야 한다. 완전한 멸종은 일단은 의제에 포함되지 않는다. 그럼에도 기후 변화는 인류의 문명과 복지를 심각하게 위협하고 있으며, 지금 이미 죽음을 가져오고 있다. 기후 변화는 (슈베르트 가곡의 모태가 된) 괴테의 시 〈마왕〉에 나오는 마왕처럼 우리를 위협한다. '네가 변화하지 않고, 변화하고 싶어 하지 않는다면, 난 폭력을 쓸 수밖에 없어!'라고 마왕은 우리에게 외치는 듯하다.

기후 변화를 부인하는 사람들의 설명을 들으면 난 이런 괴테의 시가 생각난다. (시 속의 원래 상황과는 좀 다르지만) 시에 등장하는 아버지가 기후 변화 부인론자들의 모습을 띠고 이성보다는 그릇된 판단을 대변하는 듯하다. '애야, 진정하거라, 진정해. 저건 마른 풀잎이 바람에 흔들리는 것뿐이야'라고 다음번 태풍이 들이닥칠 때 기후 변화 부인론자들이 외치는 듯하다.

하지만 이산화탄소라는 무기는 정확히 어떻게 치명적으로 작용할까? 공과 천의 비유로 설명해 보자. 우리는 공 위에서 살고 있다. 이 공은 천으로 둘러싸여 있고, 전등이 비추고 있다. 지구는 공이고, 태양은 전등, 천은 대기다. 열과 빛은 전등으로부터 공에 이르고, 일부는 다시 (우주) 공간으로 반사된다. 어느 정도로 그렇게 되는지는 공을 두른 천(대기)에 따라 달라진다. 천(대기)은 특수한 물질, 즉 눈에 보이지 않는 기체로 이루어져 있다. 천에 라벨이 붙어 있다면, 질소 78퍼센트, 산소 21퍼센트, 아르곤 0.9퍼센트, 기타 기체 0.1퍼센트라고 표시되어 있을 것이다. 이른바 온실가스는 이 마지막 기타 기체에 속한다. 우리가 지금 하고 있는 일, 즉 산업 혁명이 시작된 이래 대규모로 해온 일은 태양과 지구 사이의 천을 구성하는 물질에 더 많은 온실가스를 들여보내는 것과 다름없다. 이렇게 되면 천은 전보다 열을 더 잘 가둘 수 있게 되어, 천이 공을 덥힌다. 이런 현상을 바로 기후 위기라 부른다.

이 모든 현상이 섬뜩한 이유는 지구를 감싼 천은 구성 물질이 아주 조금만 변화해도 보통의 덮개보다 굉장히 민감하게 반응하기 때문이다. 과거 80만 년 이상 대기 중의 이산화탄소 함량은 0.0002~0.0003퍼센트를 유지해 왔다. 그러다가 이미 0.0004퍼센트에 도달했다. 현재 추세로 가면 대기 중의 이산화탄소 비율은 0.0005퍼센트까지 오르게 될 것이고, 그러면 천 아래 공의 온도는 섭씨 2~3도 상승할 것이다. 나는 1장에서 이미 작은 변화가 심각한 결과를 가져온다는 것을 제대로 전달하지 못하는 홍보 문제를 이야기한 바 있다. 예외적으로 대기 온도를 생각하지 말고, 이불 속에 있는 인체를 상상해 보면 도움이 될지도 모르겠다. 몸이 정상 체온보다 섭씨 2도 더 오르면 고열이 나는 상태다. 인체가 정상보다 섭씨 4도가 오르면, 이것이 바로 우리가 앞둔 기후의 전개 상황인데, 거의 죽음 직전에 이른다.

기후 변화는 그렇게 간단하다. 프리드리히 실러의 직조공들처럼 우리는 하늘의 이산화탄소를 땅의 삶으로 가져다 엮고 있다. 이를 통해 천은 (지구) 공에 더 많은 열을 머물게 하고, 우리를 땀 흘리게 한다. 그 결과는 잘 알려져 있다. 얼음이 녹고 해수면이 상승하고, 얼음이 녹은 물로 말미암아 강과 하천의 물이 불어난다. 이로써 홍수와 범람이 잦아지고 토지가 손실된다. 평균 기온이 상승하고, 국지성 열파가 더 흔해진다. 뿐만 아니라 기이한 추가 효과들도 나타난다. 얼음이 녹으면서 어느 정도 얼음에 갇혀 있던 온실가스가 추가적으로 방출되어, 우리의 천에서 처리해야 하는 온실가스가 바이러스처럼 늘어난다. 또한 화재 위험이 증가하여, 산불로 인한 이산화탄소 배출량도 늘어난다. 국지적 가뭄도 확산한다. 지역 간 온도차가 벌어지면서 강한 폭풍우가 발생하고, 강수량도 불균형해지는 탓이다. 이 모든 것은 치명적 결과를 초래한다. 인류는 이 황량한 세상에서 익사와 기아의 위험에 처하고, 화재나 가뭄의 피해를 입게 된다.

세계보건기구는 작금의 기후 변화로 말미암아 매년 15만 명 이상이 사망하고 있는 것으로 보고 있다.[9] 자연사와 부자연사를 종합한 전체상에서 기후 변화로 말미암은 사망이 차지하는 비율이 어느 정도인지를 살펴보면, 300명 중 1명에 해당한다는 결과가 나온다. 이런 상황은 그대로 유지되지 않을 것이다. 비관적 예상에 따르면 기후 변화로 말미암은 사망자 수는 2040년에는 100만 명, 2080년에는 500만 명, 21세기 말에는 1000만 명에 이를 것이라고 한다. 이 수치를 예상되는 전체 사망자 수와 비교하면, 이번 세기 말에는 사망자 10명 중 1명이 기후 변화로 말미암아 죽는다는 뜻이다. 비교를 위해 다시금 웸블리 스타디움 관중들이 앞으로 맞게 될 죽음의 원인을 분류해 보았던 일을 떠올려 보자. 그러면 22세기 초가 되면 지구민 전체를 놓고 볼 때, 오늘날 결핵, 자살, 살인, 의료사고, 교통사고, 알코올, 마약, 폐암, 간질, 폐렴, 독감을 합친 것보다 더 많은 사람이 기후 변화의 희생자가 될 거라는 추측이 나온다. 물론 이런 비관적 예측은 기후 재앙이 앞으로 브레이크가 걸리지 않고, 계속 가속화될 거라는 전제하에서 이루어진 것이다. 하지만 더 낙관적으로 보는 시나리오에서도 모든 사망자의 2퍼센트는 여전히 기후 변화로 말미암을 거라는 예상이다. 그러나 이런 예상은 이미 말했듯이 우리가 기후 변화에 맞서 적극 싸워서 작금의 추세를 꺾을 수 있다는 전제하에 이루어진 것이다.

여기서 두 가지를 고백해야겠다. 첫째, 방금 언급한 예측은 엄청난 불확실성을 내포한 것이라는 것이다. 둘째, 사망 사건의 원인을 기후 변화로 귀속시키는 것은 꽤나 복잡한 과제라는 것이다. 기후 변화는 우리의 전 인생을 동반하며 여러 가지 위험한 부작용을 초래하기 때문이다. 세계은행은 불과 2030년까지 기후 변화로 말미암아 약 1억 명이 극심한 가난에 처하게 될 거라고 본다. 하지만 그들 가운데 사망자는 사망 진단서에 사인이 뭐라고 기입될까? 가난이라고 적힐까, 기후 변화라고 적힐까? 어쩔 수 없는 이민으로 말미암은 사망, 귀중한 자원을 둘러싼 정치적 갈등, 문화자본 파괴로 말미암은 사망도 결국 포괄적으로 볼 때 기후 변화로 인한 사망으로 분류할 수 있을 것이다. 하지만 기후로 인한 사망에 대한 대부분의 추정치는 더위, 악천후 등 날씨상의 개별적 위험 요인에 한정함으로써 이런 광범위한 요인을 비켜간다. 이런 예측은 기후 변화의 잔인성을 축소하는 궁색한 시뮬레이션이며, 현대 기후 과학의 예언가들이 최소한 죽음의 경우 어떻게 기후 변화의 결과들을 축소하고 있는지를 여실히 보여준다.

이런 불확실성 탓에 이산화탄소 1톤 배출이 야기할 피해를 정량화할 마땅한 방법을 찾기가 쉽지 않다. 하지만 폭을 정할 수는 있다. 컬럼비아 대학교 지구 연구소의 대니얼 브레슬러(Daniel Bressler)는 〈네이처〉지에 발표한 논문에서 현재 4434톤의 이산화탄소 배출이 미래에 1명이 추가적으로 사망하는 데 책임이 있다고 보았다. 브레슬러의 더 비관적인 추정치는 약 1500톤당 1명의 추가 사망자가 발생하는 것으로 본다.

브레슬러의 추정치는 1장에서 소개한 리처드 판컷의 추정치보다 약간 더 양호하다. 리처드 판컷의 가장 안 좋은 시나리오에서는 이산화탄소 배출 약 1000톤당 추가 사망자 1명이 야기되는 것으로 본다. 둘은 최소한 폭이 겹치긴 한다. 판컷의 보수적 추정치는 약 3700톤당 1명이기 때문이다. 게다가 브레슬러가 폭염과 관련한 사망자만 고려하고, 기후 희생자의 더 넓은 스펙트럼은 고려하지 않았기에, 조건을 달리하면 두 연구자의 추정치는 더 비슷해질 것이다.

하지만 브레슬러가 제안한 4434톤당 1명을 규칙으로 사용하는 것은 적절치 못해 보인다. 우리가 알다시피 기후로 인한 많은 사망자는 다른 요인들에 가려 통계에 반영되지 않기 때문이다. 게다가 브레슬러의 계산법에는 또 다른 문제가 있다. 그는 2100년 이후의 사망자들은 고려하지 않는다. 물론 형식적인 이유에서 어딘가에서 계산을 멈추고 그 뒤로는 잘라버려야 한다는 건 이해가 간다. 그러나 이산화탄소는 300년에서

1000년까지도 대기 중에 남는다. 3000년에 기후로 얼마나 많은 사망자가 나올지는 물론 아무도 깊이 생각하려 하지 않겠지만, 그래도 브레슬러의 수치는 모든 면에서 지나치게 신중하다고 하겠다.

그리하여 나는 계산을 간단히 하기 위해 1000톤당 1명이라는 규칙에서 출발하고자 한다. 그렇게 하되 확실히 하기 위해 더 보수적으로 계산할 때는 어떤 결과가 나올지도 살펴보자. 이렇듯 1000톤당 1명으로 계산하면 보수적인 계산보다 사망자 수가 더 높게 나올 것이다. 하지만 이미 언급했듯이 이런 추정치조차 너무 과소평가된 것일지도 모른다.

1000톤 규칙의 추가 "이점"은 이 계산에 따르면 한 사람을 죽이는 이산화탄소의 양이 독일인 한 사람이 꽤 장수한다는 가정하에 그가 일생 동안 배출하는 양과 거의 맞먹는다는 것이다. 독일인 한 사람당 한 해에 배출하는 이산화탄소량은 약 11톤이므로, 평균 기대 수명인 82세를 산다고 할 때 한 사람당 일생에 걸쳐 902톤을 배출한다는 계산이 나온다. 평균보다 조금 더 오래 살거나, 평균보다 오래 살지는 않아도 비행기를 조금 더 많이 탄 사람이라면 너끈히 1000톤 경계를 돌파할 것이다.

이런 죽음을 우리의 소비 사회의 제단에 바치는 희생이라고 해야 할까. 도요타에서 죽어간 어린 소년, 2021년 아르브뤼크에서 홍수로 익사한 소녀도 말이다.

902톤, 또는 약 1000톤은 인생의 사진첩과 비슷하게 수많은 순간과 선택이 모인 패치워크 카펫과 비슷하다. 이런 카펫이 어떻게 구성되어 있는지는 각자 어떤 삶을 살았는지에 따라 달라진다. 우리는 이 카펫에 엮어 넣은 모든 섬유를 확인할 수는 없다. 즉 모든 소비 결정을 정확히 평가하고 측정할 수는 없다. 약간의 오류가 있을 수밖에 없다. 그 밖에도 계산에서 정확히 무엇을 고려해야 할지 명백한 답은 없다. 소비 발자국을 지출한 돈을 토대로 계산해야 할까? 이산화탄소를 만들어내는 공공 인프라도 개인의 발자국을 계산하는 데 포함해야 할까? 세금은 어떻게 해야 할까?

이것저것 따지다 보면 마냥 복잡해진다. 2013년 제1회 대규모 지속가능성 회의에서 나이 지긋한 여성 한 분이 내게 우리가 준 팁을 종업원이 차에 기름을 넣는 데 쓰면, 그 돈으로 인한 탄소 발자국은 어떻게 해야 하는 거냐고 물었다. 하지만 이런 돌고 도는 돈은 따질 수가 없다. 2019년 독일대안당 정치인이 발언한 것과는 달리, 우리의 호흡에서 생겨나는 이산화탄소도 그냥 무시해 버릴 수 있다. 호흡은 결국 주변 환경과의 순환 과정 가운데서 이루어지기 때문이다.

자, 이제 본론으로 되돌아가 보자. 연방환경청의 계산에 따르면 2020년 독일인 한 사람당 연간 탄소 발자국은 약 11.2톤이다. 계산을 쉽게 하기 위해 이 양을 약간 반올림하여 테킬라 10샷(Shot)으로 환산해 보자.

첫 번째 샷은 한 사람을 둘러싼 공공 인프라 구조다. 따라서 이것은 말하자면 삶을 살아가기 위해 내는 입장료다. 바르셀로나 람블라스 거리에서 싸구려 클럽 입장료를 내면 주어지는 샷처럼, 현대 독일의 생활로 들어가는 입장료라 할 수 있다.

두 번째와 세 번째 샷은 주거와 난방과 관련한 것이다. 건축 재료인 시멘트나 강철로도 약간의 이산화탄소가 배출되지만, 이 샷은 대부분 난방에 기인한다. 이로써 평균적인 독일인이 단독주택이나 아파트에 사는 것에만 이미 세 샷이 들어간다.

다음으로 네 번째 샷과 다섯 번째 샷의 절반을 담당하는 것이 바로 음식이다. 우리는 음식을 통해 전체 이산화탄소 발자국의 15퍼센트를 방출한다. 가정에서 쓰는 전기의 몫을 가산하면, 다섯 번째 샷이 완전히 소모된다. 독일에서 단독주택이나 아파트에 거주하고, 추위에 떨지 않으며, 음식, 조명, 전기를 사용하는 것만으로도 주어진 테킬라 샷 중 절반인 다섯 샷이 들어가는 것이다.

그렇다고 하여 우리가 이 정도 샷이 들어가는 건 그냥 감수해야 한다는 의미는 아니다. 출생지를 선택할 수는 없지만, 전기·난방 습관·아파트·음식과 관련하여 우리가 결정할 수 있는 부분이 상당히 있다. 그럼에도 전체 테킬라 샷의 절반이 난방이나 음식, 인프라 구조, 조명(그리고 깜박할 뻔했다, 스트리밍!)과 같이 인간의 기본 필요와 관계된다는 점은 주목할 만하다.

여섯 번째와 일곱 번째 테킬라 샷은 이동에 들어간다. 자동차·기차·비행기 등 이곳에서 저곳으로 이동하는 모든 교통수단을 이용하는 데서 방출되는 몫으로, 도보나 자전거를 이용하지 않는 이상(자전거나 도보 이동은 기껏해야 그와 관련하여 소비하는 음식의 양에서만 이산화탄소 발자국을 산정할 수 있다) 이산화탄소 방출을 피할 수 없다. 여기서도 자신의 결정으로 테킬라양에 상당한 영향을 끼칠 수 있다.

마지막 세 개의 테킬라 샷은 그 밖에 우리가 구입하는 모든 상품에 들어간다. 의류, 가구, 책, 전자 제품, 그 외 모든 것이다. 이런 재화를 생산하는 데 방출되는 이산화탄소는 부분적으로는 우리가 이미 알고 있는 범주에 들어간다. 그리하여 티셔츠를 생산할 때는 무엇보다 전기가 많이 들어간다. 하지만 이때 들어가는 전기는 개인의 전기 발자국

(따라서 다섯 번째 테킬라 샷)에서는 등장하지 않고, 거의 티셔츠를 생산하는 발자국으로 산정이 된다.

이제 개인에서 기업으로 옮겨가면 계산은 어쩔 수 없이 조금 더 까다로워진다. 가령 기업에 대해서는 평균적인 소비자처럼, 평균적인 기업을 논할 수가 없다. 탄소 발자국은 어떤 회사가 제약 회사인지 석유 기업인지 건설 기업인지에 따라 대폭 달라지기에 일반적으로 논하는 것이 불가능하다.

그래서 대신에 하나의 예로, 브리티시 아메리칸 토바코(BAT: 런던에 본사를 둔 세계적인 담배 회사—옮긴이)의 탄소 발자국을 살펴보기로 하자. 이 기업은 자신의 웹사이트에서 커다란 목표를 천명하고 있다. 바로 "더 나은 내일 건설(Building a Better Tomorrow™)"이라는 것이다. BAT는 이 슬로건을 상표권으로 등록하기까지 했다. 따라서 일반 대중에 속한 내일이 아니라, 더 나은 내일(A Better Tomorrow™)이다. 바로 BAT의 내일! 미래의 사유화라고 할까.

더 나은 내일을 위해 애를 쓰고 있기에 이 회사는 2030년까지 탄소 중립을 이루겠다고 천명했다. 이로써 BAT는 고전적인 지속가능성 트릭을 사용하고 있다고 하겠다. 회사가 한쪽 부분에서 형편없는 평가를 받으면(BAT는 당연히 건강 면에서 그러하다), 다른 부분에서는 평가를 잘 받기 위해 엄청 애를 쓰게 되는 것이다(이 경우에는 기후 변화 면에서 그러하다). 이런 방식으로 기업은 이른바 ESG 점수를 높일 수 있다.

ESG란 환경(Environment), 사회(Social), 지배구조(Governance)의 머리글자를 딴 전문 용어로, 이를 도구로 기업의 "지속가능성 리스크" 평가가 이루어진다. 게르하르트 슈뢰더 전 사회민주당 총리 게르하르트 슈뢰더

가 지적한 "공연한 소동(Gedöns)"이라는 말보다는 약간 고급스러운 용어지만, 비슷한 철학을 담고 있다. 즉 "중요하지 않은" 모든 것, 이른바 "비재무적인 것들"을 뒤죽박죽으로 섞어놓는 것이다. 서로 관련이 있든지 없든지 상관없이 말이다. 그러다 보니 수많은 연구가 실제로 ESG 등급은 평가 기관별로 점수가 천차만별로 매겨진다고 지적한다. 평가 논리뿐 아니라 평가 원칙에 문제가 있다는 것이다. 기업에 따라 환경 분야에서 엉망인 점수를 사회 분야에서 만회하거나 그 반대로 되는 경우가 발생하는 건 물론이다.

어쨌든 BAT는 기후 전략으로 성공적인 홍보를 이어가고 있다. 기후 분야에서 전 세계적 활동을 벌이고 있는 최대 NGO 중 하나로, 탄소 발자국과 관련한 투명성을 특히나 중요하게 여기는 탄소 정보 공개 프로젝트(Carbon Disclosure Project, CDP)는 2020년 가장 기후 친화적인 기업들에 대한 명망 높은 목록인 "A 리스트(A List)"와 "공급 참여 우수업체(Supplier Engagement Leaderboard)"에 주저 없이 BAT를 포함시켰다. "더 나은 내일" 전략이 먹혀든 것이다.

하지만 BAT의 생태 발자국을 자세히 살펴보면 이런 전략은 그리 유혹적으로 보이지 않는다. 전략은 약간 속이는 것이다. BAT가 사용하는 생태 발자국 계산 방식은 지속가능성 세계에 널리 만연해 있으며, 이산화탄소 방출과 기업의 책임을 묻는 일에 거의 지침처럼 사용되고 있다.

BAT는 회사 전체의 이산화탄소 배출량을 세 개의 배출원으로 분류한다. 전문 용어로는 이것을 세 가지 "스코프(Scope)"라고 칭한다. 첫 번째 배출원, 즉 스코프 1은 공장에서 직접 배출되는 것을 말한다. 그리고 스코프 2는 간접적인 배출로서 전기와 난방과 관련된다. 즉 공장에 전기를 공급하는 발전소의 굴뚝에서 나오는 배출이다. 스코프 3은 출장과 같은 소소한 것들로부터 기업이 사고파는 재화나 서비스에 숨겨진 배출에 이르기까지 스코프 1, 2를 제외한 모든 배출을 말한다. 따라서 자동차 기업에서 팔려나간 자동차들의 배기가스로 인한 배출도 이에 속한다. 그러므로 당연하게도 폭스바겐과 같은 자동차 회사는 세 번째 배출원, 즉 스코프 3에 해당하는 배출이 이 회사 배출량의 90퍼센트 이상을 이룬다. 석유 및 가스 기업도 마찬가지다. 반면 루프트한자의 경우는 스코프 1에 해당하는 배출이 주를 이룬다. 루프트한자의 비행기가 배기가스를 배출하는데, 여기서는 비행기가 루프트한자의 공장이라 할 수 있기 때문이다.

흡연은 이산화탄소를 소량 만들어내며, 이것은 BAT의 세 번째 배출원 내지 스코프 3을 이룬다. 하지만 대부분의 연구자는 이것은 별로 비중이 없다고 본다. BAT의 스코프 3의 다른 구성 요소들의 비중이 더 높다. 그리하여 BAT의 총배출량에서 스코프 1, 2가 차지하는 비중은 10퍼센트(54만 1000톤)인 반면, 스코프 3의 비중이 90퍼센트(678만 1000톤)를 이룬다.

자, 2030년까지 탄소 중립을 실현하겠다는 BAT의 약속으로 돌아가 보자. 이 계획은 스코프 1과 2에만 적용된다. 배출량의 90퍼센트를 담당하는 스코프 3은 20년을 더 기다려야 한다. "더 나은 미래(A Better *Day After* TomorrowTM)"는 모레나 온다. 그리고 스코프 1과 2는 무엇을 내용으로 하는가? 3분의 2가 공장의 몫이고, 20퍼센트가 운송, 10퍼센트가 "기업의 부동산", 6퍼센트가 초록 잎 가공(말린 담뱃잎의 추가 가공)의 몫이다.

BAT는 새해를 맞으며 내일 당장은 아니지만, 올해는 슬슬 술을 끊어보겠다고 자랑스럽게 공언하는 친구와 같다. 그러고 나서 돌아오는 주말이 되면 이번엔 예외라면서 술을 마셔버린다. BAT의 자신감에 찬 공표는 바로 이런 도식으로 돌아간다. 언제까지 무엇을 하겠다고 하지만 시간이 점점 늘어져서 아무도 그것을 진지하게 여기지 않게 되는 것이다.

이 책의 시작 부분에서 나는 콩알 세는 사람들을 비판했지만 이제나 자신이 또 여러 수를 나열하고 있다. 자, 어서 킬 스코어로, 즉 이산화탄소 1000톤당 킬 스코어 1점이라는 대략적인 규칙으로 돌아가 보자. 스코프 1, 2, 3을 합치면 BAT는 탄소 발자국으로 매년 7322명을 "죽인다". 자, 그러면 비교 질문으로 BAT가 매년 얼마나 많은 흡연자를 사망으로 몰아넣는가를 물어보자. 이 회사가 1년에 파는 담배는 약 6400억 개다. 흡연과 흡연으로 인한 사망을 도식화하여, 흡연자의 절반이 흡연으로 말미암아 사망한다고 해보자(물론 이것은 사실에 부합하지는 않지만, 여기서는 계산 자체가 중요하지 않다. 이것은 참조치일 뿐, 담배로 말미암은 킬 스코어는 아니기 때문이다). 그러면 BAT가 담배를 팔아 매년 100만 명을 죽음으로 몰아간다는 결과가 나온다.

BAT가 흡연자들의 사망과 관계가 있다는 사실은 스코프 1, 2, 3만을 기준으로 한 계산에는 숨겨져 있다. 하지만 이 회사의 탄소 발자국만으로도 작은 것이 아니다. 7322명이라고 하니 100만 명에 비해 작아 보일지도 모르지만, BAT는 여전히 전 세계적으로 이산화탄소를 가장 많이 방출하는 500대 민간 기업 목록에 들어간다. 그런데도 BAT는 '탄소 정보 공개 프로젝트' 인증을 받은 기업이라는 사실. 그렇다면 어떻게 이렇게 이산화탄소를 많이 방출하는 기업이 CDP에서 최고 등급을 받을 수 있을까? 그것은 CDP 평가가 공개된 내용이 좋은가 나쁜가가 아니라 기업의 투명성을 주로 평가하기 때문이다. 지속가능성에 대한 평가는 별도의 세계다.

BAT의 예는 이산화탄소 방출과 관련하여 일어나는 난감하고 이상한 상황들을 보여준다. 그러나 BAT는 이 분야의 선두 주자들과는 아직 멀찌감치 떨어져 있다. 어떤 민간 기업이 상위 10위 안에 드는지 예측하는 건 어렵지 않다. 증권거래소에 상장된 대기업만 살펴봐도, 주식 가치가 전체 시장의 약 20퍼센트를 점유하는 제한된 수의 회사들이 전체 이산화탄소 배출의 약 80퍼센트를 차지하고 있음이 드러난다. 석탄을 채굴하고, 석유나 가스를 추출하고, 화석 에너지원을 전기로 변환하고, 사람과 재화를 수송하고, 콘크리트와 철을 생산하는 기업들이다. 이산화탄소 말고 다른 온실가스를 계산에 넣으면, 부동산 회사와 농업이 추가된다. 그 외 나머지 기업들은 거의 비중이 없다. 그리하여 이미 말한 것처럼 BAT는 이산화탄소를 많이 방출하는 500대 민간 기업에 속하지만, 셸(Shell: 세계 2위의 다국적 석유·천연가스 회사—옮긴이)의 탄소 발자국은 BAT의 약 33배다.

그리하여 앞서의 킬 스코어를 계산해 보면 셸은 연간 약 23만 명을 죽인다는 계산이 나온다. 이것은 BAT로 말미암은 흡연 사망자의 5분의 1에 해당하지만, BAT의 탄소 발자국으로 말미암은 사망자보다는 약 30배나 많다. 두 개의 진실이 나란히 간다. 한 가지 진실은 BAT의 탄소 발자국은 크고 치명적이라는 것이다. 그리고 또 한 가지 진실은 BAT의 탄소 발자국은 에너지 관련 대기업들에 비하면 귀여운 수준이라는 것이다.

연간 사망자만 보면 우리의 시야는 좁아진다. 20개 기업이 산업 혁명 이래로 전 세계적으로 인류가 만들어낸 이산화탄소 배출량의 약 3분의 1을 담당한다. 20개의 우편함이 기후 위기와 기후 사망의 3분의 1을 책임지는 것이다. 스펙트럼을 좀더 확장하여 2013년의 연구를 살펴보면, 90개 기업이 전체 배출량의 3분의 2를 유발한다는 것을 확인할 수 있다. 대형 석유 기업, 천연가스 기업 등이 이들 90개 기업에 속한다. 그러나 이 목록 중 몇 가지 놀라운 점이 있다. 우선, 이산화탄소 배출이 심한 90개 기업 중 1위에서 7위 사이에 미국이나 유럽 회사가 단 하나도 없다. 이산화탄소 배출 1위 기업은 사우디아람코(Saudi Aramco)로, 전 세계 이산화탄소 배출량의 약 5퍼센트를 차지한다. 러시아 천연가스 국영 업체인 가스프롬(Gazprom)이 배출량의 약 4퍼센트를 점유하여 2위에 랭크되었고, 이란 국영석유공사(National Iranian Oil)와 인도 석탄공사(Coal India)가 각각 3퍼센트로 3, 4위에 올랐다. 중국 석유천연가스 주식회사 페트로차이나(PetroChina)는 2퍼센트를 점유하며 5위에 올랐으며, 러시아의 로스네프트(Rosneft)와 두바이의 아부다비(Abu Dhabi)가 그 뒤를 이었다. 셸과 영국의 석유 회사 BP는 약 1.4퍼센트를 담당하여 10위와 11위에 랭크되었다.

이 책은 무엇보다 서구의 킬 스코어를 다룬다. 그렇지 않으면 그려 보여야 할 그림이 어마어마하게 복잡해지기 때문이다. 그러나 지금 언급한 목록은 이런 세계관의 한계를 보여준다. 특히 지난 20년간 각 나라가 전 세계의 이산화탄소 배출에 미치는 비중은 굉장히 크게 변화했다. 그리하여 전 세계 이산화탄소 배출량에 중국이 담당하는 비율은

1990년에서 2021년 사이에 5퍼센트에서 15퍼센트로 세 배가 뛰었다.

또한 여기서는 기업의 킬 스코어를 살펴보는 것이지만, 기업명 뒤에 사람들이 있다는 사실을 잊어서는 안 될 것이다. 구체적으로 말해, 이것은 이산화탄소 배출에서 높은 순위를 점하는 세 회사를 같은 사람이 설립했다는 의미다. 존 D. 록펠러는 1870년에 스탠더드오일(Standard Oil)을 설립했는데, 1911년에 이 회사가 분리되어 에소(Esso)〔나중에 엑손(Exxon)이 된다〕와 모빌(Mobil)이 생겨났다. 이 두 회사는 나중에 다시 합병되었으니, 이를 보고 회의론자들이 역사가 순환한다는 사실을 확신할 수 있을지도 모르겠다. 스탠더드오일에서 갈라져 나온 또 다른 기업인 오하이오 스탠더드오일(SOhio)은 나중에 BP에 인수되었고, 캘리포니아 스탠더드오일은 셰브론(Chevron)이 되었다.

이들 기업은 나중에 중동에서 석유 매장지를 개발했고, 오늘날 아람코, 쿠웨이트 석유 국영기업 KPC(Kuwait Petroleum Company) 또는 이란 국영 석유 기업 NIOC(National Iranian Oil Company)가 이 매장지들을 소유하고 있다. 이들은 또한 관련 분야의 회사들을 사들였다. 그렇다고 이 모든 기업의 탄소 발자국을 록펠러 책임으로 돌리는 것은 부질없는 일일 것이다. 록펠러가 아니었어도 다른 누군가가 이런 경제적 이니셔티브를 쥐었을 것이기 때문이다. 나는 이 자리에서는 다만 정리를 해보려는 것이지 책임이나 죄를 물으려는 것이 아니다. 어쨌든 탄소 발자국이 큰 기업들의 목록에서 다수의 기업이 한 사람의 이름과 연결되는 것이 시선을 끈다.

책임을 따지는 면에서는 나는 다시 한번 이산화탄소 배출은 기업과 개인 소비자들이 공동으로 야기하는 것임을 강조하고 싶다. 한편으로는 기업은 자신들은 그저 소비자의 필요를 채워줄 뿐이라고 주장할 수도 있을 것이다. 실제로 모든 석유와 천연가스 기업들이 내일 당장 생산을 중단한다고 발표하면 우리는 상당히 당황스러울 것이다. 세계 경제는 주저앉을 것이고, 우리가 마트까지 간다고 해도 마트 진열장은 텅텅 비어 있을 것이다. 우크라이나 전쟁은 이런 의존성을 뼈아프게 상기시켜 주었다.

책임을 할당하는 일에서 우리는 꼼꼼한 계산과 엉성한 계산 사이에서 길을 찾아야 한다. 탄소 발자국 계산에서처럼 킬 스코어도 불가피하게 중복 계산이 된다. 한 사람의 탄소 발자국을 개개인의 소비를 토대로 계산할 때, 이 계산에는 최소한 부분적으로는 어떤 기업의 생태 발자국 등 다른 곳에서 계산되는 에너지 소비가 들어갈 수밖에 없다. 이것이 게임의 원칙이다. 중복 계산 문제는 나중에 재판을 할 때 다룰 기회가 있을 것이다. 그러나 당분간은 이런 일을 피할 수 없다는 것만 이야기하고 넘어가기로 하자.

책임을 할당하는 일은 때로는 기업 간에 이리저리 얽혀 있는 상황들로 훨씬 복잡해진다. 셸의 경우 스코프 3에 해당하는 이산화탄소 배출은 원유를 처리하는 정유소와 연결되어 있을 뿐 아니라, 자동차를 휘발유로 움직이는 폭스바겐이나 도요타와 같은 기업들과도 연결된다. 또한 이런 자동차를 몰고 다니는 구매자와 운전자들과도 연결된다. 그러므로 이산화탄소 배출을 위의 설명에서 지적한 것처럼 주로 대형 에너지 기업들 탓으로 돌리는 것은 다소 일방적인 처사다. 이런 분석을 정확히 하는 것은 나쁠 것이 없다. 방법적인 원칙과 한계를 분명히 제시하는 가운데 결과를 언급한다면 말이다. 그러나 결국 모든 것은 배출 책임을 어디에, 누구에게, 얼마만큼 할당하는가 하는 결정에 좌우된다.

살펴본 것처럼 BAT는 탄소 발자국을 분류하기 위해 세 개의 스코프를 활용한다. 그러나 때로는 이런 분류를 더 정확하게 하고, 스코프들을 하위 그룹으로 더 세분해야 한다. 금융 기관을 살펴보면 그 점이 분명해진다. 금융 기관은 거의 모든 것이 하위 그룹 15개가 속하는 스코프 3, 즉 투자 영역을 중심으로 돌아간다. 스코프 3에 속하는 이산화탄소 발자국은 스코프 1, 2보다 7000배나 높을 정도다. 왜 그럴까? HSBC나 도이체방크 본사의 전기 요금 고지서를 보고 밤잠을 설치는 사람은 없을 것이다(그곳에서 야근하는 사람이나 밤잠을 못 잘까: 건물에서 쓰는 전기 요금으로 말미암은 탄소 배출량은 그리 크지 않다는 뜻—옮긴이). 그러나 이런 기관이 관리하는 수조 달러 규모의 대출과 투자 포트폴리오와 관련한 탄소 배출은 완전히 차원이 다르다.

그렇다면 금융 기관들의 경우는 탄소 발자국을 정확히 어떻게 계산해야 할까? 영국의 가장 큰 연금기금인 철도연금기금(RPS)을 살펴보면서 그것을 알아보자. 이 연금기금은 1990년대 영국 철도가 민영화되면서 그 일환으로 생겨났고, 런던 지상철 등 철도 부문에 종사하는 근로자들을 대상으로 하고 있다. 약 35만 명이 RPS에 가입되어 있다. 연금 수령자들과 철도 회사 직원들, 또는 더 이상 철도 관련 회사에서 일하지 않지만 예전에 근무한 경력이 있어서 앞으로 혜택을 누리게 될 사람들이다.

RPS 가입자 35만 명은 연금기금에 가입한 전체 영국인의 약 1퍼센트에 해당하며, RPS는 약 320억 파운드(약 52조 원—옮긴이) 또는 1인당 9만 2000파운드의 기금을 운용하고 있다. 1인당 금액은 노후를 보내기에는 모자라 보이지만, 여기서는 1인당 평균 금액임을 감안해야 한다. 즉, 아직 연금을 전혀 붓지 않은 22세 직원과 막 연금 수령을 시작한 65세 은퇴자를 모두 고려한 금액이다. 그 밖에도 경우에 따라서는 한 사람이 여러 방편의 노후 보장책을 강구해 놓았을 수도 있다.

RPS는 기금 운용에서 2050년까지 기후 중립성을 달성하겠다고 결정했다. 이 결정은 RPS가 "탄소 중립을 위한 글래스고 금융 연합(Glasgow Financial Alliance for Net Zero, GFANZ)"에 가입되어 있는 데서 비롯되었다. 이 금융 연합은 2021년 글래스고에서 열린 기후 정상회담을 준비하는 과정에서 전 영국 중앙은행 총재 마크 카니(Mark Carney)의 주도로 발족한 단체로, 현재 전 세계의 많은 금융 기관이 이에 함께하고 있다. RPS의 이러한 자발적 탄소 중립 결정은 현재 레일펜(Railpen)이라는 이름의 자산운용가의 지도하에 실행에 옮겨지고 있다. 레일펜은 전 자산의 65퍼센트만 다루는 전략으로 이산화탄소 무배출 전략을 달성할 수 있으리라고 본다. 이와 관련하여 우선적으로 투자의 55퍼센트에 대한 탄소 발자국을 파악하고 계산했다. 나머지에 대해서는 계산 방법이 아직 개발 중인데, 파악된 바에 따르면 100만 파운드의 자산은 1년에 70톤의 이산화탄소를 배출하는 것으로 나타났다. 유감스럽게도 레일펜은 어떻게 하여 이런 계산 결과가 나왔는지에 대해서는 정보를 제공하지 않고 있지만, 어쨌든 이런 수치를 그냥 받아들이기로 하자.

레일펜의 계산에 따르면 RPS가 주식과 회사채에 투자한 자산의 탄소 발자국은 2020년 기준으로 약 120만 톤이다. 이것은 가입자 한 사람당 3.5톤에 해당한다. 그러면 20세에 런던 지상철에 입사하여 90세까지 장수한 사람이 자신의 연금기금으로 만들어낸 탄소 발자국은 평균

약 210톤이라는 계산이 나온다. 따라서 그 사람이 90세까지 장수하며 소비자로서 만들어낸 탄소 발자국의 4분의 1에서 5분의 1가량을 연금기금으로 만들어내는 것이다. 물론 이런 수치를 줄이는 것이 탄소 제로 정책의 가장 중요한 목표다.

210톤이라 …… 이런 계산은 몇 가지 미심쩍은 점이 있다. 첫째, 이 수치는 연금기금의 모든 투자를 토대로 계산한 것이 아니라, 그중 55퍼센트만 계산한 결과다(많은 연금기금은 100퍼센트 주식이나 채권 등에 투자하는 것으로 운용이 되며, 그로써 이론적으로 100퍼센트를 계산에 넣을 수 있다. 하지만 영국의 연금기금은 보통 55퍼센트를 그렇게 운용하는 것이 표준이다). 두 번째로, 탄소 제로 목표를 위해 레일펜이 동원한 계산은 유감스럽게도 분석한 기업들의 스코프 1, 2만을 고려한 것이다. 그 결과는 명백하다. 이 계산에는 공급망에서 발생하거나 최종 제품의 사용으로 말미암는 스코프 3으로 인한 이산화탄소 배출은 고려되지 않는다. 이것은 중요하다. 위에서 살펴본 것처럼, 스코프 3의 배출이 굉장히 높을 수 있기 때문이다. 레일펜이 적용한 원칙에 따르면 폭스바겐은 판매한 자동차들이 기후에 미치는 피해가 아닌 자사 공장에서의 전기 소비만을 근거로 평가를 받게 되는 것이다. 지속가능성 계산은 프란츠 폰 쇼버(Franz von Schober)가 지은 슈베르트의 가곡 가사를 떠올리게 한다. "그대 사랑스러운 예술이여, 삶의 거친 소용돌이가 나를 얽어매는 그 많은 음울한 시간들에 넌 내 마음에 따뜻한 사랑의 불꽃을 붙여주었지."

지속가능성 계산에 이렇게 빈틈이 있고 부족한 부분이 있는 것은 문제가 아닐 수 없다. 대부분의 전문가는 스코프 3에 속하는 간접적인 배출이 스코프 1과 2보다 너덧 배는 더 많을 것으로 본다. 그러나 여기에는 이미 위에서 이야기한 중복 계산이 포함된다(석탄 공장에서 배출하는 이산화탄소는 탄광 기업의 스코프 3에, 그리고 전기 생산자의 스코프 1에, 그리고 시멘트 기업의 스코프 2에 함께 계산이 된다). 그럼에도 우리는 RPS 가입자 한 사람이 연금기금으로 연간 3.5톤만을 배출한다고는 볼 수 없다. 그리하여 일단 중복 계산은 무시한 채 스코프 3을 고려하여 가입자 한 사람당 연간 배출량이 너끈히 12톤은 된다고 해보자. 그러면 장수하는 가입자의 경우 생애 전체로는 840톤에 이른다. 이것은 소비로 인한 배출과 거의 맞먹는 양이다. 물론 이것은 전체를 고려하지 않은 수치다. 자산의 45퍼센트에 해당하는 투자에 관해서는 탄소 배출량을 산정할 방법이 마땅치 않아 레일펜이 일단 계산에서 배제했기 때문이다. 이런 부분에서의 추정치는 상당히 불확실한데, 그 이유는 일일이 열거하지 않도록 하겠다. 일단 RPS의 표준 가입자의 경우 일생 동안 소비로 발생시킨 탄소 발자국과 이 연금기금에 가입함으로써 비롯된 탄소 발자국이 거의 같은 수준이라는 것만 숙지하고 넘어가도록 하자.

따라서 이런 평균적인 시민은 살아가면서 1명만 죽이는 것이 아니라, 2명을 죽이게 되는 것이다. 생활하면서 소비를 줄이거나, 자산운용에서 배출량을 줄이고자 엄청 노력하는 연금기금에 속해 있지 않은 이상 말이다.

게다가 많은 사람은 은행에 저축을 하고 생명 보험을 들기도 하는 등 다른 자산도 가지고 있고, 투자도 해놓았다. 보험의 경우는 연금기금과 비슷하다. 다만 대형 보험사는 대부분의 자본을 주식 시장보다는 국채에 넣어놓는 경향이 있을 따름이다. 예금을 관리하는 은행은 상황을 조망하기가 더 어렵다. 고객은 은행에 지분을 가지고 있지 않으므로, 자신의 돈을 맡긴 은행이 어떤 회사에(혹은 개인에) 신용 대출을 해주든 거의 영향을 미칠 수 없다. 은행이 돈을 굴리는 일은 위에서 예로 든 구식의 사례보다 훨씬 더 복잡하게 진행되므로 예금, 대출과 관련하여 탄소 배출 책임을 할당하는 것은 극도로 힘들다. 그렇다고 협동조합식으로 운영되는 은행과 고전적인 주류 은행 간에 차이가 없다는 말은 아니다. 우리는 모두가 어떤 은행에 자신의 돈을 위탁할 것인지 선택할 수 있다.

이 세계는 더 깊이 파고든다고 더 선명한 상이 나오는 것은 아니다. 추상적으로 말해, 금융 시장의 시각에서 보면 전체 경제는 깨진 거울처럼 보인다고 말할 수 있다. 스스로를 볼 수 있지만, 그건 비틀리고 왜곡된 모습이다.

이번 장을 끝내기 전에 가공할 기후 위기에 대한 적나라한 결산을 원하는 모든 이에게 약간 다른 측면을 짚고 넘어가기로 하자. 지난 100년간 기후 변화를 가속시켜 치명적 결과를 빚어낸 재화와 서비스는 한편으로는 인간의 생명을 구한 수단들이었다. 심지어 이산화탄소 배출이 20세기에는 전반적으로 오히려 인간의 생존에 긍정적 영향을 미쳤다고 말할 수 있다. 이산화탄소는 화석 에너지원을 활용함으로써 배출되는데, 이런 화석 에너지원을 활용하여 경제 성장을 이루고, 평균 수명을 높이고, 기아를 줄이고, 일반적으로 인류가 더 윤택하게 살아가게 하는 자원들을 더 많이 생산할 수 있었기 때문이다. 나는 이 자리에서 이런 전개의 유익과 손해를 수학적으로 비교하고(특히 화석 연료로 인해 전쟁 수행 능력이 생겨난 것과 관련하여), 진보가 인류에게 어떤 혜택을 주었고, 어떤 손해를 끼쳤는지 논할 수는 없다. 더욱이 오늘날에는 자전거 대신 자동차를 탄다고 하여 뭇 생명을 더 구할 수 있는 건 아니다. 하지만 우리는 늦어도 제3부에서 법정에서 이런 문제 앞에 다시 한번 서야 할 것이다. 기쁨에는 고통이 따르고, 고통에는 기쁨이 따른다는 것은 우리가 파우스트 이래로 알고 있는 사실이다.

화석 에너지원인 석유, 가스와 석탄은 이런 죽음과 긴밀히 연결되어 있다. 무엇보다 석유는 경제 성장의 원동력이자 세계에서 끝없는 전쟁과 불행의 원인을 제공한 물질이다. 석유는 자동차, 비행기, 배를 움직이고 집과 아파트에 난방을 한다. 요즘에는 석유로 난방을 하는 경우는 극히 일부지만 말이다. 그러나 석유는 훨씬 더 많은 일을 할 수 있다. 생산되는 석유의 약 15퍼센트에 해당하는 양은 엔진이나 발전소에서 연소되지 않는다. 그런 석유는 오늘날 어디서나 볼 수 있는 소재로 바뀐다. 다음 장의 중심에 서 있는 물질, 바로 플라스틱이다.

05

폐기물

찻주전자가 너무나 예뻐서,

그녀는 그것을 생명처럼 애지중지했다.

하지만 불행히도 실수로 그것에

치명타를 날리고 말았다.

–빌헬름 부슈

사람들 대부분은 플라스틱을 생각할 때 석유를 떠올리지 않는다. 석유는 검은색이나 갈색을 띠는 걸쭉한 기름이 아니던가. 드럼통에 모아져 처리되어 드디어 엔진에서 연소되어 우리가 이곳에서 저곳으로 이동하는 데 도움을 주는 기름 말이다. 물론 석유의 3분의 2는 그렇게 소비된다. 하지만 나머지 3분의 1은 크레용, 신용카드, 구명조끼, 파자마, 농구공, 스키, 콘택트렌즈, 치약, 공갈 젖꼭지, 전화기 등 여러 가지로 변신한다. 비료와 화학물질과 같은 다른 공산품으로도 변신한다.

석유는 어디에나 존재한다. 각종 기계의 연료일 뿐 아니라 플라스틱의 원료가 되기 때문이다. 그리하여 앞 장에서 살펴본 기후 변화뿐 아니라 폐기물로 인한 킬 스코어에도 핵심 역할을 한다.

우리는 평소 폐기물에 대해 얼마나 생각하고 살까? 보통은 다시금 쓸모없게 된 물건을 손에 들고, 주욱 놓인 분리수거함 앞에 서서 어느 통에 넣어야 할까, 규정을 준수하려 해도 이 통도 아닌 것 같고 저 통도 아닌 것 같아 절망스러울 때나 그것을 생각하고 살지 않는가. 또는 폐기물 처리비를 내야 할 때나, 매일 저녁 쓰레기를 버리러 갈 때, 또는 저절로 분해되지 않을까 하는 막연한 믿음으로 먹고 남은 사과 속을 그냥 화단에 던져 버릴까 어쩔까 할 때나 말이다. 쓰레기는 일상의 시시한 주제이다. 그러나 사실은 굉장히 중요한 현상이다. 두덴 사전은 폐기물을 "무언가를 준비하거나 만들어낼 때 생겨나는 잔여물; 사용할 수 없는 것"이라고 정의하고 있다. 이런 정의는 한 사람의 쓰레기는 다른 사람의 보물이라는 영어 속담으로 표현되는 매우 주관적인 평가를 내포한다. 사실 폐기물은 자연 순환에 따라오는 중요한 부분이기도 하다. 화학비료를 사용하기 전에는 밭에 양분을 공급하기 위해 거름과 퇴비를 활용했다. 자연 세계가 번성하는 데 폐기물보다 더 유용한 것은 거의 없다. 폐기물이 없으면 세계는 상당히 비생산적이 되었을 것이다. 이것은 결코 자연 순환에만 국한되지 않는다. 연구에 따르면 폐물 또는 남아도는 것은 회복 탄력성, 혹은 나심 니콜라스 탈레브(Nassim Nicholas Taleb: 레바논 출신의 미국 경영학자이자 위기 분석 전문가—옮긴이)의 말을 빌리자면 "반취약성(antifragule)"을 확보하는 데 핵심 역할을 한다. 폐기물은 보물이다. 폐기물은 진보와 번영의 도구인 동시에 죽음을 가져다준다. 이것이 자연의 순환 속에 자연스럽게 녹아들지 못할 때, 문제가 된다. 바로 깨어진 찻주전자가 되는 것이다.

폐기물과 쓰레기를 생각할 때 이상한 것은 대부분의 사람이 그것을 더 이상 쓸 수 없다는 의미에서의 쓰레기로만 생각한다는 것이다. 그러나 두덴 사전의 정의에 의거해도 그것은 맞지 않는다. 배기통에서 방출되어 대기를 오염시키는 이산화탄소와 다른 입자들도 폐기물에 속하기 때문이다. 인체도 폐기물을 만들어낸다. 변기에다 만들어낼 뿐 아니라 호흡을 할 때마다 이산화탄소 형태로 노폐물을 만들어내는 것이다. 이런 폐기물의 종류는 모두 다를 수 있지만 공통적인 것은 모두가 우리의 생활 방식이나 라이프스타일의 부산물이라는 것이다. 따라서 플라스틱 폐기물과 대기 오염은 서로 밀접한 연관이 있는 현상이며, 언뜻 보기에 다른 현상으로 보일지라도, 여기서는 같은 장에서 다루려고 한다. 그리하여 우리는 두 곳의 범죄 현장을 보려고 한다. 한 곳은 가나, 한 곳은 런던이다. 이 두 범죄 현장이 비슷해 보일지라도, 이 둘은 나름의 방식으로 사람들을 죽인다.

가나의 19세 청년 후세이니의 예로 조사를 시작해 보자. 우리는 후세이니에 대해 아는 것이 별로 없다. 성도 모르고, 가족 사항도 모르고, 취미도, 좋아하는 것도 모른다. 그는 〈슈피겔〉지 보도에서 이야기를 보완하기 위해 부수적으로 언급될 따름이다. 그의 삶의 파편들을 모으고 창작의 자유를 가미해 사실을 해치지 않을 만큼 재구성해 보면 드라마틱한 상이 드러난다.

후세이니는 가나의 수도인 아크라에서 태어났다. 정확히 말하면, 그곳의 코를 라군 수역 가장자리에 있는 아그보그블로시(Agbogbloshie)에서 태어났다. 그곳은 그림같이 아름다운 해변 마을이 아니라 그 도시의 쓰레기장, 아니 그 도시뿐 아니라 그곳에서 볼 수 있는 다양한 브랜드와 부품으로 미루어 볼 때 금방 알 수 있듯이 세계의 쓰레기장 역할을 하는 지역이다. 쓰레기 중에서도 아그보그블로시의 전문 분야는 바로 전자 폐기물이다. 전자 폐기물이 산더미처럼 있는 곳. 후세이니는 이곳에서 태어나 살아가면서 다른 세계는 보지 못하고, 그곳의 대부분의 아이가 하는 일을 했다. 바로 아이들과 더불어 전자 폐기물 소년(e-waste boy: 전자 폐기물을 태울 때 나오는 구리 선을 모아 생계를 유지하는 소년을 일컫는 말—옮긴이)이 되어 날마다 전자 쓰레기를 태웠다. 전선의 피복을 태우고 구리를 건져내기 위해서였다. 그렇게 얻어낸 구리를 푼돈을 받고 시장에 팔아 가족의 생계에 보탰다. 이곳은 한 사람의 쓰레기가 다른 사람의 보물이라는 말이 딱 맞아떨어지는 곳이다.

낮에는 플라스틱을 태우며 들이마시는 연기가 후세이니의 폐를 망가뜨렸다. 저녁에는 현지에서 잡은 생선을 먹었는데, 그 생선은 전자 쓰레기와 다른 쓰레기에서 누출된 고농도의 납으로 오염되어 있었다. 어머니가 젖을 먹일 때 이미 그의 몸은 납으로 중독되어 있었으리라. 연구에 따르면 이 지역 여성들의 모유 속에는 오래된 가전제품에 사용된 납 화합물 PCB 농도가 국제 기준보다 2배에서 34배를 웃도는 수준인 것으로 드러났다.

후세이니가 19세가 되었을 때 독성 물질이 그를 쓰러뜨리고 말았다. 후세이니는 그가 학교에 다닐 수 있게 해주고, 보호 마스크도 지급해주는 구호 단체와 늦게, 너무나 늦게 연결이 되었다. 후세이니의 경우

사인은 알려져 있지 않다. 그러나 같은 구호 단체의 돌봄을 받고 있는 이웃 아이들은 대부분 암에 걸렸다. 아마 후세이니도 같은 형편이었을 것이다.

이것이 우리가 후세이니에게서 아는 전부다. 실로 우리는 내가 여기에 쓴 것들이 맞는지 정확히는 알지 못한다. 그가 아그보그블로시에서 태어났는지, 아니면 어릴 적 그곳으로 이사했는지 확실하지 않다. 우리는 그의 삶의 대략적인 윤곽만 알 수 있다. 석기시대 동굴 벽화에서처럼 말이다. 그러나 지금 우리가 하는 이야기는 선사시대의 삶이 아니라 바로 지금 이 시대의 것이다.

연구자들은 플라스틱, 특히 미세 플라스틱이 우리의 건강에 어떤 영향을 미치는지 이해하기 위해 열심을 내고 있다. 이미 언급했듯이 대기 오염에 대한 연구는 많지만, 플라스틱의 치명적 영향에 대해서는 알려진 것이 별로 없다. 어쨌든 우리는 플라스틱을 태우는 것은 건강에 나쁜 영향을 미친다는 걸 알고 있다. 후세이니의 사인도 그것이었을 것이다. 여기서 플라스틱은 두 단계를 거쳐서 폐기되었다. 우선은 플라스틱이 전자 폐기물의 일부로 아그보그블로시로 운반되어 왔다. 그런 다음 이제 "전자 폐기물 소년"들이 와서 소중한 구리를 얻기 위해 플라스틱을 태웠다. 그렇게 플라스틱은 "사용할 수 없는 잔여물"로서 매캐한 연기가 되어 소년들의 폐 속에 눌러앉았다.

두 번째 이야기의 무대는 런던이다. 앞으로 다룰 2명의 희생자가 살던 도시이기도 하다. 이는 아주 먼 나라 이야기가 아님을 보여준다.

두 번째 희생자의 이름은 엘라다. 엘라는 로사문트 아두 키시 데브라(Rosamund Adoo-Kissi-Debrah)라는 이름의 아름답고 인상적인 여성의 딸이다. 일본 도요타시의 어린 소년의 이야기와 비슷하게 엘라의 경우에도 특별한 디테일이 많은 것을 시사한다. 바로 엘라의 사망 증명서가 그것이다. 사망 증명서에는 엘라의 사인이 대기 오염이라고 되어 있다.

그러나 2013년 엘라가 호흡 부전으로 세상을 떠났을 때는 공식 사인이 그렇게 적혀 있지 않았다. 2020년 BBC가 보도한 바에 따르면 이러하다. 만 6세이던 "2010년 엘라는 처음 심한 기침 발작으로 병원에 입원했으며, 그 뒤로 27번을 더 입원했다. 엘라의 엄마 키시 데브라의 말에 따르면 엘라는 2012년 장애인 판정을 받았고, 외출을 해야 할 때면 엄마가 업어서 데리고 다녀야 했다. ……죽기 전 몇 년간 엘라는 여섯 군데의 병원에서 검사를 받았다. 키시 데브라는 엘라가 죽기 전날 구급차를 타고 이동할 때 큰 소리로 비명을 질렀다고 했다. '구급차에서 엘라를 살피며 나는 엘라가 발작을 일으킬 거라는 걸 알았어요. 상태가 너무나 안 좋았어요.' 키시 데브라는 죽기 전날 밤 엘라를 소생시키려고 응급의사들이 엄청 애를 썼다고 이야기했다. '그들은 어떻게든 살려보려고 무진장 노력했어요.' 엘라는 2013년 2월 15일 3시 27분에 눈을 감았다".

엘라의 어머니는 그 일이 있은 뒤 8년간을 엘라의 진짜 사인은 알아내기 위해 노력했다. 그런 호흡 문제가 자연스러운 것이 아니며, 소비의 제단에서 숭배되는 높은 힘이 아닌 다음에는 그 어떤 높은 힘이 부과한 운명 같은 것도 아님을 증명하기 위해 애를 썼다. 사인이 기도의 문제 혹은 천식이 아니라 대기 오염이라고 적힌 사망 증명서는 영국에서, 아니 전 세계에서 아마 엘라의 것이 최초였을 것이다. 엘라의 기도가 문제를 일으킨 데는 원인이 있었다. 엘라가 살던 런던 루이섬(Lewisham)

지역의 기준치를 초과하는 미세먼지 농도, 지나다니는 자동차들의 배기가스, 인근 공장에서 나오는 대기 오염 물질.

엘라의 엄마가 벌인 캠페인은 단순한 말씨름처럼 보일지도 모른다. 그러나 말은 칼보다 강하다. 나는 한 장을 통째로 할애하여 통계 변칙과 문제를 포함하여 사인을 어떻게 볼 것인가를 이야기해 보고자 한다. 관련된 모든 통계는 사망 진단서를 토대로 한 것이다. 범인이 누구인지 잘 모를 때 우리는 그들이 자행하는 학살의 규모를 가늠하기가 힘들다.

그러나 우리는 범죄 현장에서 정확히 무엇을 발견하는가? 어떤 무기가 있는가? 그 무기는 어떻게 단조되고 연마되는가? 이런 범죄 현장에서 죽음을 부르는 재앙은 머리가 세 개다. 미세먼지, 플라스틱, 전자 폐기물이 바로 그것이다.

미세먼지부터 시작해 보자. 대기 속에는 굴뚝과 배기관뿐만 아니라 자연 발생적 부유 물질과 오염 물질이 들어 있다. 사하라 사막 모래, 화산재, 공중으로 날리는 바다 소금을 생각해 보라. 미세먼지에서 인간이 만드는 발자국은 바로 우리가 물건을 태우는 데서 연유한다. 우리는 목재와 바이오매스 외에 화석 연료를 태운다. 화석 에너지원은 생물의 유해가 수백만 년에 걸쳐 변화되고, 압력과 열을 통해 석탄과 석유로 바뀐 것이다. 이런 화석 연료는 기후 변화의 주범이기도 하지만, 대기 오염에도 중요한 역할을 하여 우리의 난로에서 타오르는 장작불과 더불어 매년 최대 400만 명의 희생자를 내고 있다. 최소한 이번 세기를 기준으로 할 때 미세먼지만큼 많은 희생자를 내는 무기는 없다.

상쾌한 가을 저녁에 정원에 앉아 불을 피우고 장작이 딱딱거리며 타오르는 모습을 보고 있다고 상상해 보라. 누군가 불 속에 종이 한 장을 던져 넣으면 종이는 구부러지고 갈색이 되다가 활활 불이 붙어 재로 변한다. 그리고 남은 종잇조각은 미국 서부의 유령 도시들을 불길하게 선회하는 떠돌이 메추라기처럼 모닥불 위로 붕 떠올라 시원한 공기 속에서 불타 버린다. 수천수만 개의 미세 조각이 모여 공중에서 춤을 추지만 우리 눈에 보이는 건 연기뿐이다.

미세먼지가 커다란 문제가 되는 건 바로 육안으로 전혀 볼 수가 없는 미세 입자들이 불타는 종잇조각과는 달리 땅바닥으로 떨어지지 않고, 대기 속의 수증기와 결합해 계속 공기 중에 있기 때문이다. 대기 오염 방지에 대한 통계에서 이런 미세먼지는 PM_{10} 또는 $PM_{2.5}$라고 표기된다. 먼지의 지름이 각각 10미크론 이하, 또는 2.5미크론 이하라는 뜻이다. 이런 미세먼지는 우리의 폐, 혈류, 뇌에 침투할 수 있다. 지름이 작을수록 더 위험하다.

우리가 가을 저녁에 캠프파이어를 즐기며 주변 공기를 들이마시면, 수많은 유해 물질과 발암물질이 폐로 유입된다. 유럽환경청(EEA)에 따르면 독일에서 매년 6만 2000명이 대기 오염으로 사망한다. 이는 전체 인구의 거의 0.1퍼센트에 해당하는 비율이다. 미세먼지는 전 세계적으로 여섯 번째 사망 원인으로, 이 책에서 킬 스코어를 산정할 때 그러하듯 보수적으로 추정해도, 세계적으로 매년 400만 명이 미세먼지로 사망한다. 이것은 코로나 팬데믹이 시작되고 첫 18개월 동안의 사망자 수와 맞먹는 규모다. 연간 희생자가 600만 명 이상이라고 보는 통계도 있다.

화석 연료는 기후 변화를 유발할 뿐 아니라 다량의 미세먼지를 발생시킴으로써 죽음을 부른다. 물론 자연에서 유래한 미세먼지도 있다. 하지만 우리의 폐에 들러붙고 혈액을 오염시키는 미세먼지는 주로 인간이 만들어낸 것들이다.

폐기물 장에서 이야기해야 하는 두 번째 치명적인 무기도 화석 에너지원에서 비롯된다. 바로 플라스틱 폐기물이다.

후세이니는 구리 선을 감싼 플라스틱을 태우면서 흡입한 독성 물질 때문에 사망했을 것으로 보인다. 하지만 오늘날 신문과 뉴스에서 플라스틱 폐기물 이야기를 할 때 주로 언급되는 장소는 아그보그블로시가 아니라 대양이다. 미세 플라스틱, 즉 크기가 5밀리미터 미만인 플라스틱은 대양 바닥과 에베레스트산 정상에도 있다. 미세 플라스틱과 관련하여 가장 큰 문제는 플라스틱이 인체에 미치는 해롭거나 심지어 치명적인 영향을 다룬 연구가 아직 제대로 이루어지지 않았다는 것이다. 실험실에서 이루어진 연구들은 미세 플라스틱이 인간의 세포를 손상시킨다는 것을 보여주었다. 그러나 이것이 킬 스코어에 어떤 의미를 갖는지 아무도 확실히 말할 수 없다. 그리하여 나중에 킬 스코어에 대해 더 자세히 이야기할 때 이 문제로 다시 돌아가기로 하겠다. 2020년 〈네이처〉에 실린 기사에 따르면 지구상의 모든 플라스틱을 합치면 현재 생존하는 육지와 바다 동물을 합친 것보다 더 무겁다고 하는데 일단은 이 사실을 상기하고 넘어가자. 〈스타워즈〉의 한 솔로의 입을 빌려 말하자면 "이것 말이야, 느낌이 좋지 않아"라고 해야 할까. 물론 이것은 현재 사용하는 플라스틱과 기존에 발생한 플라스틱 쓰레기와 관련한 사실이다. 오늘의 보물이 너무나 자주 내일의 쓰레기가 되는 것이다.

대부분의 독자가 이미 미세 플라스틱에 대해 들어봤겠지만, 과학적인 면에서 특히 우려스러운 것은 바로 미세 플라스틱의 하위 범주인 나노플라스틱이다. 이것은 미세한 중에서도 더 미세한 플라스틱으로 아직 거의 연구가 이루어지지 않았지만, 너무나 미세하여 세포에 침투하고 혈뇌장벽(Blood-Brain Barrier), 즉 혈액 속을 돌아다니는 병균이 뇌로 들어갈 수 없도록 뇌를 보호해 주는 장벽도 뚫을 수 있지 않을까 하는 물음이 제기되고 있다.

이에 대한 과학은 아직 걸음마 수준에 있지만, 공포를 유발하는 이야기가 많이 떠돌고 있으며, 그런 이야기들 모두가 근거 없는 것이라고 단정할 수는 없다. 그나저나 걸음마 이야기가 나왔으니 말인데, 플라스틱병으로 분유를 먹는 아기는 하루에도 100만 개 이상의 미세 플라스틱 입자를 삼키는 셈이라고 한다.

이 분야의 선도 연구자 중 한 사람인 바르트 쾰만스(Bart Koelmans)가 강조하는 바에 따르면 "플라스틱 시한폭탄"이 얼마나 위험한지는 현재의 연구로는 정확히 규정할 수가 없다. 쾰만스는 이렇게 말한다. "리스크에 관한 한, 현재로서는 그리 크게 걱정할 단계는 아니지만, 우리가 아무것도 하지 않고 이런 추세가 계속될 경우 앞으로는 약간 걱정이 된다." 이 문장에서 "약간"이라고 상당히 부드러운 표현을 끼워 넣은 것은 매우 중요하다. 언론에서 공포감을 조장함에도 불구하고 쾰만스의 말은 옳다. 해양 생물학자인 제니퍼 린치(Jennifer Lynch)도 쾰만스의 말을 확인해 준다. 제니퍼 린치는 연구자들 사이에서 "미세 플라스틱으로 말미암은 오염이 심각한 문제를 일으킬지의 여부를 놓고 의견이 나뉜다"고 말한다.

폐기물의 종류는 여러 가지라 여기서 다 살펴볼 수는 없고, 이미 이야기했듯이 미세먼지나 플라스틱 폐기물 외에, 그만큼의 규모는 아니라도 꽤나 중요한 세 번째 범주의 쓰레기를 잠시 짚고 넘어가자. 바로 전자 폐기물이다. 이에 대해서는 후세이니 이야기를 하면서 이미 언급했다. 후세이니의 사인은 플라스틱을 연소하는 데서 나온 유해 물질로 보이긴 하지만 말이다. 하지만 사실 더 큰 문제는 고장 난 냉장고, 세탁기, 방전된 배터리, 폐기된 컴퓨터나 스마트폰에서 발견되는 많은 양의 독성 물질이다. 전자 폐기물에는 여러 가지 독성 물질이 들어 있고, 플라스틱과 긴밀한 연관이 있어서, 이로 인한 희생자가 발생했을 때 명확한 사인을 분류하는 것은 쉽지 않다. 어쨌든 2020년에 발표한 한 연구는 아그보그블로시에 버금가는 중국의 구이유(貴嶼)시에서는 매년 전자 폐기물로 220명에서 750명이 사망한다는 결과를 내놓았다.

750명이라 …… 이것은 언뜻 별로 많지 않은 수로 보인다. 그러나 이것은 한 도시의 희생자 수다. 게다가 전자 폐기물은 한 가지 중요한 점에서 미세먼지와 플라스틱 폐기물과 구분된다. 즉, 우리가 내연기관을 이용해 이동을 하는 한, 미세먼지로 말미암은 대기 오염을 0으로 줄이는 것은 쉽지 않다. 마찬가지로 우리가 플라스틱을 활용하는 한, 우리는 재활용 시스템을 최적화할 수는 있지만 미세 플라스틱의 확산을 막을 수는 없을 것이다. 그러나 전자 폐기물의 경우는 완전히 다르다. 이것은 적절히 폐기 처분할 수 있으며, 그렇지 못하다면 그것은 온전히 우리의 게으름, 무관심 때문이다. 돈 몇 푼을 더 지출하거나 전자 폐기물을 수출하고 수입하는 범죄 경로를 차단하려는 의지가 없기 때문이다.

결국 전자 폐기물이 가나, 중국 혹은 다른 지역에 유입되는 것은 탐욕으로 말미암는 일이다. 물론 아그보그블로시나 구이유에서 산더미 같은 쓰레기를 샅샅이 뒤지는 불쌍한 영혼이 탐욕스럽다는 뜻은 아니다. 탐욕스러운 이들은 바로 전 세계적으로 중간에서 전자 폐기물을 퍼 나르는 수출입업자들이다. 그들이 범인이다.

그러면 우리는? 정원에서 불을 피우는 사람은 우선 자기 자신에게 해를 미친다. 차를 몰고 나가 대도시의 교통 체증에 갇혀 엔진을 계속 가동하는 사람은 자신과 다른 많은 사람에게 해를 끼친다. 대기 오염은 기후 변화와 달리 지역에 국한되어 나타나는 문제이긴 하지만, 미세먼지는 상당히 멀리 여행도 할 수 있다. 사하라 사막의 모래가 그린란드에서 발견되었다면 인간이 만든 먼지도 전 세계로 이동할 수 있을 게 아닌가. 상황을 조금 단순화해 그것으로부터 몇 가지 배워보자.

유럽의 미세먼지 발생원을 살펴보자. 초미세먼지(PM$_{2.5}$)의 5~20퍼센트는 자연 발생하며, 이는 전 세계 평균에 해당한다. 물론 일본은 예외적으로 자연 발생원에서 나오는 미세먼지가 42퍼센트를 차지하지만 말이다(아마 이것은 일본이 섬나라라서 소금과 오염 물질이 바다에서 육지로 확산되는 것 때문일 것이다). 교통에서 발생하는 초미세먼지는 19~35퍼센트, 산업으로 말미암은 비율이 11~17퍼센트, 난방으로 말미암은 것이 12~32퍼센트다. 그 나머지에 대해서는 인위적으로 발생한다는 것 외에는 아는 것이 없다. 각각의 비율이 이렇듯 어느 구간대에 분포하는 것은 북유럽, 서유럽, 동유럽, 남유럽이 차이가 나기 때문이다.

이런 수치를 토대로 더 정확한 정보로 나아가 보자. 시험 삼아 내가 유럽연합(EU)에 종 모양의 유리 뚜껑을 씌워놓고, 유럽연합에서 발생하는 대기 오염과 그에 해당하는 발자국을 현장에 보존한다고 해보자. 따라서 우리가 유럽연합에서 저지른 일에 스스로 책임을 져보기로 하는 것이다. 자, 매년 유럽연합에서 대기 오염으로 사망하는 30만 7000명이라는 숫자에서 출발해 보자. 사실 희생자 수는 1990년대 초에는 약

100만 명이었다. 개인적인 킬 스코어를 심각하게 생각하는 나이 든 독자들은 이런 수치에 충격을 받을지도 모른다. 하지만 이 책에서는 역사적으로 자세한 상황을 살피기보다는 오늘날에 집중하고자 한다. 확실한 조망은 쉽지 않다. 권고치가 왔다 갔다 하기 때문이다. 가령 유럽연합의 권고치를 기준으로 하면, 도시 인구의 1퍼센트가 권고치를 초과하는 미세먼지에 노출되어 있는 것으로 나온다. 반면 세계보건기구(WHO)의 권고치를 기준으로 하면, 도시 인구의 96퍼센트가 권고 수준을 초과하는 미세먼지에 노출되어 있다는 결과가 나온다.

킬 스코어를 계산하기 위해 유럽연합의 총인구인 약 4억 4700만 명에서 시작해 보자. 위에서 언급한 것처럼 유럽연합에서 매년 30만 7000명이 대기 오염으로 사망한다면 이는 인구의 0.07퍼센트에 해당한다. 30만 7000명의 희생자를 가해자 혹은 범인에게 배당해 보자. 가령 그냥 일괄적으로 4억 4700만 명의 유럽연합 주민을 가해자로 보고, 시민 한 사람이 얼마나 희생자를 냈는지 환산해 보자. 그러면 시민 한 사람이 매년 0.0007명의 희생자를 낸다는 결과가 나온다. 자못 미미해 보이는 수치다. 평균 수명을 80세로 보고 한 사람이 평생 몇 명의 희생자를 내는지 따지면 0.05명이라는 결과가 나온다. 그리하여 20명의 유럽연합 주민이 일생 동안 대기 오염으로 한 사람을 죽이는 것이다.

하지만 면책 사유나 가중 처벌 사유도 고려해야 할 것이다. 면책 사유로는 이미 이야기했던 자연 발생원으로 인한 대기 오염 부분이다. 앞서 살펴보았듯이 유럽에서는 전체 대기 오염의 5~20퍼센트가 자연 발생원에서 나오므로, 평균을 내어 10퍼센트를 면책하면, 인위적 발생원으로 말미암은 대기 오염의 희생자 수는 약 27만 명으로 감소한다. 물론 이것은 완전히 깔끔한 계산은 아니다. 인위적이지 않고 자연적인 대기 오염 발생원은 많은 경우 인구밀도가 낮은 지역에 있고, 그곳에서는 초미세먼지가 생명에 위험한 농도까지 이르지 않아 사망으로 이어지지는 않기 때문이다. 하지만 공연히 내가 수치를 과장했다는 비난을 듣고 싶지 않으니, 일단 보수적으로 계산하도록 하자.

반대로 가중 사유도 있다. 대기 오염으로 사망하는 대부분의 사람은 도시에 거주하므로, 도시살이에서 비롯되는 오염으로 목숨을 잃기도 한다. 그리하여 그 책임까지 추가하면 유럽 인구의 41퍼센트를 차지하는 도시 거주자의 킬 스코어는 0.05에서 0.12로 증가한다. 반대로 시골 주민의 킬 스코어는 거의 0으로 떨어진다. 물론 이런 차이를 정확히 계산할 수는 없다. 세부적인 것은 잘 모르기 때문이다. 가령 교외에서 도시로 통근하는 사람들은 어떻게 보아야 할까? 또는 시골에 살면서 도시에서 제조된 상품을 주문하는 사람은 어떻게 보아야 할까? 그 상품이 생산되는 과정에서 어떤 지역에 오염을 유발했다면? 자꾸 이런 진부한 말을 하게 되어 뭣하지만 진실은 그 중간쯤에 있다.

어쨌든 킬 스코어 환산은 아직 끝나지 않았다. 대기 오염은 지역적 현상일지 모르지만 생산되는 상품은 그렇지 않다. 따라서 유럽 위에 씌운 유리 뚜껑을 열어 우리가 소비하는 재화가 전 세계의 공장에서 우리에게로 온다는 것을 확인해야 한다. 2017년에 발표한 한 연구에 따르면 유럽과 러시아는 중국과 동아시아로부터 재화를 수입함으로써 그곳 지역의 대기 오염 희생자의 약 7퍼센트에 책임이 있다. 중동과 북아프리카 희생자의 약 24퍼센트, 북아메리카 희생자의 5퍼센트, 남미 희생자의 6퍼센트에 책임이 있다. 기존의 계산에 이런 수치를 추가하면, 각각의 유럽인의 킬 스코어는 대략 두 배가 된다. 즉, 유럽의 도시에 사는 한 소비자는 일평생 자신이 유발한 대기 오염으로 0.25명을 죽이고 있다는 뜻이다. 이미 말했듯이 이것은 많은 부분을 단순화하여 나온 수치다.

현재는 대기 오염으로 인한 사망자가 기후 변화로 인한 사망자보다 많다. 하지만 장기적으로는 기후 변화로 인한 킬 스코어(한 사람이 한 사람을 죽이는 것)가 대기 오염으로 인한 사망으로 귀속시킬 수 있는 킬 스코어를 능가하게 될 것이다. 어떻게 그렇게 될까? 세 가지 이유 때문이다. 첫째는 진부한 이유다. 현재로서는 기후 변화로 인한 사망자 수는 비교적 적다. 그러나 우리가 오늘날 어떤 결정을 내리느냐에 따라 그 수는 이번 세기가 지나면서 급증할 것이다. 미래의 삶을 바꾸지 않으면 앞으로의 사망자 수는 심각해질 것이다.

두 번째 이유는 책임의 귀속으로 말미암는다. 기후 변화와 관련하여 세계 인구의 작은 비율이 전 세계 사망에 책임이 있다. 하지만 대기 오염의 경우 유럽의 소비자는 많은 범인 중 일부분에 불과하다. 대기 오염의 범죄 현장은 전 세계에 흩어져 있다. 인도, 중국, 나이지리아, 인도네시아의 도시 정글에서도 그런 현장들이 발견된다.

세 번째로, 대기 오염의 경우는 매년 사망자 수가 집계되어, 인구수로 환산하면 킬 스코어가 나온다. 유럽은 인구수가 꽤나 안정적이다. 그리고 대기 오염의 오염 물질이 결국은 다시 땅으로 돌아가기에, 오염 기간이 제한된다. 반면 우리 세대와 우리 이전 세대가 초래한 기후 변화는 앞으로 몇 백 년간 중대한 결과를 초래할 것이다. 1950년부터 2050년까지 100년간 일어난 일은 먼 미래에 살아갈 사람들에게도 치명적 영향을 미친다. 따라서 기후 변화의 킬 스코어는 먼 미래의 사망까지 고려해야 한다.

대기 오염과 기후 변화는 이렇듯 약간 차원이 다르지만, 그럼에도 두 현상은 긴밀히 연결되어 있다. 둘 다 부분적으로는 같은 소비 행동에 좌우되기 때문이다. 화석 연료의 소비를 줄이기 위해 하는 모든 일은 공기의 질에도 영향을 준다. 하지만 모든 소비 결정이 두 영역에 영향을 미치는 것은 아니다. 가령 육식을 하느냐 하지 않느냐 하는 것은 대기 오염 및 그로 인한 킬 스코어에는 거의 영향을 미치지 않는다.

플라스틱 폐기물과 전자 폐기물은 어떨까? 이미 언급했듯이 이런 영역에서는 직접적 영향에 대한 정확한 이해가 아직 부족한 상태다. 국제 NGO 티어펀드(Tearfund)는 폐기물 관리 부실로 매년 40만 명에서 100만 명이 사망한다는 연구 결과를 내어놓았다. 이런 추정치는 플라스틱 폐기물과만 관련이 있는 것은 아니다. 물론 티어펀드의 보고서는 플라스틱에 주된 책임이 있는 것으로 보고 있지만 말이다. 그리고 아주 중요하게도 티어펀드의 보고서는 우리 인체 안에서 미세 플라스틱이 잠재적으로 치명적인 영향을 미칠 수 있다는 것도 고려하지 않는다. 티어펀드의 연구는 서구에서 만들어지는 폐기물과는 직접적 관련이 없는 개발도상국의 지역적 과정만을 주로 다룬다. 독일은 폐기물 관리 부실의 0.1퍼센트, 중국은 거의 30퍼센트, 인도네시아는 10퍼센트의 책임이 있는 것으로 설명한다.

주의 깊은 독자들은 갑자기 플라스틱과 폐기물을 뭉뚱그려 취급한다는 것을 알아챘을 것이다. 유감스럽게도 티어펀드 보고서는 (아마 의식적으로) 약간 모호하게 나아가고 있다. 플라스틱에 반대의 목소리를 내지만, 명쾌하지는 않다. 플라스틱은 이 책에서 가장 다루기 힘든 범죄 현장인 듯하다. 그것은 익명의 소비로 말미암은 희생자를 추적하는 것이 복잡하기 때문이 아니라, 답변이 굉장히 뜬구름 잡듯 하고, 너무나 종종은 숨겨져 있기 때문이다. 하지만 폐기물 관리 부실로 말미암은 희생자 중 족히 4분의 1 이상이 플라스틱으로 말미암을 가능성이 있다.

그런저런 이유로 서구 소비자 관점에서 배기가스나 기후 변화와는 달리 폐기물 관리로 말미암은 킬 스코어는 그냥 무시할 수 있다. 물론 글로벌화된 세계에서 우리는 다른 나라들의 경제 상황에도 글로벌한 책임을 질 수 있지만 우리의 소비 결정에 국한해서는 무엇보다 정치적·사회적 변화로 말미암아 폐기물과 우리의 관계도 달라진다.

세월이 많이 흐른 뒤에 우리는 미세 플라스틱의 장기적 위험성을 너무 과소평가했던 것을 뼈아프게 확인하게 될지도 모른다. 범죄 현장으로 향하는 렌즈를 약간만 옮겨도, 미세 플라스틱이 얼마나 공포스러운 것인지를 예감할 수 있다. 우리는 이 책에서 사람을 중심에 놓고자 했지만, 예외적으로 동물을 떠올려 보자. 플라스틱이 사람에게 미치는 영향은 아직 세세하게 연구가 되지 않았지만, 동물의 경우는 다르다. 1년에 100만 개체 이상의 해양 동물이 플라스틱 쓰레기에 희생되는 것으로 추정된다. 우리가 동물을 얼마나 죽이고 있는지 동물에 대한 킬 스코어를 다루는 책을 쓴다면, 이런 면에서 더 끔찍한 이야기를 하게 될 것이다.

나는 논의에서 전자 폐기물은 부차적으로만 다루었다. 이에 대해서는 위에서 언급한 것과 같은 지역적 연구는 있지만, 글로벌한 연구는 존재하지 않는다(아무튼 내가 아는 연구는 없다). 중국에 있는 세계 최대 규모의 전자 폐기물 처리장에서 수백 명이 사망하는 것은 비극적인 일이지만, 이로써 전 세계적으로 유의미한 상을 도출할 수는 없다. 따라서 플라스틱과 배기가스에 집중하는 것이 더 타당할 것이다.

어떤 독자들은 플라스틱 폐기물이 개인 소비자의 킬 스코어를 너무 잘 비켜 간다는 사실에 분개할지도 모른다. 그리하여 순서를 좀 바꾸어 기업의 킬 스코어를 먼저 이야기해 보기로 하겠다. 따라서 대기 오염이 아니라 플라스틱 폐기물로 시작해 보자.

기업의 상황은 개인과는 다르다. 소비자는 너무 많아 조망할 수 없지만 기업의 경우는 플라스틱 산업이 굉장히 집중되어 있고, 플라스틱 발자국에 대해 상대적으로 많은 것이 알려져 있기 때문이다. 이런 정보를 알 수 있게 된 것은 무엇보다 2021년 민더루(Minderoo) 재단이 발표한 플라스틱 폐기물 제조업체 지수(Plastic Waste Makers Index) 덕분이다. 이것은 나아가 이 분야의 중요한 연구들이 얼마나 최근에서야 이루어지고 있는지를 보여주는 전형적인 예이다. 내가 이 책에서 인용한 연구 중에는 이 책을 쓰는 과정에서 비로소 발표된 것들이 많은데, 민더루 연구도 그중 하나다.

민더루 재단은 오스트레일리아의 비영리 기관으로서, 오스트레일리아의 철광석 업체인 포테스큐 메탈 그룹(Fortescue Metals Group)의 전 CEO 앤드루 포러스트(Andrew Forrest)가 개인적으로 설립한 재단이다. 〈파이낸셜리뷰〉에 따르면 앤드루 포러스트는 15년 전 오스트레일리아의 제일가는 부호였다고 한다.

민더루 연구에 따르면 20개 기업이 전 세계 일회용 플라스틱의 절반 이상을 생산하며, 100개 기업이 약 90퍼센트 이상의 플라스틱 생산을 책임진다. 일회용 플라스틱은 매년 생산되는 플라스틱의 절반 정도지만, 플라스틱 폐기물이 생겨나는 데에서는 훨씬 더 커다란 비중을 차지한다. 플라스틱과 관련해서는 명확한 목표가 있다. 그리하여 2021년부터 유럽연합은 많은 종류의 일회용 플라스틱의 사용을 금지했다.

자, 이제 기업의 폐기물 킬 스코어를 두 단계로 산출해 보자. 여기서도 과장하는 게 아니냐는 의심을 불식시키기 위해 우선적으로는 일회용 플라스틱이 플라스틱 폐기물에서 차지하는 비율이 그냥 절반 정도에 불과한 것으로 신중하게 접근해 보기로 하자. 그리고 두 번째로 이미 언급한 티어펀드 연구를 다시 상기해 보자. 4장에서는 추정치를 더 높게 취했지만, 여기서는 더 보수적으로 추정하여 폐기물 관리에서 비롯되는 희생자를 40만 명으로 보자. 그리고 세계은행이 폐기물의 50퍼센트는 음식물 쓰레기라고 발표한 점을 고려하여 플라스틱 폐기물이 25퍼센트를 이루고, 그에 따라 희생자의 25퍼센트에 책임이 있다고 해 보자. 플라스틱의 무게가 가벼우므로, 이 역시 보수적인 값일 것이다. 그러나 우리는 여기서는 유감스럽게도 추정밖에 할 수가 없으므로, 그냥 이런 불확실성을 감수해야 한다. 그러면 엑손모빌(ExxonMobil)이 플라스틱 생산에서 차지하는 비중에 근거하여, 이 기업이 플라스틱 폐기물로 연간 유발하는 킬 스코어는 바로 2800명이라는 계산이 나온다. 전체적으로 상위 100개 플라스틱 생산업체의 킬 스코어는 매년 약 4만 5000명이다.

마침내 대기 오염으로 눈을 돌리면, 유감스럽게도 상황을 조망하기가 더 힘들다고 말할 수밖에 없다. 다양한 물질이 대기를 오염시키기 때문이며, 많은 기업이 관련 사업을 하고, 그들의 공장이 전 세계에 흩어져 있기 때문이다. 자, 자동차 산업에 국한해 살펴보자. 몇 년 전 이 업계에 충격을 주었던 디젤 스캔들이 상황을 보여주는 완벽한 사례이기 때문이다. 고맙게도 매사추세츠 공과대학(MIT) 연구팀이 이미 이 스캔들을 철저하게 계산한 바 있다. 상기하자면, 많은 디젤 차량에 '눈속임' 소프트웨어가 장착되어 있다는 것이 문제였다. 이런 저감 장치로 공식적인 테스트 값을 조작할 수 있었던 것이다. 이런 차량의 배기가스 배출량은 실제로는 훨씬 더 높았다. MIT 연구팀은 2017년 장비 교체가 이루어지기 전까지 이런 디젤 차량에서 배출된 오염 물질이 중장기적으로 유럽에서만 1200명의 사망자를 낼 것으로 보고 있다(미국에서는 디젤차가 별로 인기가 없다 보니, 미국에서의 사망자는 60명에 '불과'할 전망이다).

이 외에도 전 세계적으로 자동차 기업이 이렇게 저렇게 규칙과 법을 위반하여 추가로 배출하는 배기가스까지 합치면 연간 3만 8000명의 희생자를 내고 있으며, 허용된 오염 물질 배출로 말미암은 희생자가 연간 7만 명이라는 것이 MIT 대학의 연구 결과다. 물론 이것은 디젤 차량에 국한된 이야기다. MIT 연구 결과가 발표되었을 시점에 전체 자동차 시장에서 디젤차 점유율은 3분의 1 정도에 불과했다.

2019년에 발표한 또 하나의 연구는 세계적으로 모든 차량이 배출하는 오염 물질로 2015년에 약 38만 5000명이 조기 사망했다고 말한다. 이 연구의 계산에 따르면, 디젤 차량은 이런 사망자의 절반 정도에 책임이 있으며, 8퍼센트의 시장 점유율을 가지고 있는 폭스바겐과 같은 회사는 연간 약 3만 명의 희생자를 낼 것으로 추정된다.

물론 이 수치를 곧이곧대로 받아들일 수는 없다. 자꾸 바뀌는 시장 점유율에 따라, 그리고 연료의 종류와 엔진의 효율성 등에 따라 이런 값도 변하기 때문이다. 위에 언급한 두 연구만 해도, 추정치가 서로 차이가 난다. 한 연구는 디젤 차량으로 인한 사망자 수를 연간 10만 8000명으로 보고, 다른 한 연구는 19만 2500명으로 본다.

이런 영역에 상당한 불확실성이 존재한다는 걸 인정해야 한다. 그러나 불확실함에도 불구하고 우리는 최소한 이런 끔찍한 일의 대략적 규모를 알고 있다. 연구들은 매년 1만 5000명에서 3만 명이 폭스바겐이 생산한 차량의 배기가스를 흡입하여 사망하는 것으로 본다.

지난번 장에서처럼, 폐기물의 경우에도 제3의 행위자들의 킬 스코어도 따져봐야 한다. 금융 기관, 또는 더 정확히 말하면 기업의 주주인 투자자들 말이다. 기후 변화와 폐기물 문제는 공통된 부분이 많아서 4장에서 설명한 내용이 여기에도 적용되므로, 굳이 반복할 필요는 없을 것이다. 무엇보다 대기 오염의 경우는 그러하다. 그러나 플라스틱 폐기물의 경우는 예상치 못한 추가 반전이 있다. 바로 정부의 역할이다. 민더루 재단의 분석에 의하면 전 세계 100대 일회용 플라스틱 제조업체의 지분 18퍼센트가 사우디아라비아에 있다(사우디아람코가 주주다). 전체적으로는 플라스틱 제조 기업들의 모든 주식의 약 3분의 1이 국가 소유다. 그 결과 민간 투자, 보험 또는 연금 불입금을 통해 플라스틱 제조 기업에 관여할 수 있는 개인의 발자국이 굉장히 줄어든다.

물론 사우디아라비아와 다른 나라들 외에도 블랙록이나 뱅가드그룹 등 대형 자산운용사들도 플라스틱 기업에 지분을 가지고 있다. 무케시 암바니의 경우는 특히 흥미롭다. 〈포브스〉지에 따르면 무케시 암바니는 아시아 최고의 부자이며, 전 세계로 따져도 거의 10위 안에 드는 부호다. 암바니는 세계에서 여덟 번째로 큰 일회용 플라스틱 제조 기업인

릴라이언스 인더스트리의 지분 절반을 소유하고 있는데, 이것만으로도 일회용 플라스틱 총생산량의 1.5퍼센트에 해당한다. 그리하여 위에서 엑손모빌과 관련하여 했던 계산을 다시금 적용하면, 이 하나의 회사 지분만으로도 무케시 암바니의 킬 스코어는 매년 750명이라는 계산이 나온다.

4장에서 우리는 투자자, 기업, 소비자의 상대적 책임을 이야기했다. 여기서도 책임 문제가 제기된다. 그러나 폐기물에는 또 다른 요소가 추가된다. 유해한 것은 생산품 자체라기보다는 이를 폐기하는 방식이기 때문이다. 아그보그블로시의 범죄 현장에서 무케시 암바니가 거주하는 인도 뭄바이의 알타마운트 로드(세계에서 가장 비싼 거주지 중 하나—옮긴이)까지 정말로 발자국을 추적할 수 있을까? 암바니의 집은 하필 집 없는 아이들의 쉼터로 사용되던 땅에 지어져 많은 논란이 일었다. 많은 탐욕의 흔적은 쉽게 희미해지고, 어떤 흔적은 자신이 사는 대지에 영원히 남는다.

일단은 콩알을 센 것으로, 또는 이 경우에는 희생자를 헤아려 보고 범죄 현장을 조사한 것으로 만족하자. 지난 장에서 기후 변화를 다룬 뒤 이번 장에서는 대기 오염과 플라스틱에 대해 살펴보았다. 법적 혹은 다른 책임은 제3부의 재판에서 논의하기로 하자.

그러나 2016년 릴라이언스 인더스트리 공장의 공급업자인 판두랑 바브레(Pandurang Babre)를 죽음으로 몰아간 것은 플라스틱이 아니라 위험한 근무 조건이었다. 우리의 다음 범죄 현장으로 가보기로 하자.

06

노동

얼마 전부터
모든 것이 변하는 걸 보네
뭔가가 일어나 행동하고
죽이고 해를 가하네.

–라이너 마리아 릴케, 〈가을의 끝(Ende des Herbstes)〉(1906)

판두랑 바브레는 이번 장에서 다루는 범죄 현장의 완벽한 후보다. 그는 뭄바이 외곽의 작은 마을인 라야사니(Rayasani)에서 기름의 수위를 점검하다가 탱크에서 추락했다. 탱크는 더럽고 미끄러웠으며, 그는 자신에게 할당된 작업에 제대로 훈련되어 있지 않았다. 릴라이언스 인더스트리 공장 관리자는 나중에 심장마비였다고 진술했고, 판두랑의 죽음은 그저 인도의 사망 통계에서 숫자 하나를 더하는 정도에 그치게 될 것처럼 보였다. 그러나 일은 관리자 뜻대로 되지 않아 책임자들이 법정에 서게 되었다. 판두랑에게는 너무 늦은 일이었다.

일터에서 죽는 일을 생각하면, 대부분 이와 같은 사고를 떠올릴 것이다. 이른바 제3세계에서 주로 발생하는 문제로, 불안전한 노동 조건으로 말미암는 사고들을 말이다. 하지만 일과 관련한 사망 사건에서 더 흔한 사인은 다른 것이다. 이를 살펴보기 위해 판두랑의 운명 대신 다른 이야기를 이번 장의 범죄 현장으로 선택해 보자. 베를린에서 비행기로 겨우 두 시간 거리에 있는 도시다.

2013년 8월 어느 아침 7시. 모리츠가 사무실에 모습을 보이지 않았을 때, 동료들은 처음엔 모리츠가 늦잠을 자나 보다 했다. 2시까지 출근하지 않자, 일부 직원은 이맛살을 찌푸렸다. 나중에 직장 동료들이 전한 바에 따르면, 모리츠는 사무실에서 꽤 인기가 있었고, 그래서 직원들은 뭐 하루쯤 결근해도 봐주자는 분위기였다. 저녁 8시 반이 되어서 결국 인턴 직원 하나가 무슨 일이 있나 싶어서 런던 동쪽 베스널그린 지역의 아파트를 찾았고, 그곳에서 숨져 있는 모리츠를 발견했다. 모리츠가 아침에 샤워를 하다가 간질 발작을 일으킨 지 15시간 만이었다. 의식을 잃고 쓰러져 욕조의 물에 익사한 것으로 보였다.

모리츠는 21세였다. 법의학자가 확인한 사인은 간질이었다. 옷을 벗고 샤워를 시작하자마자 첫 증상이 나타났고, 이후 간질 발작이 심해진 것으로 보였다.

모리츠는 메릴린치의 실습생으로 막 그의 세 번째 '마법의 회전목마'를 수료한 상태였다. 마법의 회전목마란 당시의 실습을 뜻하는 말로, 새벽 5시에 택시를 타고 집으로 퇴근해서, 샤워를 하고, 새 셔츠로 갈아입고는 다시금 좀 전에 타고 갔던 택시를 타고 사무실로 되돌아와야 하는 것에 빗댄 말이었다. 시간이 걸리더라도 집 앞에 택시를 기다리게 하는 것이 이른 아침 다시 택시를 잡는 것보다 더 쉬웠다〔물론 우버(Uber) 택시나 리프트(Lyft), 프리나우(FreeNow) 택시가 생기기 이전이니까 그랬다〕.

모리츠는 죽기 전 72시간 동안 깨어 있었다. 그는 6000파운드를 받는 6주간 인턴십에 임하면서, 사흘 밤낮을 연속으로 일해야 했다.

법의학자 메리 하셀은 모리츠가 사망하고 몇 달 뒤에 영국 법정에서 다음과 같은 소견을 피력했다. "그는 젊은이였고, 삶을 한껏 누렸습니다. ……물론 피로 때문에 치명적인 발작이 일어났을 수도 있습니다. 그러나 피로 때문이 아니라도 그냥 발작이 일어났을 가능성도 있습니다. 그런 일은 발생할 수 있습니다. 간질을 앓으면서도 장수하는 사람도 있지만 불행히도 발작으로 갑자기 사망하는 경우도 늘 발생합니다. 때로는 모리츠처럼 젊고 건강한 사람들에게도 그런 일이 일어납니다." 법의학자는 "피로 때문에 간질 발작이 일어났을 수도 있고" 모리츠가 "너무 열심히 일했기" 때문에 죽었을 수도 있음을 인정했다. "그러나 이것은 단지 가능성일 따름입니다. 저는 모리츠의 가족이 모리츠가 스스로 자신을 죽음으로 몰아갔다는 느낌을 갖고 집으로 돌아가지 않았으면 합니다." 법의학자는 어떻게 모리츠가 종종 사흘씩 잠도 안 자고 일한 것이 삶을 한껏 누린 것이라고 생각했던 것일까? 알 수 없다. 아무리 다른 실습생이 〈가디언〉지 기자에게 모리츠가 일주일에 100시간을 일했음에도 마치 자신의 삶을 "아주 즐기고 있는 듯한" 인상이었다고 증언했다 해도 말이다. 정말 기이한 누림이다.

또 이 인용문에서 흥미로운 것은 책임 소재 문제다. 법의학자는 모리츠가 과로로 사망했더라도 그건 스스로 그렇게 한 것이라고 보았다. 회사나 주변 사람들의 책임이 아니라, 본인의 책임이라고 말이다. 이런 견해를 따른다면, 책임의 문제를 더 이상 제기할 필요가 없을 것이다. 이번 장에서 논할 말도 별로 없고, 우리는 스스로 자기 책임하에 죽도록 뼈 빠지게 일하는 것이다.

이 책에서 나는 될 수 있는 한 사실에만 입각해 이야기하고, 개인적 판단을 피하려고 노력하고 있다. 그러나 모리츠의 경우에는 그러기가 힘들다. 72시간 동안 쉬지 않고 일한 것이 간질을 유발했을 거라는 생각을 떨치기가 힘들다. 수면 부족으로 발작이 일어났다고 보는 모리츠 아버지의 의견에 더 마음이 간다. 죽음을 자기 책임으로 볼 만한 단서가 부족하며, 흔적은 너무나 최근의 것이다. 무시하기에는 진흙 속의 발자국이 너무나 선명하고 깊다.

모리츠가 사망했을 때 나는 곧바로 그 이야기를 알게 되었고, 곧 내 기억에 아로새겨졌다. 그로부터 2년 전 런던에서 이런 살인적 근무 리듬을 직접 목격했기 때문이었을 것이다. 2011년 여름 내 룸메이트는 바클리 은행의 인턴이었고 모리츠처럼 집에서 쉴 시간이 거의 없었다.

모리츠의 이야기는 약간의 반향을 가져왔다. 그리하여 골드만삭스는 모리츠가 인턴십을 한 회사는 아니었지만, 인턴 근무 시간을 하루 17시간, 즉 아침 7시에서 자정까지로 제한하기로 했고, 이런 행보로 말미암아 무슨 공산주의 운동을 하는 게 아니냐는 의심을 사기도 했다. 그 이상 많은 일은 일어나지 않았다. 대규모 금융 기관들은 가능하면 직원들이 더 이상 죽거나 (불만을 제기하거나) 하지 않도록 근무 규칙을 약간 조정했고, 그 밖에는 정상 운영으로 돌아갔다.

그러나 금융 기관만 논하는 건 불공평한 일일 것이다. 2016년 내가 베를린에서 싱크탱크를 시작했을 때 당시 주당 근무 시간은 평균 70~80시간이었다. 같은 해 미국의 〈애틀랜틱〉지는 NGO나 싱크탱크 등에서 신념에 따라 일하면서 과로하는 사람들의 이야기를 길게 다루었다. 물론 그런 현상은 곳곳에 있다. 내 아내는 간호사인데, 네 번 연속 야간 근무를 할 때도 있다. 그건 쉽지 않은 일이다.

하지만 실제로 과로로 사망하는 사람은 얼마나 많을까? 결국 이 책에서 다루려는 것이 그것이다. 여기서는 마침내 아이를 재우고는 파워포인트 프레젠테이션을 다듬는 사람들을 약간 위로하려는 것이 아니다. 오히려 직업 활동과 관련한 진짜 사망 사건을 다루고자 한다. 모리츠는 모든 정황으로 미루어 볼 때 그런 경우였다. 그런 많은 사례 중 하나였다.

이번 장에서는 유엔 전문 기구인 국제노동기구를 자주 언급할 것이다. 국제노동기구의 추정에 따르면 연간 74만 5000명이 과로로 사망한다. 이는 연간 전 세계 모든 사망자의 약 1퍼센트에 해당한다.

이런 수치는 결코 일하는 중에 혹은 일 때문에 사망하는 모든 사망자를 포함하지는 않는다. 그런 사망자는 연간 200만~300만 명에 이른다. 평가 기관마다 추정치는 좀 달라서, 작업장안전보건연구소에 따르면 약 280만, 세계보건기구 및 국제노동기구에 따르면 200만 정도다.

모리츠의 이야기는 마음이 아프지만, 책상에서 사흘 연속 근무하고 세상을 떠나는 은행원은 많지 않다. 일터 사망과 관련해 가장 먼저 떠오르는 사람들은 아마 깨끗하게 양복을 빼입은 은행원들이 아니라 탄광에 매몰된 광부들일 것이다. 또는 앞에서 소개한 판두랑 바브레 같은 사람일 것이다. 하지만 모리츠의 이야기는 한 가지 점에서는 이런 사망의 전형적인 유형을 보여준다. 모리츠와 다른 많은 사람의 경우 과로, 즉 국제노동기구의 언어로 표현하자면 "장시간 근무로 인한 스트레스"가 문제였다는 것이다. 노동계에서 가장 흔하게 지목되는 사인이 바로 과로다.

기후 변화와 마찬가지로 이 문제에서도 그 책임을 학문적으로 분류하는 것은 굉장히 어렵다. 72시간을 내리 근무하고도 아직 근무가 끝나지 않은 상태였던 모리츠의 죽음조차도 업무상 재해로 인정받지 못했다. 평생 지칠 때까지 심신을 혹사하며 일하다가 늘그막에 흔들의자에 앉아 심장마비로 사망한 사람은 어떨까? 그의 죽음을 일 때문이라고 할 수 있을까?

그런 복잡한 경우는 앞으로 더 살펴봐야 하겠지만, 일단 조망을 해보자. 사람들은 재화를 만들어내고, 서비스를 제공하며, 다른 사람들, 즉 우리 모두가 그것을 소비한다. 일하는 중에 혹은 일 때문에 매년 앞에서 방금 언급한 바와 같이 200만 명이 사망한다. 이런 사망의 원인은 무엇일까? 어떤 사람들이 사망하는 것일까?

일로 인한 사망은 크게 네 가지로 분류되며, 200만 명의 사망자 중 80~90퍼센트가 거기에 들어간다. 우선 노동으로 말미암은 사망 원인 1위는 위에서 언급한 장시간 노동으로, 200만 명 중 40퍼센트가 그 때문에 사망한다. 다음은 "작업장의 대기 오염(미세먼지, 가스, 증기)"으로 말미암은 사망으로, 국제노동기구에 따르면 20퍼센트가 넘는 약 45만 명이 이로 인해 사망한다. 이런 사망자 수는 부분적으로는 5장에서 대기 오염과 관련해 이미 이야기한 희생자들과 겹친다. 물론 여러 분야의 경우는 데이터 수집 방법이 불투명하여 결과를 종합하는 것이 거의 불가능하다.

판두랑 바브레처럼 작업 중 사고를 당하거나 부상을 당해 사망하는 경우는 3위에 "불과"하여 20퍼센트 미만인 약 36만 명이 이에 속한다. 노동계에서 기업과 그들의 킬 스코어와 관련하여 나는 이 그룹을 자세히 살펴볼 것이다. 노동 세계에서의 사망 사건을 논할 때, 무엇보다 이런 사고를 떠올리게 되기 때문이다. 이런 사망은 명확하게 파악할 수 있고 인과적으로 분류할 수 있다. 바로 현장에서 발생하기 때문이다.

그 밖에 그런 사건들은 늘 이야깃거리가 된다. 매몰된 광부들은 신문의 경제면에 줄곧 보도된다. 그러나 일터에서의 사고는 매우 다양한 형태와 색깔을 띠어왔다. 특히 가슴 아프게 와닿았던 이야기는 일리노이주에 토네이도가 덮쳤을 때 사망한 아마존 직원 래리 버든의 경우다. 래리는 그날 13년간 함께해 온 여자 친구에게 "아마존은 폭풍이 다 지나갈 때까지 나를 보내주지 않을 거야"라는 문자를 보냈고, 토네이도로 창고가 무너지면서 숨졌다. 폭풍우가 몰아치는데 퇴근해서 돌아가는 것도 좋은 선택지는 아니었겠지만, 이 이야기는 씁쓸한 여운을 남긴다. 래리의 죽음은 어떤 범주에 속할까? 일터에서의 사고? 기후 변화? 혹은 그저 운명이라고 해야 할까?

노동계에서 4위의 사망 원인은 바로 석면 중독으로, 사망자의 10퍼센트인 약 20만 명이 매년 이로 인해 사망한다. 대기 오염으로 인한 사망과 마찬가지로, 여기에서도 5장에서 살펴본 경우들과 중복되는 부분이 있다. 그런 다음 이제 위에 언급한 네 가지 원인에 들지 않는 나머지 사망은 일터에서 노출되는 다른 독소들로 말미암은 것으로 분류할 수 있다. 벤젠, 니켈, 비소, 트리클로로에틸렌, 황산, 포름알데하이드,

그 외 여러 가지가 그런 독소들이다. 디젤 배기가스가 미치는 치명적인 영향도 국제노동기구 목록의 뒤쪽에 존재한다. 연료가 기후 변화와 대기 오염에 미치는 일반적 피해와 비교하여, 배기가스로 인한 근로자들의 피해는 파악하고 구체적인 조치를 취할 수 있는 문제다.

나는 이번 장에서도 독자들이 내게 허락해 준 제한된 지면을 효과적으로 활용하여, 우리의 범죄 현장을 돌아보려 한다. 앞에 언급한 모든 원인은 통계적으로 파악할 수 있지만, 사망 한 건 한 건은 모두 개인적 비극이다. 프랑크푸르트 교외에 있는 집에서 55세의 경영 컨설턴트가 심장마비로 사망한 경우 그의 죽음은 언론의 주목을 받지 못한다. 이런 죽음은 일과 직접 연결되지 않은 듯 보이기 때문이다. 하지만 이는 그저 통계적 사례만이 아니라 한 개인의 이야기다. 일로 죽어가는 사람들에 관한 1년에 200만 개가 넘는 이야기 중 하나다. 일터에서의 사고는 빙산의 일각에 불과하다. 눈에 보이는 극히 일부다. 물밑에는 거대한 얼음 덩어리가 존재한다.

눈에 보이지 않는 죽음이 계속해서 눈에 보이지 않게 남는 것은 노동계에서 활용되는 특별한 지표와도 관계있다. 이것은 바로 장애보정 생존 연수(Disability-Adjusted Life Year, DALY)라는 지표로, 어떤 사람이 장애나 질병으로 질이 떨어지는 삶을 살게 되는 햇수, 또는 조기 사망으로 말미암아 손해를 보는 수명 연수를 말한다. 이런 지표에서 과로는 어느 정도 다른 요인들과 짜잡아서 다루어지기 때문에, 일터에서의 사고 다음의 두 번째 사망 원인으로 밀려난다. 한편, 직장에서의 사고로 인한 손실된 연수는 2016년 장애보정 생존 연수 계산에 따르면 전 세계적으로 다 합쳐서 약 2500만 년이라는 결과가 나왔다.

하지만 이 책은 죽음을 다루는 책이다. 보이지 않는 죽음을 다루는 책이기도 하다. 일과 관련해 사망한 안타까운 예는 2001년 9월 11일 뉴욕의 세계무역센터에 투입된 구조대원들이다. 이날 사건 현장에 투입되어 구조 활동을 하다가 사망한 구조대원들도 많았지만, 더 많은 구조대원들은 유해 물질과 화학물질에 노출되어 그 이후에 세상을 떠났다. 일은 종종 느리게 퍼지는 독이다.

헨리 데이비드 소로는 1854년에 "대중은 조용히 절망적인 삶을 살아간다"고 썼다. 현대판 노예제도보다 이런 조용한 절망이 더 조용히 일어나는 곳은 없다. 세계적으로 4000만 명 이상이 현대판 노예와 같은 삶을 살아가고 있으며, 어느 나라에나 이런 사람들이 있다. 독일에만 약 16만 7000명이 그런 삶을 살고 있다. 독일이 6만 명이 들어가는 축구 경기장이라고 한다면, 그중 120명 정도가 현대판 노예다. 매년 얼마나 많은 현대판 노예들이 죽는지는 알려져 있지 않다. 이런 어두운 주제에 대해 신뢰할 만한 정보는 거의 존재하지 않는다. 사망자들이 있지만, 얼마나 많이 사망하는지 알지 못한다. 그 수를 모르기 때문에 그들을 노동 세계의 킬 스코어에 포함시켜 계산할 수가 없다. 집계가 가능한 사망자와 집계되지 않은 사망자들 사이의 비율도 고려할 수가 없다. 그리하여 모든 계산은 가정의 범주를 벗어날 수 없다. 1년에 모든 현대판 노예들의 0.5퍼센트, 즉 200명 중 1명이 일하다 사망한다면 현대판 노예제도로 말미암은 사망자가 석면 사망자보다 더 앞서서, 노동계에서 네 번째로 흔한 사망 원인이 될 것이다. 국제노동기구가 전 세계 모든 사망자의 약 3퍼센트를 일과 관련한 사망으로 보고 있기 때문에 이 정도를 가정하는 것은 기본적으로 결코 터무니없지 않다.

직장에서 사망하거나, 일 때문에 사망한다고 하면, 그런 일이 뭔가 상당히 심한 착취의 결과 같은 느낌이 든다. 과로로 죽어가는 사람들을 떠올리면, 열악한 환경에서 저임금을 받으며 18시간 교대 근무를 하는 사람들의 모습이 그려진다. 현대판 노예들의 노동 조건은 그러하다. 금융회사에서 인턴을 했던 모리츠의 예는 다른 방향이긴 하지만, 극단적인 건 동일하다. 72시간 교대 근무를 하는 경우가 실제로 있고, 이런 경우는 술집에서 혀를 끌끌 차며 이야기하기에 적합한 소재다. 그러나 런던이건 또 다른 곳이건 간에, 이런 조건은 일반적인 근로자들의 현실과는 상당히 거리가 먼 건 사실이다.

그러나 주 55시간 근무는 어떨까? 주말에 근무를 안 한다고 하면, 이것은 주중에 하루 11시간씩, 즉 오전 8시부터 오후 7시까지 또는 오전 9시부터 오후 8시까지 꼬박 일해야 한다는 의미다. 또는 오전 9시부터 오후 6시 30분까지 일하고, 야간이나 주말 교대 근무로 추가 시간을 채워야 한다는 의미다. 내 주변에서도 이 정도 시간을 근무하는 경우는 흔히 볼 수 있으며, 특정 직업군과 연령군에서는 거의 표준일 것이다.

그런데 주당 이 정도 시간의 근무를 장기적으로 이어간다면, 세계보건기구에 따르면 뇌졸중으로 사망할 위험이 약 35퍼센트, 심장 질환으로 사망할 위험이 약 17퍼센트 증가한다. 다시 말해 뇌졸중에 걸릴 위험이 더 이상 1:20이 아니라 약 1:15가 되는 것이다. 세계보건기구와 기타 연구에 따르면, 여기에는 여러 가지 요인이 합세한다. 과로는 종종 사람들을 술, 마약, 흡연, 운동 부족 등 다른 악덕으로 몰아가서 간접적으로 죽인다. 나는 2장에서 술이나 흡연 같은 사망 원인을 훑어보았고, 그것들을 라이프스타일 선택 죽음으로 분류했다. 라이프스타일로 다른 사람이 아닌 스스로를 죽음으로 인도하는 것으로 말이다. 그러나 아마도 이렇게 단정 지을 수만은 없는 듯하다. 우리가 이런 치명적 무기를 단지 자신에게 겨누는 것만은 아니고, 우리와 타인들 모두에게 슬며시 이런 무기를 건네는 무기 공장이 배후에 있다고 해야 할지도 모르겠다.

그 외에 일에서 위안을 찾거나 성취감을 느끼는 사람들이 있는데, 이런 사람들을 “일중독자”라 부르는 것도 공연한 일이 아니다. 일에 중독되어 있긴 하지만, 중독 정도가 그리 심하지 않은 많은 일중독자들은 일이 참 즐겁다고 자신 있게 말한다. 하지만 그런 사람들도 경우에 따라서는 그에 대한 대가를 치러야 한다. 그들에게 영혼의 양식이 되어주던 일이 없어지면, 세상이 무너져 버린 듯한 상태가 될 수 있기 때문이다. 물론 정확히 단언할 수는 없지만, 스위스 보험그룹의 CEO직을 사임한 뒤 얼마 안 있어 자살을 선택한 마르틴 센의 예도 그런 경우가 아니었을까? 그는 일을 그만두면서 삶의 의미를 잃었다고 느끼지 않았을까? 이런 경우와 많은 다른 경우에 한 사람이 스스로에게 가한 일과 외부에서 그에게 가해진 일이 뒤섞여 있는 것을 보게 된다. 술을 마실 때 우리는 스스로를 죽이는 것일까? 아니면 과로가 술을 마시도록 몰아간 것이니 우리는 오히려 죽임을 당하는 것일까? 가해자는 누구일까? 우리 소비자들은 근로자들이 과로를 하게끔 하는 데 책임이 있는 것일까? 결국 애초부터 초과 근무 없이 금융 서비스가 제공되는 세상도 상상할 수 있을 텐데 말이다.

늘 그랬던 것처럼, 귀인 연구에서 답을 찾아보자. 확실한 것은 술이 없는 세상에서는 과로로 사망하는 사람이 더 적을 거라는 것이다. 그리고 과로가 없는 세상에서는 술로 사망하는 사람이 더 적을 것이다. 모든 개별적인 죽음은 "1000번의 작은 칼질"로 말미암은 죽음이다. 한 번의 작은 칼질은 아무도 죽이지 못한다. 그러나 1000명이 죽었다면, 모든 작은 칼질이 한 사람의 죽음에 책임이 있다. 폴란드 시인 스타니스와프 예지 레츠의 말을 빌려서 시적으로 표현하자면 "어떤 눈송이도 눈사태에 스스로 책임이 있다고 느끼지 않는다"는 것이다.

과로에서 중요한 역할을 하는 또 하나의 요인은 내부의 요인으로, 바로 스트레스다. 가정이 행복하고, 친한 친구들이 있고, 성격이 원만하고, 재정적으로도 안정되어 있고, 이에 더하여 누군가를 사랑하는 마음이 있으면 일로 말미암은 스트레스를 조절하는 데 도움이 된다. 반면 외로움이 스트레스를 가중시키고, 모든 것이 일 중심으로 돌아가면 외로움은 더 심해진다. 그리하여 이미 2장에서 살펴본 사인들만이 질병을 유발하는 것은 아니다. 또 다른 범죄 현장들이 있다. 킬 스코어와 관련해서는 특히나 익명의 소비가 중요하게 끼어든다. 이에 대해서는 다음 장에서 살펴보기로 하겠다.

다시금 불확실한 부분을 이야기하고, 제한을 두고, 모호한 부분을 해결하고, 학문적 분석 결과들을 점검해야 할 테지만, 이 모든 것은 이번 장의 기본이 되는 인식 자체는 바꾸지 못한다. 한마디로 말해 그것은 과로는 사망을 부추긴다는 것이다. 이 분야의 가장 인정받는 몇몇 전문가와 연구자는 노동 분야에서 우리의 전 세계적 킬 스코어가 연간 200만에서 280만 명이라는 결과를 내어놓았다.

이런 사망자 중 일부는 쉽게 그 원인을 파악할 수 있다. 니제르 남부의 단 이싸에서는 불법 광산이 무너지면서 근로자 18명이 사망했다. 꿈을 좇아 금을 채굴하고자 했던 광산이었다. 카타르에서는 지난 10년간 6500명 이상의 이주 노동자가 목숨을 잃었다. 카타르에는 카타르 국적자 약 30만 명과 260만 명의 외국인 노동자와 그 가족들이 거주하는데, 2022년 월드컵 축구대회 준비를 위한 이곳 공사 현장에서 많은 이주 노동자들이 사망했다. 그러나 카타르 정부는 이들을 그냥 자연사로 분류하고 있다. 귀중한 원자재를 둘러싼 갈등과 다른 경제 갈등 등 일터와 노동 조건 배후에 깊숙이 연결된 정치·경제적 상황은 사망 통계에 반영되지 않는다.

그리하여 오늘날의 노동계는 전 세계적으로 대규모의 희생자를 내고 있다. 2022년 3월, 코로나 팬데믹으로 인한 전 세계 사망자 수가 600만 명을 넘어섰다. 2년간의 팬데믹으로 누적된 사망자 수는 그로써 같은 기간 일과 관련해서 숨져간 사망자 수와 맞먹는다. 더 염세적인 추정치는 연간 280만 명이 일로 말미암아 사망한다고 보기 때문이다.

희생자는 집계된다. 그러나 가해자는 누구일까? 늘 그래왔듯이 소비자에서 시작해 보자. 일에 대해서는 이야기하기가 쉽다. 이것은 구매한 모든 것이 대상이 되기 때문이다. 2020년에 우리는 (따라서 전 세계 모든 사람은) 상품과 서비스에 총 85조 달러(약 11경 원—옮긴이)를 지출했다. 평균적인 독일인은 소비를 통해 이런 경제 발자국의 약 0.0000001퍼센트에 기여했다. 많지 않은 양이며, 세계 인구가 80억 명이라는 사실을 생각하면 놀랄 일도 아니다(참고로 '세계 인구 70억의 날'은 그리 오래지 않은 2011년 10월 31일에 지나갔다).

독일의 1인당 평균 연소득을 4만 9000유로(약 6800만 원—옮긴이)로 보고, 우리가 40년 동안 이 금액을 벌 뿐만 아니라 또한 지출한다고 해보

자. 그리고 생애의 첫 20년과 마지막 20년 동안에는 이 금액의 절반만 사용한다고 해보자. 물론 우리는 다섯 살에 돈을 "벌지는 못 한다". 하지만 그럼에도 우리의 부모님이나 부양자가 그 돈을 우리를 위해 지출한다. 그리고 노후에는 연금을 "벌어들인다".

그리하여 계산을 간단히 하기 위해 우리 각자가 60년간 매년 4만 9000유로를 소비하며, 이런 소비를 가능케 하기 위해 일을 하는 근로자들에게 각자 해를 끼치고 있다고 말할 수 있다. 이렇게 계산하면 소비자 한 사람은 이를 통해 일생 동안 0.1명을 죽인다는 계산이 나온다. 이런 계산은 2020년 데이터를 토대로 한 것이며, 근로자 수와 근로를 통한 사망자 수가 증가하면 우리가 해를 가하는 사람의 수도 증가할 것이다. 반대로 적절한 보호 조치가 강구되면 그 수는 줄어든다.

이런 주제에 또한 다르게 접근하여 가구당으로 계산할 수도 있다. 이번에는 연간 일과 관련한 사망자를 280만 명으로 높게 잡고, 연간 20만 유로의 높은 순소득을 올리는 2인 가구를 예로 들어보자. 이런 전제로 계산하면 이들 두 가구원은 생애 동안 약 0.5명을 죽인다는 결과가 나온다. 고소득을 올리는 두 커플이 합쳐서 한 사람을 죽이는 셈이다.

이런 수는 기후 변화로 말미암은 사망자 수보다 훨씬 적다. 하지만 기후 변화 영역에서는 잠재적 추정만 가능하지만, 여기서는 훨씬 더 정확하게 산정할 수 있다.

추가로 어떤 종류의 일이 특히 위험한가를 물을 수 있다. 특정 종류의 소비가 기후 변화를 특히 촉진하는 것처럼, 노동 분야에서도 두드러지게 킬 스코어를 높이는 일들도 있다. 모든 일이 똑같이 위험한 것은 아니다. 위험한 직업에 대한 연구는 예상할 수 있는 결과를 보여준다.

여하튼 주목할 만한 것은 이런 위험한 직업들이 다른 분야의 킬 스코어 산출에도 중심 역할을 하는 범죄 현장과 긴밀히 연결되어 있다는 것이다. 석유 노동자, 플라스틱 및 폐기물 처리 노동자, 화물차 운전자가 위험한 직업군 목록에 올라 있다. 계속 등장하는 직업군은 광부다. 광부는 그중에서도 가장 열악한 환경에서 일하는 직업군으로, 대기 오염, 수은, 납, 구리, 미세먼지 등에 노출되어 있고, 매몰 사고를 당할 위험도 있다. 광산에서의 사인을 좀더 자세히 살펴보는 게 좋을지도 모르겠다. 여기서 많은 것을 배울 수 있다. 무엇보다 그 세계가 우리의 두 번째 카테고리인 생산자들에 대해 가르쳐 주는 게 있기 때문이다.

기후 변화로 인한 사망자를 세는 것이 어려운 이유는 그 사망이 미래에 놓여 있기 때문이다. 하지만 광산 사고 희생자들의 수 역시 이상하게 집계가 쉽지 않다. 전 세계에 걸쳐 광산 노동자는 약 4500만 명에 이르는데, 이들 중 90퍼센트는 불법 시설, 혹은 관리가 잘되지 않는 작은 시설에서 일한다. 브라질에는 그 어느 나라보다 광산 근로자가 많고, 그러다 보니 치명적인 광산 사고도 많이 발생한다. 2019년 브루마지뉴(Brumadinho)에서는 특히나 불행한 사건이 일어났다. 그곳에서 세계 최대 철광석 생산업체 중 하나인 발레(Vale) 그룹의 철광석 광산에 속한 광산 폐기물 저장 댐이 붕괴했다. 그런데 이 사고를 조사한 〈월스트리트 저널〉 기자들은 불합리한 부분을 발견했다. 이 사고로 259명이 죽고, 11명이 실종되었는데, 사망자 중 한 사람은 네덜란드 엔지니어링 회사에서 일하던 미라세이벨 로사(Miraceibel Rosa)였다. 그리고 그의 죽음은 광업 쪽이 아니라, 엔지니어 쪽으로 분류되었다. 마찬가지로 케이터링 회사 소속 직원 9명도 댐 붕괴로 숨졌지만 국가 통계 관례에 따라

요식업계 쪽의 죽음으로 분류되었다.

이것은 브라질이나 개발도상국들만의 문제가 아니다. 한 NGO는 2010년에서 2018년 사이에 오스트레일리아에서 83건의 광산 사고가 일어나 사망자가 발생했는데, 같은 기간에 광산 업계는 68명의 사망자만을 보고했다며 개탄해 마지않았다. 브라질에서 사고를 조사한 〈월스트리트 저널〉 기자들은 광산 기업들이 보통 100퍼센트 자기 소유 회사의 사망자 수만 신고하고, 일부 지분만 가진 회사의 사망자는 보고하지 않는다는 것을 발견했다. 이런 회사들까지 포함하면, 리오 틴토(Rio Tinto)와 BHP의 사망자 수는 두 배가 되고 앵글로아메리칸(Anglo American)과 발레(Vale)는 4분의 1, 글렌코어(Glencore)는 약 10퍼센트가 증가한다.

이런 사실은 책임성에 대한 질문을 제기하게 한다. 이에 대해서는 나중에 더 살펴볼 것이다. 기업이 자신이 직접 운영하지 않는 광산에서 일어난 치명적인 사고를 보고해야 할까? 혹은 반대로 질문하자면, 대기업이 어느 회사의 사업을 부분적으로 관리함으로써 경제적 이익을 추구한다면, 그런 사고들을 그냥 무시해 버리는 것이 정당한 일일까? 마지막에 이윤은 쏙 빼어 취하면서 말이다. 광산을 운영하는 회사는 여러 기업의 자매회사인 경우가 많다. 홀거 오냐떼가 2013년 콜롬비아 탄광에서 사망했을 때 그의 죽음은 광산 운영 회사 세레혼(Cerrejón)의 연례 보고서에도, 세레혼을 소유한 앵글로아메리칸, BHP, 글렌코어의 보고서에도 등장하지 않았다. 세레혼은 2010년 이후 이 광산에서 발생한 다른 여섯 건의 사고도 보고하지 않았다(다만 BHP는 이 기간에 1명의 사망자가 발생했다고 보고했다).

이번 장에서는 금융 기관과 관련된 킬 스코어는 거의 다룰 수가 없다. 금융 기관의 킬 스코어를 가늠해 보는 것은 두 가지 이유에서 굉장히 어렵다. 첫 번째 이유는 기관 투자자들이 최근의 폐해에 심각하게 반응하고 나섰다는 사실과 관련된다. 브루마지뉴 참사 이래, 영국성공회와 스웨덴 연금기금 윤리위원회는 "투자자 채광 및 광미 안전 이니셔티브(Investor Mining and Tailings Safety Initiative)"를 발족했다. 그리고 그동안 여기에 총 20조 달러의 자산을 관리하는 100명 이상의 투자자가 합류했다. 이 이니셔티브는 광산 근로자의 안전을 위한 글로벌 표준을 개발하는 것을 자신들의 과제로 삼았다. 이것은 업계에 상당한 영향력을 미치고 있으며, 이런 문제를 극복하기 위한 진지한 시도로 볼 수 있다.

이 분야에서 금융 기관의 킬 스코어를 파악하기 어려운 두 번째 이유는 금융 기관들이 노동법이나 직원 안전에 대한 일반적 문제들에 대처하고자 하는 수많은 이니셔티브를 앞세울 수 있기 때문이다(이니셔티브 뒤에 진을 칠 수 있기 때문이다). 물론 과로와 산업재해를 둘러싼 문제들은 복잡하고, 거대한 자본 흐름을 좌지우지하는 사람들은 이런 문제들을 그냥 간과해 버리기가 쉽다. 무엇보다 그런 문제가 일터에서 보이지 않게 발생할 때는 말이다. 그러나 그들도 장님은 아니다.

이 자리에서 도드 프랭크 법을 약간 짚고 넘어가면 좋을 듯하다. 도드 프랭크 법은 2008년 금융 위기와 같은 사태가 재발하는 것을 막기 위해 미국 행정부가 마련한 금융 개혁 법안이다. 금융 위기 이후 금융 시장을 새롭게 규제하기 위한 것이었다. 그러나 법이 종종 그러하듯 여기서도 다른 목표와 이해관계가 끼어들었다. 도드 프랭크 법 1502조는 특히 관심이 가는 조항으로, 오바마 대통령 임기 중에 가결된 조항이다. 이 조항은 분쟁 광물 문제를 언급하면서, 미국 증권거래소에 상장된 회사는 원자재의 정확한 원산지와 공급 사슬을 공개해야 한다고 명시하고 있다. 이 법은 그렇지 않은 경우에 금전적 제재를 하지는 않지만, 이로써 기업의 투명성을 높이고자 한다.

오늘날까지도 논란이 되고 있는 이런 법적 규제는 많은 기업이 문제성 있는 것으로 분류된 지역에서 그냥 철수해 버리는 결과를 낳았다. 더구나 같은 시기 콩고민주공화국은 이른바 영세 소규모 채광(artisanal mining)을 금지하겠다고 발표하면서, 광물 수출이 큰 폭으로 감소했는데, 그 결과 이 지역의 실업률과 빈곤율이 급격히 상승했다. 그리고 최소한 한 연구에 따르면 폭력적 분쟁도 증가했다. 엄밀히 말해 이것은 금융업계 자체의 행동이 아니라 정치적 규제가 기업 활동에 영향을 미친 케이스다. 하지만 이런 예는 금융 기관이 간접적으로, 그리고 부분적으로는 모순적인 방식으로 노동 세계의 킬 스코어에 영향을 미칠 수 있음을 보여준다.

도드 프랭크 법안에 대한 대처 차원에서 몇몇 기업은 복잡한 회계 시스템을 개발했다. 또 다른 기업들은 이런 전반적인 문제를 피하여 이 법으로 말미암은 갈등을 초래하지 않고 그냥 내부의 보루로 후퇴하는 방법을 택했다. 기업뿐 아니라 많은 개인이 이런 길로 나아갔다. 팬데믹 기간뿐 아니라 그 전에도 이미 말이다. 이런 길은 다음 범죄 현장인 익명의 소비로 이어진다.

07

익명의 소비

이 세상에는 단 두 가지 비극이 있으니
하나는 원하는 것을 얻지 못하는 것이요,
다른 하나는 그것을 얻는 것이다.

–오스카 와일드, 《윈더미어 부인의 부채》(1892)

익명의 소비 이야기를 시작하려니 책이라는 매체가 떠오른다. 사실 취한 상태를 제외하고, 책 말고 다른 어디에서 우리가 그렇게 편안하고 자유롭고 구속받지 않고 그 세계에 몰입할 수 있을까? 몰입 독서는 일종의 도취가 아닐까? 젊은 시절 마카오에서 홍콩으로 가는 페리를 탔던 생각이 떠오른다. 거기서 나는 파울로 코엘료의 《11분》을 완독했는데, 텍스트에 너무 감동한 나머지, 그 책을 페리에서 내가 앉았던 자리에 놓아두고 왔다. 다음에 그 자리에 앉는 사람이 그 책을 집어 들고 감동적으로 읽어주기를 바라서 말이다. 그렇게 해서 모르는 사람들 사이에 일종의 유대 관계가 생기길 바라는 마음이었다. 나는 이런 경험을 공유하고 싶었다. 그러나 그럼에도 책에서 느낀 기쁨은 첫 순간에는 온전히 나만의 것이었고, 그 책을 아는 사람은 열여덟 살짜리가 왜 그런 기분이 되었는지 알 거라 믿는다.

헤세의 〈유혹자〉라는 시에 나오는 유혹자처럼, 이유는 달랐다고 해도, 그 시절의 나는 만족과 안식, 동경, 고독을 깊이 동경했다.

독서를 좋아하는 사람은 아마 독서와 연관하여 "외로움"을 떠올리지는 않을 것이다. 책이 친구가 되어주니, 책은 외로움을 불러일으키기보다는 외로움을 몰아내어 주기 때문이다. 작가가 우리를 어디로 데려가든, 그는 또한 그 작품의 주인공들을 함께 데려간다. 그리하여 책 속의 인물들은 대화 상대가 되어주고 친구가 되어준다. 그렇기에 《겐지모노가타리》 같은 작품도 쓰일 수 있었다. 일본의 궁녀 무라사키 시키부가 11세기에 쓴 이 책은 현존하는 세계 최초의 소설로 알려져 있다. 최고로 오래된 소설 목록의 상위를 차지할 뿐 아니라, 약 75만 개 단어로 되어 있어 가장 방대한 소설이기도 하다. 이 책의 독일어판은 오스카 베닐이 번역했는데, 분량이 무려 1928페이지나 된다. 일각에서는 《겐지모노가타리》가 원래는 더 두꺼운 책이었다고 추측한다. 책의 여러 장이 유실되었다는 것이다. 따라서 가브리엘 가르시아 마르케스처럼 백년의 고독이 아니라, 1928페이지가 이 책의 마지막 범죄 현장에서 범행에 사용된 무기인 것일까?

아니, 불가능하다. 누가 그런 고문에 푹 빠지겠는가! 유럽 문학과 더 친한 사람들은 《안나 카레니나》 혹은 디킨스의 소설을 생각해 보라. 이런 길이의 소설을 읽다 보면, 최소한 좋은 소설은 독자와 주인공 사이에 친밀한 관계를 만들어낸다. 안나, 레빈, 브론스키 백작, 키티 …… 젊은 시절 나와 친밀했던 이름들로, 바로 《안나 카레니나》의 등장인물들이다. 그들은 내게 이야기했고, 때로는 나 역시 그들에게 이야기하는 느낌이었다.

나는 이번 장의 범행에 사용된 무기라 할 수 있을 그 책을 예전에 버렸다. 그러나 그럼에도 이번 장의 범죄 현장에서 마주치는 것은 일종의 소설이다. 몰리 러셀이 열네 살이 되었을 때 몰리의 휴대전화에는 5000페이지 분량의 사진, 문자 메시지, 동영상 등이 축적되었다. 알려진 바와 같이 문학적 텍스트는 아니더라도, 사진 한 장은 1000단어보다 더 많은 말을 한다. 무라사키 시키부가 《겐지모노가타리》를 완성하기까지는 약 12년이 필요했다. 몰리는 5000페이지를 만들어내고 소비하는 데 2년이 걸렸다.

그러나 몰리의 이야기는 기존에 우리가 알던 소설들과는 다르다. 몰리의 이야기에서는 정서적 가까움이나 신뢰 같은 것을 찾아볼 수 없다. 몰리의 텍스트는 감정 세계나 꽃피는 우정, 혹은 인격 성숙에 대한 여지 같은 것은 허락하지 않는다. 몰리 이야기는 문학적 의미의 비극은 아니지만 비극적으로 전개되었다. 2017년 몰리는 스스로 목숨을 끊었다. 수사관들이 스마트폰의 내용, 즉 앞에 언급한 5000페이지의 콘텐츠를 살펴보았을 때 그들은 가슴이 서늘해지는 기록들과 만났다. 몰리의 부모는 돌이켜보면 몰리가 지나치게 디지털 생활에 몰입하다가 공포와 우울, 자기비판, 자해, 자살로 나아간 것 같다고 말했다.

무라사키 시키부는 "속으로 삼킨 말은 내뱉은 말보다 더 의미심장하다"고 쓴다. 몰리에게선 다르다. 몰리가 유서에 적은 말은 의미심장하다. "난 특이한 여동생이고, 조용한 딸, 슬픈 친구, 외로운 동급생이에요. 난 아무것도 아니에요. 난 무가치해요. 난 거의 마비된 느낌이고, 난 글러버렸어요. 난 약하고, 있으나 마나 한 존재. 미안해요. 곧 다시 만나요. 모두 너무나 사랑해요. 행복하게 살아요. 강하게 살아요. 키스를 보내며……."

몰리의 이야기는 복합적이다. 이 책의 모든 이야기처럼. 소셜 미디어는 양날의 검이다. 양날은 날카롭고 치명적이다. 한편으로 그것은 화면을 통해 익명의 느낌을 불러일으키는 유독한 공간을 만들어낸다. 우리 안에 있는 가장 나쁜 것이 제어되지 않고 분출되는 공간이다. 그리하여 소셜 미디어는 학대, 왕따, 커뮤니티가 부추기는 자해를 부채질한다. 다른 한편 소셜 미디어는 우리로 서로 거리를 두고 멀어지게 만든다. 세계 최초의 메이저 이동통신사(노키아)의 캐치프레이즈는 "사람을 연결시키는(Connecting People)"이라는 것이었다. 가상현실에서는 그 말이 맞을지도 모른다. 그러나 지난 10년간 스마트폰과 소셜 미디어 사용자들이 부채질하고 지핀 외로움의 모닥불이 남긴 잿더미를 보면, 노키아의 캐치프레이즈를 이렇게 바꿔 말해야 할 것 같다. 사람들을 가상현실에서는 이어주지만, 실제 현실에서는 그들을 갈기갈기 찢어놓는다고 말이다.

이번 장은 인터넷이나 소셜 미디어에서의 왕따를 다루려는 것이 아니다. 팬데믹 이전에도 솔솔 말이 나오던 주제인 외로움에 대해 논하거나 현대의 테크닉에 반기를 들고 나서려는 것이 아니다. 여기서는 단순한 재고 조사를 하고자 한다. 경제가 점점 더 익명성을 증가시키는 쪽으로 가고 있는가? 익명성은 우리가 서로를 죽이는 데 어떻게 기여하는가? 이번 장의 제목을 "익명의 소비"라고 붙이면서, 나는 우리의 사회적 관계 중 우리가 시장에 참여함으로써 이루어지는 관계들에 주목해 보고자 한다. 이런 관계는 점점 더 익명성의 베일에 가려 사라지고 있다. 화면과 다른 기술들이 베일을 이룬다. 익명 소비라는 개념을 좀 더 쉽게 설명하자면 이렇게 말할 수 있다. 외로움이 사람을 죽인다. 그리고 우리는 소비자와 생산자로서 서로 거리를 둠으로써 외로움과 죽음을 심고 있다.

몰리 러셀의 시신이 발견된 장소는 언뜻 볼 때는 범죄 현장 같아 보이지 않는다. 어쨌든 이 책의 독자들이 어떻게든 연루될 수 있는 범행 장소 같아 보이지는 않는다. 누가 범행을 저질렀는가? 몰리는 자살을 한 것이다. 물론 외부 환경도 몰리가 스스로를 죽음으로 몰아가는 데 기여했을 것이다. 학교에서 괴롭힘을 당했거나, 영혼 없는 기업들이 몰리에게 슬며시 건넨 자극적인 텍스트들도 분명히 영향을 미쳤을 것이다. 하지만 나는 이 이야기에 어떻게 영향을 미쳤단 말인가?

몰리의 이야기에 얽혀 들어간 실타래를 풀기 시작하면, 이제 사실이 드러날 것이다. 그리고 우리는 우리 스스로가 몰리와 연결된 시스템에 참여하고 있음을 알게 된다. 하지만 실타래를 풀기 전에 우선 몇 가지 사실을 살펴보며, 익명 소비라는 개념이 그 스스로 약속한 바를 지키고 있는지 점검해 보고자 한다.

확실히 짚고 넘어가야 할 첫 번째 사실은 바로 외로움은 사람을 죽인다는 것이다. 코로나 팬데믹 후에 이런 주장은 뭐 당연해 보일 수 있지만, 외로움의 그 잔혹하고 치명적인 힘을 자각하는 것이 중요하다. 2010년에 발표된 한 메타 연구는 35년간 외로움에 대한 학술 논문 70개를 비교한 끝에, 외로움이 사망 위험을 약 30퍼센트 높인다는 결론에 이르렀다. 특히나 젊은 층의 경우에 이런 위험이 더 두드러지는 것으로 나타났다. 이 메타 연구가 비교한 몇몇 논문은 심지어 외로운 사람의 조기 사망 위험이 건강한 사회관계를 맺고 살아가는 사람보다 약 50퍼센트 더 높다고 말한다. 그에 따르면 외롭게 사는 것은 건강에 하루 담배 15개비를 피우는 것에 맞먹는 악영향을 미친다.

2019년, 즉 코로나 팬데믹 이전에 발표된 한 연구에 따르면 전체 독일인의 약 17퍼센트가 지속적으로 또는 자주 외로움에 시달리는 것으로 나타났다. 독일 연방의회의 주도하에 이루어진 한 메타 연구는 외로움으로 힘들어하는 인구의 비율을 10~20퍼센트로 추정한다. 이제 모든 흡연자의 3분의 2가 흡연으로 말미암아 사망한다고 가정하고, 독일 연방의회의 추정치 중 가장 보수적인 추정치인 10퍼센트를 적용하면, 이어지는 몇 십 년간 사망자 20명 중 1명이 외로움으로 말미암는다는 계산이 나온다. 아울러 우리가 6장에서 살펴본 장시간 노동 시간의 경우처럼 귀인 연구와 "1000번의 칼질로 말미암은 죽음"의 의미에서 더 많은 사망 요인이 외로움으로 인한 것일 수 있음을 상기해야 할 것이다. 외로움은 직접적으로도 사람을 죽인다. 그러나 또한 외로움은 알코올 중독·비만·영양 부족·운동 부족 등을 유발하고, 이로 인해서도 사람이 죽을 수 있다.

이 모든 것은 좋게 들리지 않는다. 하지만 내가 이런 문제들이 유발되는 데 무슨 기여라도 했단 말인가? 눈앞에 그려지는 전형적인 외로움의 이미지는 그저 너무 말이 없어서 친구가 없는 아이나 "특이한 여동생"(앞에서 몰리의 유서를 인용한 말—옮긴이) 정도가 아니던가.

그러나 그러는 동안에 외로움이 시스템적 위기이며, 이 위기에 우리 모두가 관여되어 있다는 사실이 명백해졌다. 그 심각성과 만연성에서 이런 위기는 최근 몇 년간 새로운 차원에 도달했다. 이것은 시스템적 위기인 동시에 시스템으로 말미암은 위기다.

우리는 외로움이 확산하는 데 어떻게 기여를 하는 것일까? 언어적·신체적 학대는 사람을 위축시키고 고립시킨다. 우리 중 많은 사람은 스스로도 알지 못하는 사이에 이런 일에 기여하고 있을지도 모른다. 이런 광범위한 학대의 세계는 성적 학대의 경우와 별로 다르지 않다. 여성 넷 중 하나가 성적 학대 혹은 신체적 폭력을 경험한 적이 있다고 말한다. 반면 남자들은 자신들이 결단코 무죄라고 단언한다. 이것은 통계적으로 맞지 않는 일이다. 우리 중 많은 사람이 왕따나 그 비스름한 것을 해보았다고 보는 것이 옳다. 오늘 그렇게 하고 있지 않다면, 어제 혹은 그저께 그렇게 했는지도 모른다.

하지만 내가 여기서 다루고자 하는 것은 그런 경우들은 아니고, 눈에 띄지 않게, 살금살금 진행되는 폭력의 형태다. 이런 폭력은 우리가 다른 사람이나 세상에 적극적으로 가하는 형태가 아니라, 우리 스스로 집 안으로 쏙 들어가 버리는 형태로 나타난다. 우리는 세상을 거절하면서 폭력을 행사한다. 그게 뭐지? 하고 이맛살이 찌푸려진다면 자녀들에게 적극적으로 폭력을 가하지 않아도, 그들을 그냥 무시해 버리고 무관심으로 일관하는 것이 얼마나 그들에게 커다란 박탈이 될 수 있는지를 생각해 보라. 그동안 이런 식의 행동은 마땅하게도 명백히 학대로 간주되어 왔다.

우리는 삶을 특정 형태의 소비자 관계로 축소시키는 가운데 세상에서 물러나 버린다. 이것은 특히 두 영역에서 두드러진다. 첫 번째로는 우리가 물건을 구입하는 방식이다. 이미 코로나 팬데믹 이전에도 우리는 가처분 소득(개인 소득 중 자유롭게 소비하거나 저축할 수 있는 소득—옮긴이)의 25퍼센트를 온라인으로 지출했다. 이런 비율은 코로나 팬데믹 기간을 지나면서 증가했다. 이제 몇 십 년 되지 않아 모든 시장 거래의 4분의 1에서 3분의 1이 사람들이 서로 한마디도 말을 나누지 않는 가상공간으로 옮아갈 것이다. 이런 추세로 인해 스몰 토크는 사라지고, 그와 더불어 마음을 전하거나, 작은 일화가 만들어지거나, 인사를 나누는 등의 그 모든 소소한 나눔은 없어져 버릴 것이다. 굳이 이런 추세가 아니라도 할인마트에서 진열장을 채우고 있는 직원하고 무슨 개인적인 대화를 나누겠느냐는 생각이 드는가? 그런 생각이라면 자신이 이런 악순환의 시작점에 서 있을지도 모른다는 점을 자각해야 할 것이다. 이 점에서 인간은 쥐와 비슷할지도 모른다. 쥐는 더 오래 고립되어 사육될수록 새로운 쥐와 관계 맺기를 힘들어한다. 여하튼 여기서는 온라인 쇼핑만이 문제가 아니다. 철물점이나 가구점이나 마트에서도 점점 셀프 계산대가 늘어나는 추세이며, 맥도날드에서도 화면으로 주문을 한다. 그리하여 일상의 거래 행위에서도 인적 요소가 점점 더 줄어들고 있다. 이 모든 것은 외로움을 키운다.

두 번째로는 우리가 여가 시간에 무슨 활동을 하며 즐겁게 지내는가 하는 것이다. 즉 즐겁게 지내는 방식에 대한 것이다. 여가 시간에 어떤 소비를 선택하는가. 책을 읽거나 영화를 보는 경우, 우리는 운이 좋으면 그곳에서 만나는 인물들과 관계를 맺는다. 그리고 그 관계들은 삶을 풍요롭게 하고, 감정 자본을 축적하도록 도와준다. 이런 감정 자본을 우리는 실생활에서 유용하게 활용할 수 있다. 심리학자이자 작가인 키스 오틀리는 이런 방식으로 우리는 "인간으로 살아가는 기술"을 훈련해 왔다고 말한다. 이번 장의 시작 부분에서 했던 이야기도 이미 이런 연관을 보여주었다. 하지만 밈이나 인스타그램 피드를 클릭하는 것으로는 유감스럽게도 이와 비슷한 선물을 받지 못한다. 이런 식의 소비는 우리 스스로를 해치거나 죽일 뿐 아니냐고 이의를 제기할지도 모르겠다. 하지만 우리가 그런 콘텐츠를 스스로 어마어마하게 만들어내면서, 우리 스스로도 범죄 현장에서 활동하고 있다. 우리의 레퍼토리는 방대하다. 우리는 그 모든 것을 만들고 더 많이 만든다. 게시, 재게시, 공유, 트윗, 좋아요, 싫어요 등. 이런 방식으로 우리는 엔터테인먼트 콘텐츠의 소비자일 뿐 아니라 생산자이기도 하다. 한편, 실리콘 밸리의 기술 회사들은 바로 이런 주장으로 사회적 책임을 모면하고자 한다. 즉 콘텐츠를 생산하는 건 우리들 자신이고, 페이스북은 콘텐츠를 배포할 뿐이라고 말이다.

기업들은 자신들의 콘텐츠를 가장 많이, 가장 오래 보게끔 하려고 경쟁을 하면서, 소설에서는 보기 드문 기술을 사용한다. 온라인 엔터테인먼트 세계와는 달리 소설은 소비자의 뇌에서 도파민을 분비시키는 자극을 만들어내도록 만들어져 있지 않다.

디지털 바가 실제 술집을 대체하고 있다. 이런 현상이 장기적으로 어떤 결과를 빚을지 의식하지 못한 채 말이다. 물론 술집이 죽어가는 건 당연한 결과다. 우리의 온라인 소비가 나쁜 엔터테인먼트의 확산에 책임이 있다는 사실이 믿기지 않을지도 모르지만, 우리는 점점 세상에서 발을 빼고, 엔터테인먼트 소비를 점점 개인화함으로써 공동체를 위험에 처하게 하고 있다. 일례로 21세기의 첫 10년간 함부르크의 술집 수는 절반으로 줄었다. 얼마나 많은 사랑스러운 밴드들이 술집과 함께 사장되었을까?

술집을 생각하면 종종 북런던에 사는 마사라는 이름의 나이 지긋한 부인이 떠오른다. 런던에 살 때 나는 마사와 같은 펍에 다녔다. "더 알마(The Alma)"라는 이름의 펍으로, 매주 금요일마다 그곳에서 라이브 음악이 연주되었는데, 문외한인 내가 듣기로 아일랜드 전통 음악 같았다. 더 알마는 젊은 분위기의 멋진 펍이었다. 마사 할머니는 금요일마다 펍에 와서는 늘 같은 테이블에 앉았다. 음악을 연주하는 밴드 옆쪽 창가 테이블로, 그곳에 앉아 그녀는 음악을 즐기고 술을 마시고 춤을 추고, 드나드는 모든 이들과 이야기를 나누었다. 어느 금요일 저녁 마사가 나타나지 않자, 펍에 온 사람들 절반은 마사가 어디 갔냐고 궁금해했다. 그러다 10시 조금 못 되어 드디어 마사 할머니가 나타나자 우레와 같은 박수가 터져나왔다. 이 장소가 마사 할머니에게 행복감은 물론이거니와 인생에서 더 많은 연수를 누리게 해주었으리라.

일본은 세계 최초의 소설이 탄생한 나라일 뿐 아니라, 1980년대에 "고독사"라는 용어가 맨 처음 생겨난 나라이기도 하다. 고독사는 주변과 단절된 채 살던 사람이 아무도 모르게 생을 마감하는 현상을 일컫는다. 이런 사람은 죽은 뒤 몇 달, 심지어 몇 년 뒤에야 발견되기도 한다. 아울러, 이렇게 혼자 죽음을 맞이하는 것은 나이 든 이들의 특권만은 아니다. 고독사에 대한 통계를 집계하는 몇 안 되는 도시 중 하나인 도쿄에서 고독사로 사망하는 사람 넷 중 하나가 60세 미만이다. 어쨌든 마사 할머니는 고독사하지 않을 것이다. 펍에 드나드는 모든 사람이 그녀의 친구이기 때문만이 아니라, 가상 사회 네트워크와는 전혀 다른 네트워크 안에서 살아가고 있기 때문이다. 그건 그렇고 일본에는 과로로 인한 죽음을 일컫는 "과로사"라는 말도 있다.

"더 알마" 건너편에는 "직공의 팔(The Weavers Arms)"이라는 또 다른 펍이 있었다. 직공의 팔은 노동자 계급의 오래된 자부심을 높이 세워주는 분위기의 펍으로, 드나드는 사람들의 분위기도, 드나드는 사람들의 연령대도 더 알마와는 달랐다. 평균 연령이 더 알마 손님들의 약 두 배에 가까웠다. 그러나 두 술집 모두 연고가 별로 없는 사람들이 섞여 뭔가를 마시고, 잡담을 나누고, 때로는 함께 자연스레 침묵할 수 있는 곳이었다. 작은 공동체였다. 어떤 사람이 저녁 내내 사람들과 한마디도 섞지 않는다고 해도, 함께 음악을 듣고, 공동의 유대감으로 연결되어 있었다.

공동의 유대감으로 연결되려면 경험과 공간을 공유해야 한다. 하지만 점점 원자화되어 가는 현대 사회에서 이런 유대감은 희귀한 것이 되어가고 있다. 원자화된 사회에서 엔터테인먼트 소비는 주로 바지 주머니 속에 든 12~15센티미터짜리 모니터를 통해 이루어진다. 이런 화면이 우리의 주의력을 송두리째 요구하며 20대는 이런 화면을 들여다보며 보내는 시간이 매일 네 시간에 이른다.

내가 좋아하는 프랑스 랩 송 중 하나인 소프라노(Soprano)의 〈나의 소중한(Mon précieux)〉은 바로 이런 주제로 노래를 한다. "난 진짜로 살아가는 대신, 너와 삶을 나눌게." 여기서 너는 스마트폰이다. 가사와 음악은 으스스한 분위기로, 우리가 너무나 잘 아는 생활 방식을 이야기한다. 우리는 아침에 깨어나자마자 가족에게 잘 잤냐고 묻기도 전에 핸드폰을 먼저 들여다보지 않는가. 소프라노는 마지막에 모든 걸 유튜브로도 다 볼 수 있는데 콘서트에는 뭐 하러 가냐고 묻는다. 그리고 노래가 끝날 때 시리와 비슷한 음성으로 "39개의 새로운 친구 요청이 있습니다. 좋아요가 120개 있습니다. 지난 두 달간 친구를 보지 못했어요. 당신의 디지털 라이프: LOL"이라는 말이 나온다.

우리 주변에서 인터페이스는 어떤 모습이며, 거기서 핸드폰은 어떤 역할을 하는가? 방금 말한 네 시간은 우리가 이미 본 것이나 무엇을 보려고 하는지에 대해 생각하는 시간까지 포함한 것이 아니라, 순전히 화면을 보는 시간 그 자체만 헤아린 것이다. 컴퓨터 앞에서 보내는 시간도 계산하지 않은 것이다.

이 모든 행동 방식은 어쩔 수 없이 외로움에, 죽음을 부르기도 하는 외로움에 기여한다. 익명의 소비를 선택함으로써 우리는 사람을 죽이고 있다. 이미 말했듯이 거기서는 상당한 자기 파괴적 힘도 작용한다. 하지만 우리는 스스로를 고립시킬 뿐만 아니라 다른 사람들의 외로움도 만들어낸다.

기술과 그와 연결된 진보는 우리가 살펴보는 모든 범죄 현장에서 양가적인 역할을 한다. 기술은 우리가 화석 연료를 아주 대규모로, 아주 많은 목적을 위해 사용할 수 있게끔 했고, 그로 말미암아 기후 변화가 문제로 대두되도록 만들었다. 하지만 기술은 우리에게 또한 풍력과 수력, 태양 에너지를 효율적으로 사용할 수 있도록 하여, 화석 에너지원에만 의존하지 않게 해주기도 한다. 플라스틱을 만드는 것도 기술이지만, 플라스틱 대체품을 만드는 것도 기술이다. 또한 기술은 노동력을 더 효율적으로 착취하게끔 하지만, 근로자를 위한 새로운 안전 기준을 가능케 해주기도 한다. 그리하여 가령 지난 세기 동안에 산업 국가에서는 광산 매몰 사고가 현격히 줄어들었다.

익명 소비도 마찬가지로 이렇게 양가적인 면이 있다. 샤오이스(Xiaoice)는 마이크로소프트사의 챗봇으로, 인공 지능을 기반으로 기능하며, 약 6억 명의 사용자 혹은 친구와 대화를 하고 있다. 파워 유저는 샤오이스를 29시간 연속으로 사용하면서, 이 챗봇에 정체성, 성별, 심지어 얼굴까지 만들어주었다고 한다. 이제 유리잔이 반쯤 비어 있는 것이 아니라 반쯤 차 있다고 보는 낙관주의자들은 샤오이스가 사용자들에게 최소한 사회적 관계를 맺고 있는 듯한 느낌을 중재해 주기에, 외로운 이들에게 도움이 될 거라고 이야기할 것이다. 현대의 겐지나 안나 카레니나 역할을 한다고 말이다. 진짜 사람처럼 생긴 샤오이스의 남매로, 외로운 노인 남성(때로는 젊은 남성도)의 상대를 해주는 섹스로봇에 대해서는 양가적인 면에서의 판단이 더 쉽지 않다.

2020년에 발표된 한 연구는 이런 종류의 챗봇이 기분을 좋게 해줄 수 있다고 말한다. 이 연구에 소개된 한 사용자는 외롭든 그렇지 않든 우리 모두가 단박에 이해할 수 있는 말을 했다. 챗봇이 언제나 즉각적인 반응을 해주어 좋다고 말이다. 또 다른 사용자는 "새로운 친구를 얻은 느낌!"이라고 했다.

그러나 소셜 미디어에 대한 대부분의 연구는 "소셜 미디어를 오래 사용하면 오프라인 활동에 점점 흥미가 떨어지고, 집중력이 저하되며, 피로감이나 외로움에 시달리게 된다"는 점을 강조한다. 이 문제에 대해 아직 명확한 결론이 나오지는 않았지만, 분명한 것은 현재 우리 모두가 오프라인 활동이 줄어드는 것이 정신 건강과 전반적인 삶에 어떤 의미를 갖는지를 주제로 한 대규모 실험에 참가하고 있다는 사실이다. 실험 결과가 어떻게 나올지 우리는 알지 못한다. 페이스북 혹은 메타의 전략이 먹혀든다면, 가상 세계에 대해 굉장히 좋은 평가가 나올 수도 있다. 페이스북은 우리가 실세계를 완전히 등지도록 엄청나게 노력하고 있으니 말이다.

이미 말했듯이, 우리의 사회적 공감 능력과 사교성은 사람들과의 실제 관계를 통해서만 커지는 것은 아니다. 영화도 다른 사람과 연결되어 있다고 느끼게 해줄 수 있다. 책도 마찬가지다. 최근의 한 연구는 독서가 어느 정도로 외로움을 예방해 주는지 정량적으로 증명하고자 하기도 했다. 화면과 스피커는 지구 반대편에 있는 사람의 모습을 보고 그가 하는 이야기를 들을 수 있도록 해준다. 하지만 우리는 화면을 뚫어져라 응시하는 가운데 서로에게 다가가기보다 서로에게서 등을 돌리고 있을 때가 너무나 많다. 레프 톨스토이나 무라사키 시키부, 스티븐 스필버그와 쿠엔틴 타란티노는 우리를 자신의 세계로 데려가지만, 그 뒤에는 다시금 현실 세계로 돌려보내 준다. 그러나 소셜 미디어는 부분적으로는 정말 끝없이 취하게 하는 듯 돌려보내 주려 하지 않는다. 그렇게 보이는 것은 우연이 아니다.

우리를 (만나지 못하게) 갈기갈기 흩어놓는 것은 소셜 미디어만이 아니다. 2021년 12월, 아마존이 몇몇 유럽 국가와 아마도 유럽 외의 지역에도 내보낸 광고 영상을 보고 내내 마음이 혼란스러웠던 기억이 있다. 그 광고는 코로나로 인한 록다운 기간의 전형적인 상황을 다룬 것으로, 외롭게 떨어져 있는 이런 때에 서로에게 아마존 패키지 선물을 하면서 서로 마음을 나누라고 부추겼다. 광고의 마지막 부분에는 "따뜻함이 최고의 선물입니다"라는 슬로건이 나왔다. 문제는 가상의 익명 소비가 세상의 따스함을 다 잡아먹는다는 것이다. 택배 서비스로 집까지 배달되는 선물, 노키아의 광고 슬로건에 따르면 이른바 "사람을 연결하는" 데 기여하는 선물로 시장 안팎의 인간적 만남은 차단되고 만다. 영화 〈크래시〉의 오프닝 장면에서, 다시 한번 그 결과가 극명하게 제시된다. "LA에서는 아무도 너를 건드리지 않아. 우리는 늘 이 금속과 유리 뒤에 있거든. 건드려지는 게 너무나 그리운 나머지 우리는 서로 충돌하는 것 같아. 뭔가를 느낄 수 있도록." 우리가 집 안 네 벽 안에 스스로를 고립시키면 당연히 움직이는 일이 줄어든다. 세계보건기구에 따르면 운동 부족은 네 번째로 흔한 사망 원인으로 매년 320만 명이 운동 부족으로 사망한다. 학자들이 충분하다고 보는 신체 활동의 문턱이 얼마나 낮은지를 생각하면, 일하다 죽는 사람보다 움직이지 않아서 죽는 사람이 더 많다는 사실에 말문이 막힌다. 보통 주중 150분, 매일 20분만 족히 움직여주면 그리 지장이 없다고 보기 때문이다. 우리가 더 이상 움직이지 않기에 우리는 다른 사람에게로도 더 이상 가지 않는다. 그로써 다른 사람도 움직이지 않도록 만든다. 우리는 서로의 불이익을 위해 결탁하고 있는 것이다.

개개인은 행동력을 가지고 있고, 기업은 더더욱 그러하다. 이와 관련하여 트리스탄 해리스보다 더 영향력 있게 아픈 부분을 진단하는 사람은 거의 없을 것이다. 구글에서 디자인 윤리학자(정말로, 이런 직업이 존재한다!)로 일했던 트리스탄 해리스는 휴먼 테크놀로지 센터(Center for Humane Technology)를 설립했고, 그때부터 기업이 어떻게 우리를 소셜 미디어에 중독되게 하고, 온라인 행동을 조종하는지를 규명하는 일에 삶을 바치고 있다.

우리는 아직 법정이 아니라 범죄 현장에 있다. 그러나 몰리나 샤오이스를 보면, 기업이 알고리즘을 이용해, 콘텐츠를 미끼처럼 배포하여 소비자들을 현실 세계에서 빼내어 가상 세계로 끌어들여, 소비자들에게 해를 입히고 있음에 의심의 여지가 없다. 여기서 일어나는 일들 일부는 파렴치하고 비양심적인 일들이며, 일부는 시장 논리를 따른다. 일부는 위선적이긴 해도 사람들을 연결시키려다가 일어나는 부작용이다. 이런 양가적 결과들을 각각 얼마나 중요하게 볼지와 상관없이 어쨌든 이런 글로벌한 실험에서는 기업들이 중요한 역할을 한다. 우리는 처음에 외로움이 건강에 미치는 영향을 흡연과 비교했다. 그렇다면 이와 관련하여 정치적 대응책을 개발하지 않는 이유는 무엇일까? 소셜 미디어를 제공하면서 이것이 미치는 건강상의 위험을 충분히 경고해야 하는 것이 아닐까? 무엇이 그런 아이디어를 가로막고 있을까? 연령 제한을 두거나, 중독 가능성을 경고해야 하지 않을까? 유해한 콘텐츠가 기업의 자율 규제로만 걸러지는 이유는 무엇일까? 소셜 미디어 디톡스를 위한 사회적 뒷받침은 대체 어디에서 이루어지고 있는가? 사회적 자성과 비난의 목소리는 왜 그리도 계속 밋밋한가?

강력하게 익명 소비를 선도하는 기업들은 우리 삶의 세계를 변화시킬 뿐 아니라 금융 시장의 구조도 바꾸고 있다. 그로써 그들은 우리의 저축이나 연금으로 이루어진 자금을 흡수하는 시스템도 변화시키고 있다.

세계 10대 기업 순위를 보면 이 점이 분명해진다. 목록의 가장 위에 있는 1, 2위 기업은 우리의 익명 소비를 가능케 하는 기술을 제공해 주는 애플과 마이크로소프트다. 한편 애플과 마이크로소프트 모두 애플 TV+나 마이크로소프트 비디오 게임을 통해 스스로를 미디어 회사로 내세우고자 한다. 3위는 아마존, 4위는 구글의 모회사인 알파벳이다. 이어 자동차 회사인 테슬라가 5위에 랭크되었으며, 메타 플랫폼스, 즉 페이스북이 그 뒤를 따른다. 메타 플랫폼스가 이렇게 후순위로 물러난 것은 (2022년 7월 기준으로) 작년에 시가 총액의 절반인 약 5000억 달러가 증발해 버렸기 때문이다. 한창 좋을 때는 페이스북 하나만 해도 독일 증시에 상장된 회사들 거의 절반을 합친 것과 가치가 맞먹었다. 10대 기업 목록 1위인 애플의 시장 가치는 독일 증시에서 거래되는 모든 회사의 시장 가치를 합친 것보다 더 높다.

시가 총액에 변동이 있는 것은 현대 투자 세계에서는 일상에 속하는 일이다. 이런 변동은 선진국(미국, 캐나다, 서유럽, 일본, 오스트레일리아, 이스라엘 등) 증시에 상장된 모든 기업의 80퍼센트를 아우르는 (자본 가치를 기준으로 하는) 주가 지수인 선진국 지수(MSCI World)에 반영된다. 선진국 지수는 금융 시장과 관련한 일종의 바로미터다. 이것은 (금융) 세계가 어떻게 돌아가고 있는지를 알려준다. 그리하여 선진국 지수에 따르면 정보 기술 분야에 속하는 기업들이 전체 가치의 약 5분의 1 또는 22퍼센트를 차지한다. 세계 4대 기업(애플, 마이크로소프트, 아마존, 알파벳)이 현재 상태로 전체에서 14퍼센트를 차지하고 있다. 사실 많은 사람이 생각하는 것과는 달리 아마존은 정보 기술 분야로 들어가지 않지만 말이다. 선진국 지수는 1539개의 기업을 포괄한다. 그리하여 이런 지수를 결혼 피로연에 빗대어 설명하자면, 1539명의 손님을 위해 준비된 모든 음식과 음료 중 215인분이 신랑 신부와 두 증인의 몫으로 제공된다는 것이다.

선진국 지수에서 정보 기술 분야에 속하는 기업들이 차지하는 비중이 22퍼센트라는 점을 다시 상기하고, 아마존을 이 부문의 말하자면 명예 회원으로 받아들이면, 이것은 전형적인 선진국 지수 투자자 한 사람은 4유로 중 1유로를 익명 소비를 촉진하는 기업에 넣고 있다는 뜻이 된다. 그렇게 하는 것은 심지어 영리한 일일지도 모른다. 우리가 하루 중 깨어 있는 시간에 4초 중 1초 비율로 화면을 보면서 보내니만큼, 4유로 중 1유로를 화면이나 화면 콘텐츠를 만드는 기업들에 투자하는 것은 당연해 보인다. 물론 이렇게 하는 사람은 익명 소비라는 치명적인 일에 가담하는 공범이 되는 것이다.

이번 장에서는 아직 킬 스코어를 산출하지 않았다. 규모를 정확히 정량화할 수 없고, 이에 대한 연구는 걸음마 단계에 있기 때문이다. 3장에서 나는 범죄 현장을 방문하며 킬 스코어를 따져보겠다고 약속했지만, 익명 소비는 제2부의 다른 장들보다 더 아직 미지의 영역이다. 그러나 약간의 계산은 할 수 있다. 유럽 거주자 10명 중 1명이 외로움에 시달린다고 가정해 보자. 그리고 이렇게 외로운 사람 10명 중 1명이 그로 인한 건강 문제를 겪고 있으며, 건강이 좋지 않은 10명 중 1명이 그로 인해 때 이른 죽음을 맞게 된다고 해보자. 그러면 유럽에서 대기 오염보다 외로움으로 죽는 사람이 더 많다는 결과가 나온다. 1년에 약 50만 명의 희생자를 내는 것으로 나오기 때문이다. 이런 현대인의 외로움은 많은 부분 익명 소비 탓이다. 물론 그 탓만은 아니지만 말이다. 따라서 이렇게 계산하면 익명 소비로 인한 킬 스코어는 폐기물이나 배기가스와 비슷한 규모를 띠는 것으로 나온다.

물론 우리는 조심조심 살얼음 위를 걷고 있는 형편이다. 그러나 외로움의 사회적 파장과, 그로 인해 죽음의 위험이 계속 증가하고 있음은 명백히 증명된 사실이다. 흡연자의 3분의 2가 흡연으로 사망하고, 외로움이 줄담배를 피우는 것과 맞먹는 건강상의 위험을 동반한다면, 현재와 같은 추세가 계속될 경우, 외로움은 21세기 최대의 킬러로 등극할 전망이다. 10퍼센트의 10퍼센트의 10퍼센트로 외로움의 킬 스코어를 산정한 내 보수적인 추정치는 오늘날에는 좀 심하게 부풀려진 것이라거나 잘못 계산된 것이라고 거부당할 수 있다. 그러나 몇 년 뒤에 더 정확한 산정이 나오면, 아마 그것이 그리 부풀려진 수가 아님이 드러날 것이다. 지금 이렇게 보수적으로 추정을 해보는 것은 잠재적 피해 규모를 기록하고, 그것을 다른 범죄 현장과 연관시켜 우리의 발자국을 추적해 보려 해서다. 학술 연구는 문학적 꽃봉오리들로 가득한 보물창고가 아니다. 사회에서 가속되는 외로움과 관련해 울려 퍼지는 백조의 노래는 결코 아름답게 들릴 필요가 없다. 때로는 그냥 단순한 진실이 더 적절하다. 카산드라 알카라즈(Kasandra Alcaraz) 팀은 사회적 고립이 미국 내 다양한 민족 집단에 미치는 영향을 분석하고는 "사회적으로 고립된 성인을 찾아내어 도와줌으로써 인구의 건강을 개선할 수 있다"는 단순한 결론을 내렸다.

우리가 외로운 성인들에게 무관심한 채, 익명성을 끊어내지 못하고, 주변 사람들과 일상적으로 함께하는 일에 실패할 때, 우리는 인류 재앙의 공범자가 된다. 익명의 소비는 우리가 지금까지 돌아본 네 가지 범죄 현장 중 하나다.

다른 그 어느 범죄 현장에서도 익명의 소비에서만큼 외부에서 우리의 발걸음을 조종한다는 느낌을 받지 못했다. 다른 어느 곳에서도 본능이 우리의 행동을 몰아가고 있음을 이토록 실감한 적은 없었다. 인류는 인간의 저속한 본능과 충동을 조작하는, 혹은 덜 냉소적인 단어를 쓰자면, 본능과 충동을 만족시키고 채워주는 기업들의 피해자가 되고 있다. 모든 것이 문 앞에 배달되는 세상에, 앞으로 직접 장 보러 나가려면 얼마나 귀찮은 마음을 극복하고 집을 나서야 할까?

맛난 먹거리와 와인, 책장과 침대까지도 클릭 몇 번이면 집으로 배달되는 것을 사람들은 현대가 낳은 기적처럼 여긴다. 아름다운 신세계의 징표로 말이다. 이런 세계의 이면은 사람들이 이제 현실 세계에서 발을 빼고 있다는 사실이다. 이런 아름다운 신세계 내부에도 이면들이 있다. 그중 가장 중요한 이면은 이 이야기의 마지막 범죄 현장인 전쟁과 분쟁이다.

08

전쟁과 분쟁

폭력은
카운터 폭력(그에 대응하는 폭력—옮긴이)을 낳고
카운터 카운터 폭력을 낳고
카운터 카운터 카운터 폭력을 낳고
카운터 카운터 카운터 카운터 폭력을 낳고
카운터 카운터 카운터 카운터 카운터 폭력을 낳고
카운터 카운터 카운터 카운터 카운터 카운터 폭력을
낳는다

—**한스페터 크라우스**(Hans-Peter Kraus),
《**우리의 아름다운 기관총**(Unser schönes Maschinengewehr)》

19구의 시신. 새벽 5시 30분, 멕시코의 블레바르 인두스트리알 위를 지나는 고가 난간에 줄에 매인 채로 매달린 남성 7명, 여성 2명의 시신이 발견되었다. 이어 근처 육교 아래에서는 남성 6명, 여성 1명의 시신이 발견되었다. 나머지 시신은 암플리아시온 레볼루시온 지구에서 발견되었고, 다수가 사지가 절단된 채였다. 모두가 폭력에 희생되었음을 말해주고 있었다.

2006년 마약 전쟁이 시작된 이후 멕시코에서는 이렇게 시신을 공개적으로 '전시'하는 일이 드문 광경이 아니게 되었다. 많은 사람은 위에서 말한 19명이 목숨을 잃은 우루아판 지역을 21세기 멕시코 마약 전쟁이 시작된 발원지로 본다. 이런 폭력 분쟁의 와중에 약 25만 명이 사망했다고 한다. 2001년 이후 이라크와 아프가니스탄 전쟁에서 숨진 사람들보다 많은 수다.

하지만 앞서의 그 19명은 마약 전쟁에 희생된 것이 아니다. 신문 보도에 따르면 그들의 죽음은 전혀 다른 상품, 즉 아보카도 때문이다. 1장에서 잠시 이야기한 바 있는데, 이제 아보카도 스무디를 홀짝이는 베를린 프렌츨라우어 베르크 지역의 여피들의 발자국은 더 커지는 듯하다. 마트나 물류센터에서 일하는 동향인들은 안중에 없다는 지적을 받을 만할 뿐 아니라, 오후의 태양 아래 즐기는 아보카도 퓌레건 베를린 나이트클럽의 마약이건 간에, 그들의 삶의 방식이 베를린 장벽 공원의 경계를 훌쩍 넘어서서 발자국을 남기는 것이다.

이 책의 도입 부분에서 이미 운을 떼었듯이 전쟁이나 분쟁과 관련이 있는 범죄 현장은 우리가 지금까지 살펴본 다른 범죄 현장들과는 다르다. 우리가 어느 정도로 책임과 죄가 있는지 정확히는 말하지 못하고 추정만 할 수 있을지라도 첫 네 곳의 범죄 현장에서는 우리가 치명적 무기를 만들어내고 있음을 부인할 수 없다. 우리의 배기구에서 나오는 이산화탄소가 일본의 어린 소년을 죽이며, 우리의 쓰레기 속 유해 물질이 후세이니를 죽인다. 하지만 전쟁과 분쟁에서는 우리의 발자국과 다른 지역에서 사람들이 저지르는 재앙 사이의 연결이 끊겨 있다. 그리하여 이 경우 범죄 현장에서의 우리의 발자국을 증명하기도 상당히 어렵다.

하지만 하나가 다른 하나와 전혀 관계가 없다고, 가령 우리가 아보카도를 먹는 것과 지구 반대편에서 19명이 살해된 것이 전혀 관계가 없다고 주장하는 것은 사리에 맞지 않는 일이다.

직접적인 영향으로 시작해 보자. 우리가 소비와 생산, 투자로 분쟁을 유발한다는 사실로 말이다. 즉, 우리가 아보카도를 먹기 때문에 멕시코에서 유혈 분쟁도 일어날 수 있는 것이다. 물론 아보카도가 아닌 마약만으로도 멕시코에서 자원을 둘러싼 갈등이 폭력으로 비화되어 치명적 결과를 빚을 것이다. 만약 그렇다면 우리는 범인을 소소한 일상이 아니라 베를린의 밤 문화에서 수색해야 할 것이다. 비슷한 사람들이겠지만 말이다.

우리가 전에 살펴본 네 곳의 범죄 현장에서는 각각 간접적 피해자들이 발견된다. 전쟁과 분쟁을 통해 무고하고 관계없는 사람들이 죽임을 당하는 현장도 이런 네 범죄 현장과 연결된다. 많은 경우 앞서의 네 범죄 현장과 '전쟁과 분쟁'이라는 범죄 현장 사이에 인과적 연결이 있음을 볼 수 있다. 분쟁 광물의 경우만 해도 그러하다. 6장에서 우리는 이미 광부들이 죽음의 위협에 노출되어 있음을 이야기한 바 있다. 하지만 이런 산업이 해당 국가들의 정치·경제적 질서를 파괴하고 갈등의 불을 지피는 것으로 말미암아 훨씬 더 커다란 피해가 발생한다.

분쟁 광물은 그 이름이 암시하듯 분쟁 세력의 자금원으로 사용된다. 분쟁 광물로 많은 돈을 벌 수 있는데, 분쟁 광물이 폭력의 자금줄이 되다 보니 분쟁을 더 부추기는 역할을 한다. 2017년에 발표된 충격적인 연구 결과에 따르면 1997년부터 2010년까지 원자재 가격이 가파르게 상승하면서, 아프리카의 광산 인근 지역에서의 폭력 행위도 증가한 것으로 드러났다. 이런 폭력 사건은 해당 국가에서 발생한 전체 폭력 사건의 14~24퍼센트를 차지한다. 연구자들은 이 외에도 무엇보다 외국 자본이 연루된 곳에서 폭력이 심화되었음을 지적한다. 희생자 수를 정확히 파악하고 시간적으로 분류하는 것은 어려운 일이다. 이 연구가 분석한 통계에 따르면 1997년에서 2010년 사이에 50만 명이 사망했다. 하지만 이것은 아마도 빙산의 일각일 것이다. 세계적인 의학 저널 〈랜싯(The Lancet)〉에 실린 연구에 따르면 아프리카에서는 1995년과 2015년에 전쟁과 폭력 분쟁으로 약 500만 명의 아동이 사망했다고 한다. 이 연구가 집계한 크고 작은 분쟁은 34개국에서 약 1만 5500건이었다.

이런 피해를 정확히 분류하는 것은 어렵다. 우선 노동과 관련한 킬 스코어를 따져봐야 하고, 그런 다음 특정 생산물(분쟁 광물)을 둘러싼 분쟁으로 말미암은 킬 스코어도 봐야 한다. 마지막으로 분쟁의 직접적 희생자들 외에 간접적 희생자도 고려해야 한다. 즉 분쟁 및 전쟁 지역에서 (다른 지역이었다면) 충분히 피할 수 있었을 질병으로, 혹은 깨끗한 물이나 기본적인 의료 서비스 부족으로 사망하는 사람들 말이다. 게다가 모든 전쟁과 갈등이 자원을 둘러싸고 벌어지는 것은 아니다. 다른 원인도 있다. 그러므로 광범위하기 짝이 없다. 여기 어디에 경계를 그어야 할까?

때로는 사망의 원인을 정확히 분류할 수 없다 해도 수를 살펴야 할 것이다. 500만 명의 아동이 사망한 것이 순전히 노동 조건으로 말미암은 사망인지, 아니면 그중 10퍼센트, 혹은 20퍼센트를 분쟁 광물로 인한 것으로 보아야 할 것인지와 상관없이 이 수는 킬 스코어의 이야기와 연관하여 살펴볼 만큼 끔찍하다.

이와 관련하여 또 다른 치명적 요인이 그 추한 고개를 들이밀고 있으니, 그것은 바로 기후 변화다. 기후 변화와 폭력적 분쟁이 서로 연결되는지, 어떤 연결고리가 있는지 전문가들의 의견이 서로 갈리는 것은 사실이다. 그러나 밸리 코우비(Vally Koubi)는 이 주제를 깊이 천착하고, 2019년 정치학 연례 보고서에 그 결과를 발표했다. 코우비는 기후 변화와 전쟁 사이의 관계 및 기후 변화와 일반적 갈등 사이의 관계를 연구하는데, 일상적 발견에 근거하여 기후 변화가 대인 갈등을 부추기고 있는 듯하다고 본다. 그녀는 2016년에 발표한 한 연구에서도 주의를 환기시킨다. 이 연구에 따르면 지구 대기 온도가 섭씨 1도 상승하면 살인사건이 평균 6퍼센트 증가하는 현상을 동반하는 것으로 나타났다. 물론 이런 폭력 행위의 지리적 분포는 아주 불균등한 듯하지만 말이다. 매년 약 50만 명이 전쟁, 분쟁, 갈등에 연루되어 사망한다고 가정하면, 지구 온도가 섭씨 2도 상승하면 추가적으로 3만 명의 사망자가 발생한다는 이야기다. 그러므로 기후 관련 킬 스코어에 관한 한 지금까지 예상했던 것보다 훨씬 더 많은 피해가 발생할 것으로 보인다.

하지만 이것이 다가 아니다. 대부분의 연구자가 더 큰 갈등을 주시하고, 전쟁과 평화에 대한 질문을 던지고 있다. 밸리 코우비는 기후 변화가 다양한 경로를 통해 파괴적 영향을 미칠 수 있음을 보여준다. 기후 변화가 대규모 이주를 부르고, 막대한 손해를 유발해 경제 발전을 힘들게 하며, 필수 원자재가 전반적으로 부족해지는 상황을 초래한다. 이 모든 현상이 얼마나 심각하게 유발될지에 대한 의견은 굉장히 분분하다. 가장 큰 문제는 기후 변화의 영향이 아직은 피부에 완전히 와닿지는 않는다는 것일지도 모르겠다. 하지만 기후 변화가 일으킬 수 있는 영향에 대한 연구 결과를 접하면 정말 가슴이 서늘해진다. 대인 관계에서 폭력이 증가한다는 것은 이미 언급했다. 지구 온도가 섭씨 2도 상승하는 것과 살인이 6퍼센트 더 증가하는 현상을 연결시키는 위에 언급한 연구 외에, 또 다른 연구는 이런 살인의 증가 위험을 2~3퍼센트로 보지만, 동시에 이를 통해 내전이 발발할 가능성이 11퍼센트 증가한다는 예상을 내놓았다.

이런 연구들이 이야기하는 폭력은 생명을 위협하는 것이다. 그 밖에 폭력은 사회적 고립으로 인도하고, 이를 통해 다시금 갈등과 분쟁이 생겨날 수 있다. 이런 현상을 연구하는 것은 기후 변화를 연구하는 것만큼이나 녹록지 않은 작업이다. 해당 연구에서는 종종 무엇이 더 먼저인지를 묻는다. 즉 암탉이 먼저냐 달걀이 먼저냐 하는 것이다. 따라서 폭력이 사회적 고립을 부르는가, 아니면 사회적 고립이 폭력을 부추기는가? 고립된 환경에 처한 쥐들에게서 공격성이 증가한다는 실험 이야기는 이미 언급한 바 있다. 2019년에 발표된 시카고의 관심 지역에 대한 연구 역시 폭력 경험과 사회적 고립 간의 연관성을 보여주는 많은 연구 중 하나다. 1989년에 나온 또 다른 연구는 25명의 폭력적 남성과 비폭력적 남성을 조사한 뒤, 폭력적 남성들의 경우 고립된 삶을 사는 경우가 더 많다는 결과를 얻었다. 그리 놀랄 일은 아니다. 어쨌든 이 연구는 외로움이 폭력의 온상이 아닐까 하는 심증을 확인시켜 주었다. 외로움은 우리의 사회성을 위축시키고 공감 능력을 떨어뜨리기 때문에 그렇지 않은 것이 오히려 이상한 일일 것이다. 미국의 총기 난사 같은 살인 사건은 물 만난 고기처럼 무리 없이 사회생활을 하는 사람들이 저지르는 일이 아니니 말이다.

이런 이야기와 보고서는 기후, 폐기물, 노동, 익명 소비와 연결된 우리의 킬 스코어가 폭력, 분쟁, 전쟁으로 말미암아 계속해서 치솟고 있음을 보여준다. 이런 증가세는 완화될지도 모른다. 기후 변화가 초래하는 간접적 결과로 3만 명이 추가로 폭력 범죄에 희생될 수 있다는 것은 이번 세기 말까지 기후 변화로 인해 수백만, 수천만이 직접적으로 희생될지도 모른다는 점을 생각하면 그리 많은 수가 아닌 듯 보이기도 한다. 그러나 사망자를 통계 수치로 환원하는 것은 내가 이 책에서 반기를 들고 싶은 일 중 하나다. 하나의 생명은 그 사람에게 전부이고, 한 사람 한 사람의 이야기가 중요하다. 전쟁과 분쟁이 인도주의적으로 해결되지만은 않는다는 건 명백하다. 유감스럽게도 현재의 연구들에 따르면 오늘날 우리는 글로벌 분쟁이 더 증가하고, 중장기적으로 이 책에서 지금까지 살펴본 네 가지 사망 원인에 의해 분쟁이 일어나고 심화되는 세계를 향해 나아가고 있는 것으로 보인다.

이런 분쟁의 특별한 점은 우리가 보통은 직접적으로 거기에 연루되어 있지 않다는 것이다. 목표를 달성하기 위해, 가령 우리가 즐겨 먹는 아보카도를 생산하기 위해 사람들을 죽이는 일이 자행되고 있다. 그러나 이 경우에는 우리의 소비가 사망의 직접 원인이 아니다. 이산화탄소는 사람을 죽인다. 폐기물이 사람을 죽인다. 노동 조건이 사람을 죽인다. 사회적 세계에서 발을 빼는 것이 사람을 죽인다. 전쟁과 분쟁은 많은 경우 이런 현상들의 간접적 결과다. 우리는 전쟁과 분쟁에 실로 직접적으로 참여하지는 않는다. 하지만 전쟁과 분쟁은 우리가 살아가는 삶의 방식을 통해 유발된다. 따라서 우리가 행하는 소비/생산/투자와 전쟁/분쟁 간의 연결은 복잡하다. 어떤 경우는 지금까지 생각했던 것보다 더 복잡하다. 우리의 시선은 자연스럽게 우크라이나 전쟁으로 향하게 된다. 내가 이 책을 2022년에 쓰고 있기 때문에, 전쟁과 분쟁을 다루면서 우크라이나 전쟁을 언급하지 않을 수는 없을 것이다.

각자가 우크라이나 전쟁을 어떻게 생각하든지 간에, 이 전쟁은 어쨌든 내가 지금까지 서술한 유형의 분쟁들과는 엄연히 다르다. 확실한 것은 우리가 소비나 생산, 투자를 통해 그 전쟁을 촉발하지 않았다는 것이다. 이런 분쟁을 둘러싸고 많은 이유가 열거되고 논의된다. 서구의 정치적 관용, 푸틴 정권을 안정시키는 경제적 상황, 오래 곪은 갈등으로 인한 굴욕과 상처, NATO와 관련한 약속들 …… 목록은 계속될 수 있을 것이다. 그러나 우리의 소비가 푸틴이 권력을 잡는 데 필요한 자금 확보에 기여했음을 인정하더라도, 그것이 우리를 결코 이런 분쟁의 유발자로 만들지는 않는다. 원인과 전제 조건에는 차이가 있다. 아보카도 전쟁이 실제로 우리가 아보카도를 먹고 싶어 하기 때문에 일어나는 건 맞지만, 우리의 소비 행동은 남의 나라에 대한 침략을 명하는 누군가가 권력을 잡기 위한 전제나 제반 조건에 속한다. 그러나 전쟁의 직접 원인에 속하지는 않는다.

그렇다. 우리는 분쟁을 직접 유발하지는 않는다. 그러나 완전히 그와 무관한 것은 아니다. 러시아에서 생산되는 연료를 소비함으로써 우리가 공범이 된다고 주장해도 과언이 아니다.

한번 반대로 생각해 보면 이 모든 일은 상당히 복잡해진다. 우리가 러시아산 화석 연료를 완전히 포기하고 러시아와의 경제적·재정적 관계를 동결하면 전쟁이 끝날까? 그러면 이 책 뒷부분의 우리에 대한 재판에서 이른바 카드가 다르게 섞일 수 있을까? 문제는 우리가 카타르에서 더 많은 천연가스를 수입하고 러시아에서 생산된 천연가스는 그냥 다른 나라에 팔도록 하면 뭔가 좀 나아지느냐 하는 것이다. 아도르노(Theodor A. Adorno: 독일의 철학자·사회학자·음악학자. 프랑크푸르트학파의 대표적인 이론가—옮긴이)의 말을 빌리자면 거짓된 삶 속에 올바른 삶이 존재할까?

우리가 얼마나 이런 문제를 논의할 준비가 되어 있지 않은지 마음이 무겁다. 물론 소비, 생산, 투자에 기인하는 우리의 발자국은 전 세계적으로 분쟁에 대한 자금 조달의 원천으로 작용한다. 글로벌화가 시작되면서 그래왔다. 우크라이나 전쟁의 발발은 많은 사람에게 충격을 안겨주었고, 전쟁의 진행 과정도 많은 사람을 놀라게 했다. 그러나 이런 유혈 사태에 정치·경제적으로 모든 세세한 사항을 고려하는 가운데 어떤 도덕적 입장을 표명하기는 쉽지 않다. 여느 경우와 마찬가지로 여기서도 죽음이 균등하게 분포되어 있지 않으며, 죽음의 유형도 동일하지 않다. 우리는 예멘에서 군사 작전을 수행하고 있는 사우디아라비아에서 석유를 구입한다. 이것은 부수적으로 진행 중인 분쟁에서 미국과 테러 조직인 알카에다가 같은 편에 있게끔 한다. 우리는 이상한 세계에 살고 있다. 물론 나는 예멘과 우크라이나 전쟁을 비슷한 것으로 치부하려는 것이 아니다. 하지만 어떤 분쟁을 다른 분쟁보다 더 중요하게 여겨서도 안 된다고 생각한다. 중요한 것은 이것이다. 우리가 다른 나라를 공격하는 나라와 무역을 하는 것을 도덕적이지 않다고 본다면, 우크라이나 전쟁이 우리가 죄를 범하는 첫 케이스가 아니라는 것이다.

하지만 이런 상황을 킬 스코어 측면에서 어떻게 평가할 수 있을까? 1장에서 이른바 녹색 채권과 관련하여 생각했던 것들이 이런 맥락에서도 도움이 될 것이다. 잠시 기억을 되살려 보자. 녹색 채권은 투자된 돈이나 펀드를 "친환경" 사업에 쓰는 금융 상품이다. 그러므로 탄소 발자국이 매년 100퍼센트 커지거나, 100개의 화력 발전소를 가동하는 기업이라도 문제없이 녹색 채권을 발행할 수 있다. 이를 위해 보잘것없는 것이라도 녹색 사업을 하기만 하면 되는 것이다. 가령 그런 기업이 자체적으로 쓰려고 전기 자동차와 전기 버스를 구입하거나 본사 건물 옥상에 태양광 시설을 설치하면, 녹색 인증을 받는다.

이런 상황을 이제 전쟁과 분쟁 논의에 적용해 보자. 러시아는 유럽에 천연가스를 수출하여 발생한 모든 수익을 행정 및 공공 서비스(의료비, 연금, 푸틴의 급여 등)에만 사용되는 특별 기금에 넣겠다고 공개적으로 약속할 수 있다. 그러면 그것은 이제 목적이 분명한 돈이 되기 때문에 푸틴은 유럽인들에게 이렇게 큰소리칠 수 있다. 걱정하지 말아요. 당신들의 돈은 전쟁과 상관이 없다니까요. 우린 여기서 "소셜 본드(Social Bond)"를 발행하고 있어요.

그러면 그의 말을 완전히 틀렸다고 할 수 없을 것이다. 러시아의 경제 규모는 연간 약 1조 5000억 달러다. 그리고 우크라이나 전쟁에 들어가는 비용은 낮게 잡으면 하루 1억 5000만~3억 달러이고 높게 잡으면 8억~9억 달러다. 추정치 사이의 폭이 큰 이유는 어떤 계산에서는 인간 생명의 가치를 고려하고, 어떤 계산은 고려하지 않기 때문이다. 내가 이 문장을 적고 있을 때 우크라이나 전쟁이 시작된 지 100일이 지났다. 전쟁이 내일 당장 끝난다면, 전쟁 비용은 총 150억에서 900억 달러 사이가 될 것이며, 이는 러시아 연간 국민 총생산(GDP)의 1~6퍼센트에 해당한다(이 총비용의 상당 부분은 일반적으로 GDP로 측정되는 현재 돌아가는 경제 활동이 아니라 사용되는 군사 기기와 다른 시설의 가치에서 발생한다. 하지만 나는 계산을 더 조망할 수 없게 만들고 싶지는 않다). 전쟁이 1년간 지속된다 하여도 전쟁 비용은 러시아 국민 총생산의 3~18퍼센트에 불과할 것이다. 여기서 "불과할 것"이라는 말은 이 문장에서 의미심장하다. 왜냐하면 물론 이것은 더 높은 추정치를 따른다면 코로나 팬데믹이 발생시킨 비용을 초과하는 어마어마한 비용이기 때문이다. 하지만 그럼에도 "소셜 본드"로 돌리겠다고 말할 여지는 늘 있다. 수출은 러시아 GDP의 28퍼센트를 차지한다. 따라서 녹색 채권과 비슷하게 특정 목적과 연결시킨 가상의 펀드를 만들 여지는 여전히 충분하다고 할 수 있다. 가령 러시아는 수출로 벌어들이는 28퍼센트를 공공 서비스와 급여에 충당하고, 전쟁 수행 비용에 필요한 18퍼센트는 러시아 국민 총생산 중 수출에 의존하지 않는 다른 72퍼센트에서 끌어오겠다고 공언할 수도 있을 것이다.

물론 러시아에 대한 불매 운동은 단순히 우크라이나 침략 전쟁에 쓸 수 있는 금전적 수단을 제공하지 않겠다는 의도만 있는 것은 아니다. 경제적 압박을 행사하여 푸틴으로 하여금 정책을 바꾸도록 하고, 인간적으로 푸틴을 힘 빠지게 하고, 최소한 전쟁과 관련한 경제적·정치적 조건을 악화시키기 위함이다. 이런 목표들은 러시아 전쟁에 자금을 대고 있는 꼴이라며 서방 국가들을 비난하는 독일 NGO 연합의 공개 성

명이 표방하는 것보다는 더 복잡하다. 이 성명에 서명한 사람들 중에서 콩알 세는 사람들은 매일매일 러시아에서 독일로 수입되는 제품들이 우크라이나 전쟁 비용의 약 절반을 충당한다고 지적한다. 독일이 러시아에서 수입하는 석유와 천연가스 값만 해도 러시아 군사 예산의 3분의 1에 달한다. 하지만 녹색 채권과 관련한 보고들을 있는 그대로 믿을 수 없는 것처럼, 거꾸로 석유와 천연가스 수입과 러시아 정치를 직접적으로 연결시키는 것 역시 문제가 있다.

다른 유럽 정치인들과 마찬가지로, 독일 연방 경제부 장관인 로베르트 하베크도 이런 연관을 격렬하게 부인했다. 하지만 그렇다고 이런 정치인들이 무역 제한과 경제 제재를 하지 않겠다고 하는 것은 아니다. 그들에 따르면 우리는 한편으로는 전쟁에 책임이 없지만 다른 한편으로는 그 결과에 영향을 미칠 수 있는 기이한 상황에 있다. 이런 논의에서 도덕적으로 무엇이라고 말을 하기가 힘들다. 하지만 많은 사람은 약간 주춤할지 몰라도, 모든 것을 싸잡아 한통속으로 몰아넣지 않는 것이 중요하다. (a) 인과 관계, (b) 자금을 대는 것, (c) 우리가 그냥 외면하려 하는 것인지는 몰라도 어느 정도 도덕적으로 정당하다고 여기는 비즈니스 관계를 맺는 것 사이에는 차이가 있다. 이 셋은 동일하지 않다.

우리의 킬 스코어는 행동에는 결과가 따른다는 단순하지만 엄격한 규칙에 근거한다. 많은 사람은 지난 20년을 돌아보고 푸틴의 행보를 눈감아 준 유럽 정치인들이 책임이 있다고 본다. 하지만 이런 태도가 전쟁으로 이어졌다고 보는 것은 우리가 소비자, 생산자, 투자자로서 우크라이나 공격에 책임이 있다고 말하려 하는 것과 비슷하게 억지스러워 보인다.

따라서 이런 현재의 갈등은 내가 이 책에서 살펴보려는 주된 현장에 속하지 않는다. 하지만 우크라이나 전쟁을 포함시키는 것은 중요하다. 우크라이나 전쟁은 우리가 우리의 발자국을 킬 스코어라는 렌즈만으로 보아서는 안 된다는 것을 상기시켜 주기 때문이다. 우리가 석유, 천연가스, 석탄을 간절히 필요로 하는 것이 블라디미르 푸틴이 부패한 체제를 세우고, 20년 동안 권력을 유지할 수 있도록 했던 것도 사실이다. 우리가 소비, 생산, 투자로 비민주적 체제를 공고히 하는 역할을 했음을 무시할 수 없다. 우리의 역할은 러시아에만 한정되지 않는다. 세계 전역, 또한 유럽 자체에서도 이루어지는 우리의 경제 관계에 영향을 행사한다. 직접적으로 우리의 킬 스코어에 영향을 미치지 않는다 해도 이것만으로도 충분히 좋지 않다.

나는 이번 장에서 전쟁을 직접적으로 유발하는가, 아니면 그냥 전쟁을 하는 쪽과 관계를 맺고 있는가를 구분하려고 해보았다. 이런 구분이 늘 쉬운 것은 아니다. 어떤 사람들은 우리가 우크라이나 전쟁에서 전쟁을 유발하는 역할을 하지는 않는다는 것, 즉 전쟁에 직접적 책임은 없다고 보는 것이 말도 안 되는 일이라고 생각할지도 모른다. 결국 우리가 계속해서 러시아산 제품을 소비하고 있기 때문이다. 다른 전쟁에서는 이런 구분을 하기가 더 힘들다. 가령 2003년 2차 이라크 전쟁이 일어난 이유는 무엇이었을까? 석유에 대한 이해관계가 여기서 작용했던 것은 기정사실이다. 이 나라에서 석유가 나지 않았다면 이 전쟁은 일어나지 않았을 것이라고 보는 것은 전혀 음모론과 관련이 없는 객관적 견해다. 우리가 간접적으로 아보카도 분쟁을 유발한다면, 우리는 마찬가지로 석유를 쓰고 싶어 하기에 이라크 전쟁도 유발한 것이다(최소한 미국인들과 유지 연합(coalition of the willing) 회원국들은 말이다].

폐기물에 관한 장에서와 마찬가지로 이번 장에서도 지난 세기 동안 석유와 가스로 말미암아 인류가 빠져 들어간 매혹적인 냉온욕을 이야기하고 싶다. 석유와 가스는 무궁무진한 에너지의 원천으로서, 경제 성장의 원동력이 되기도 했지만 엄청난 혼란을 초래하기도 했다. 좋든 나쁘든 우리 삶에 이처럼 강력한 힘을 행사한 자원은 역사상 예전에는 없었다. 그리고 유감스럽게도 이런 영향에 대한 세계사적 저울은 그동안 분명히 나쁜 쪽으로 기울고 있다.

이번 장은 지난 장과는 다르게 구성된다. 우리는 보통 때와는 달리 각각 소비, 생산, 투자로 말미암은 발자국을 살펴보지 않았다. 범죄 현장이 다르기에, 우리의 발자국도 다른 형태를 띤다. 하지만 나는 최소한 투자에 대해서는 몇 마디 하고자 한다. 투자의 예에서 전쟁과 갈등에서 대두되는 어려움이 잘 드러나기 때문이다.

우리의 이야기는 프랭클린 W. 올린이 1892년 뉴욕 나이아가라 폭포에 설립한 미국 회사 올린에서 시작한다. 올린은 전통적으로 폭약과 관련한 사업을 펼쳐왔으며, 오늘날에도 이 기업은 여전히 폭약과 화기용 탄약을 생산한다. 그러는 동안 올린은 수(水) 처리에 사용되는 화학물질과 같은 다른 제품들도 공급하고 있다. 그리하여 올린은 인베스코 S&P 글로벌 워터 인덱스(Invesco S&P Global Water Index) ETF라는 투자 펀드에서 최소 4퍼센트의 투자 비중을 갖는데, 이 펀드는 지속가능한 것으로 분류된다. 올린은 물론 수 처리에 참여하는 기업이기에 이 펀드에 들어간다. 하지만 그럼에도 이 펀드는 투자들에게 무기와 관련이 없는(weapon free) 펀드를 구입하도록 유도하고자 하는 건프리펀드플랫폼

(www.gunfreefunds.org)의 안 좋은 평가를 받고 있다. 무기와 탄약 생산업체의 비율이 가장 높은 10개 펀드 안에 들기 때문이다.

투자의 세계에는 이런 놀라운 일들이 많다. 지속가능성 분야에서는 화석 연료를 완전히 포기하고 탄소 중립적으로 투자하는 것이 가능한지가 곧잘 논의되곤 한다. 이런 논의는 무기에 대한 논쟁과 완전히 다르지 않다. "논란이 많은 무기"나, 민간용 총기 혹은 각종 군사 장비와 연루되지 않는 투자를 하지 않고자 마음먹은 투자자는 MeinFairMögen 플랫폼에서 단번에 펀드의 90퍼센트를 거르게 된다. "논란이 많은 무기" 필터만 사용한다 해도, 펀드의 절반가량이 누락된다. 모든 펀드가 어떤 식으로든 이런 무기의 생산, 판매, 혹은 공급망에 연루되기 때문이다.

올린이 좋은 예다. 이 기업은 무기를 제조하지 않고 탄약만 제조한다. 무기나 탄약이나 그게 그거 아니냐고 주장할지도 모른다. 총이 사람을 죽인다고 말한다면, 총알이 사람을 죽인다고도 말할 수 있을 것이다. 하지만 그렇다면 무기를 운반하는 도이체반(Deutschen Bahn)은 어떤가? 또는 군사용품, 군복, 산소탱크, 또는 마스크 등을 생산하는 기업은? 이런 기업들에게까지 책임을 묻는 건 좀 심하다고 여길 것이다. 하지만 이런 업체들은 러시아 원자재의 소비자들보다 군대와 훨씬 밀접하고 직접적인 관계를 맺고 있다. 그러므로 우리가 계속해서 러시아와 교역하는 것이 불편하다면, 마찬가지로 가령 전쟁 장비를 나르는 운송업체에 전쟁 책임을 면제해 주는 것도 거부해야 할 것이다. 하지만 그 반대이다. 지속가능성 분야에 몸담은 사람들 중 이런 기업들을 러시아의 공격에 대항하는 보루로 보고, 그리하여 지속가능하다고 생각하는 사람들이 아직은 소수라 해도 점점 늘어나고 있다. 오토 폰 비스마르크의 말을 빌리자면 "우리는 매순간, 기적을 본다. 그리고 아무것도 기적으로 여기지 않는다"고 해야 할까.

킬 스코어와 관련하여 상황은 분명하다. 책임과 원인이 한데 엉켜 있다. 그러다 보니 우리의 킬 스코어의 네 가지 주요 원인에 의해 유발되고 촉진되는 수많은 분쟁이 이 계산에 들어가야 할 것이다. 일련의 전쟁과 분쟁은 회색 지대에 남아 있을 수밖에 없다. 그것들은 우리의 킬 스코어 세계 밖에 있다. 그러나 그렇다고 반드시 우리의 책임 밖에 있는 것은 아니다. 우리는 다음에 이어지는 장들에서 킬 스코어에 대한 우리의 책임에 초점을 맞추고, 가해자 및 살인자와의 경제적 관계를 통해 매개되는 간접적 효과는 제쳐두려고 한다. 전쟁과 분쟁이 일어나는 곳에서는 가해자로서 우리의 흔적을 발견하기가 불가능할 때가 많다. 우리가 많은 분쟁의 불씨를 부채질하고, 범죄를 예방하기 위해 손가락 하나 까딱하지 않았을지라도 말이다. 관점을 넓힐수록, 세상에서 우리의 역할이 그리는 그림은 더 복잡해진다. 하지만 이제 이루어질 재판에서는 그런 것을 일일이 고려하지는 않으려고 한다. 우리는 이미 이번 장의 도처에서 책임에 대한 질문과 마주쳤다. 하지만 지금까지는 책임의 문제에 답하지 않았다. 여기서도, 앞의 네 범죄 현장에서도 말이다.

7장 시작 부분에 인용한 오스카 와일드의 인용문은 사람들이 원하는 것을 얻을 때 찾아오는 비극의 틀을 보여준다. 이 인용문은 아마 다섯 개의 범죄 현장 모두에 해당한다고 할 수 있을 것이다. 베를린의 래퍼 듀오 이케 앤드 에르(Icke & Er)의 노래 〈출구 전략(Exit Strategie)〉에서 이케는 이렇게 말한다. "사람들은 원하는 걸 할 수 있어. 하지만 원하는 걸 하려 하지 않아/난 말야 이런 그런 형편없는 게임에서 하차할 거야." 기후든, 폐기물이든, 노동이든, 소비든 또는 전쟁이든 누가 정말로 변화를 일구어 나가고, 재앙을 초래하는 현대적 삶의 매력에서 전적으로 벗어날 수 있을까?

이케는 래퍼로서의 그의 삶에 대해 이야기한다. 그러나 그는 또한 범죄 현장들을 돌아본 끝에 우리 모두가 더 이상 외면할 수 없는 질문을 던진다. 이케는 여기서 아르투어 쇼펜하우어의 문장을 인용한 것으로 보인다. 쇼펜하우어는 이렇게 말한다. "인간은 자신이 원하는 걸 할 수 있을 것이다. 그러나 자신이 원하는 걸 하려고 할 능력이 없다." 이케와 쇼펜하우어. 둘은 우리에게 책임을, 자유의지를, 세계사의 흐름 속에서 헤엄칠 뿐 아니라 그 흐름의 방향을 조종하고 그 영향을 결정할 능력을 촉구한다. 우리가 단연코 그 흐름을 돌릴 수 있음을 범죄 현장은 분명히 보여준다. 그러나 이 흐름이 이렇게 된 것에도 책임을 져야 하지 않을까? 우리가 아니면 누가 책임을 지겠는가?

3부

재판과 판결

09

공소장

살인은 인간들 사이에서는 오래된 습관인 듯하다. 우리는 크라니움 17(Cranium 17)이라는 이름을 가진 신사 혹은 숙녀 덕분에 이를 알고 있다. 크라니움 17은 약 43만 년 전 에스파냐 북부의 한 동굴에서 죽임을 당했다. 누군가가 무거운 물건으로 그의 두개골을 정면에서 잔인하게 몇 차례 가격했던 것으로 보인다. 그는 이런 가격 직후 곧 사망한 듯, 함몰된 부분과 부러진 뼈에는 치유가 되었던 흔적이 없다. 크라니움 17은 현재까지 알려진 최초의 살해 사건의 희생자로 보인다.

아니, 나는 좀더 유보적으로 이렇게 말해야 할 것 같다. 크라니움 17이 학문적으로 입증된 최초의 살인 사건의 피해자라고 말이다. 그로써 성서에 보면 최초의 살인 피해자는 크라니움 17이 아니라 아벨이고, 살해자는 카인이 아니냐는 독자들의 이의를 조금 잠재울 수 있을 테니 말이다. 또한 크라니움 17이 고의적으로 살해되었는지, 우발적 살인에 희생되었는지도 알 수 없다. 이제 어느 쪽이든 뭐가 그리 중요하냐고 생각하는 사람은 곧 이것이 상당히 중요하다는 걸 알게 될 것이다. 이번 장에서는 고의적 살인이냐 우발적 살인이냐를 법정 앞에서 심리하게 될 것이기 때문이다. 거기서 살인이냐 과실치사냐 하는 이른바 작은 차이는 엄청난 중요성을 지닌다.

따라서 혐의는 무엇일까? 살인일까 과실치사일까? 법은 그 발전 과정에서 과실치사는 고의적 살인보다는 덜 나쁘다는 결론에 이르렀다. 그래서 과실치사라는 말이 상당히 잔인하게 들리긴 해도 살인죄에도 이런 등급이 생기게 되었다.

가해자 목록은 크라니움 17의 동료(아마도 크라니움 3이었을까?) 혹은 카인으로 시작된다. 어쨌든 인간은 직립 보행을 하고 언어를 능숙하게 사용하게 되자마자, 살인을 저지르기 시작했다. 이것은 인간 조건(conditio humana)의 일부라 할 것이다. 가해자에게 유죄 판결을 하는 재판의 역사는 변화를 거쳤다.

나는 18세기 영국 법률가인 윌리엄 블랙스톤에 의거하여 킬 스코어에 대한 우리의 법적 책임을 판단해 보려고 한다. 법사학자 윌리엄 설 홀즈워스는 윌리엄 블랙스톤이 얼마나 역사적으로 중요성을 지니는지를 이렇게 정리해 놓고 있다. "블랙스톤의 주요 저서 《영국법 주해》가 당시에 쓰여지지 않았더라면, 미국이나 그 외 영어를 쓰는 나라들이 이른바 관습법을 채택했을까? 내가 보기엔 매우 의심스럽다." 그러므로 블랙스톤의 견해를 좀 살펴보는 것은 의미가 있을 듯하다. 이번 장에서 우리가 법적 심리에 활용할 기준은 바로 블랙스톤이 살인의 정의를 내리는 데 기초로 삼고 있는 기준이기 때문이다.

블랙스톤은 공교롭게도 변호사로는 그다지 승승장구하지 못해서 법률 문제에 대해 글을 쓸 시간을 확보할 수 있었다. 그는 고의적 살인에는 여섯 가지 특징이 있다고 주장한다. 이 여섯 가지 요건을 여기서 짧게 열거한 뒤, 차츰 자세히 살펴보기로 하자.

1. 사람이 죽는다.
2. 누군가가 이 죽음을 야기했다.
3. 이 누군가는 다른 사람이다.
4. 이 살인은 불법적으로 저질러졌다.
5. 이 살인은 범죄적 작위 또는 부작위의 결과이다.
6. 이런 작위 혹은 부작위는 악의적 의도에 근거한다.[10]

판사가 재판에서 피고인의 유죄를 확정하려면 이러한 기준을 따라야 한다. 영어권 밖의 법률 체계에서도 이와 유사한 규정이 존재한다. 가령 독일 형법(StGB) 211조는 "살의에서, 성욕을 충족하기 위해, 탐욕이나 기타 비열한 동기에서, 교활하거나 잔인하게, 또는 위험한 수단으로 사람을 죽이거나, 혹은 다른 범죄를 가능케 하거나, 은폐하기 위해, 사람을 죽이는" "살인자"는 무기 징역에 처하도록 규정하고 있다. 각각의 경우 모두 악의를 가지고 고의적으로 행해진 범죄를 말한다.

보통의 재판에서 으레 그렇듯이 원고 측에 먼저 발언권이 주어진다. 위에서 언급한 여섯 가지 기준 중 첫 번째 것은 그냥 너무나도 명백해 보인다. 하지만 이 재판에서 중요한 특별한 주제들과 관련해서는 이런 첫 번째 기준이 상당히 까다로운 것으로 드러난다. 첫 번째 기준은 사람이 죽어야 한다는 것이다(논리적으로 이것은 두 가지를 전제로 한다. 인간이 있다는 것과 이 인간이 죽는다는 것. 하지만 더 작은 단위로 접근하다 보면, 이것이 간단하지가 않다). 이 기준을 적용하려면 어쨌든 죽음에 대한 정의가 있어야 한다. 이를 위해 "보면 안다(I know it when I see it)"는 말로 얼버무릴 수 있을지도 모른다. 이 문장은 외설을 정의하는 문제와 관련하여 미국 대법원의 한 판사가 했던 말이다. 그러나 외설에서도 우리는 루트비히 마르쿠제가 쓴 책《외설에 대하여》이래로 상황을 더 정확히 이해할 수 있게 되었다. "원초적인 것과 도덕적인 것의 차이는 겉포장에 있다"고 하지 않던가. 앞으로 살펴보게 되겠지만 살인과 과실치사의 경우도 완전히 다르지 않다. 죽음에 관한 한, 어쨌든 사랑하는 사람이 관 속에 누워 있는 것을 보면, 그것은 오해의 여지가 없다. 전문가들은 뇌사니 임상학적 사망이니 하는 정의에 대해 이러쿵저러쿵할 수 있지만 말이다.

죽음과 관련해서는 또 다른 복잡한 문제들이 있다. 어떤 살인 사건에서는 시신을 결코 찾지 못한다. 그러나 범인은 그럼에도 유죄 판결을 받는다. 또한 장기간 실종된 사람들은 법적으로 "사망 처리"가 될 수 있다. 이슬람법의 경우, 하나피파의 몇몇 해석자는 남편이 바다나 다른 곳에서 실종된 여성은 그 남편이 기대 수명을 살고 세상을 떠날 나이에 도달해야만 비로소 과부, 즉 다시 결혼할 수 있는 신분으로 법적 인정을 받는다. 그런데 일부 법학자들은 이 기대 수명을 120세로 못 박는다.

삶의 끝과 더불어 삶의 시작도 생각해야 한다. 모두는 한 인간이 죽음에 이르려면 일단 살고 봐야 한다는 데 동의할 것이다. "낙태 반대" 운동을 하는 사람들은 생명이 수태와 더불어 시작된다는 기본 원칙을 따른다. 또 다른 사람들은 출산과 더불어 삶이 시작된다고 본다. 낙태 논쟁이 얼마나 가열한지를 알기에 사실 논의를 태어나지 않은 생명에서 수태되지 않은 생명으로 확장하자는 이야기를 하기는 쉽지 않다. 이런 확장은 그 밖에도 그리 달갑지 않아 보이는 폴란드 정부의 시도와 닮은 듯 보인다. 폴란드 정부는 2007년 유럽연합 개혁의 와중에 제2차 세계대전 동안 폴란드의 인구가 손실되었음을 감안해, 폴란드가 파견하는 유럽연합 의원의 수를 이렇듯 손실을 가상으로 보정한 이론적인 폴란드 인구수에 맞게 늘리고자 했던 것이다. 하지만 이 책에서 논의하는 킬 스코어에서는 아직 수태되지 않은, 그리고 아직 태어나지 않은 생명도 중요하다. 킬 스코어는 아직 죽지 않은, 그리고 아직 태어나지 않은 사람들까지 따지는 것이다.

언뜻 보기에는 아직 태어나지 않은 사람을 죽였다는 죄목으로 법정에 서는 것은 불합리해 보인다(이것이 현재 미국 대법원의 최근 판결 이래로 이제 최소한 미국에서는 새로운 규범이 될 수 있어도 말이다). 하지만 비단 낙태 논쟁이 아니라도, 법적 분쟁에서 이런 일은 처음 있는 일은 아닐 터이다.

1998년 11월, 미국 46개 주 법무장관들은 미국의 4대 담배 제조업체와 협약을 맺었다. 바로 담배 기본 정산 협약(Tobacco Master Settlement Agreement)이라는 것으로, 이를 통해 흡연의 유해성에 대한 법적 분쟁들이 조정되었다. 그리하여 담배 회사들은 향후 25년간 2060억 달러를 지불하기로 했고, 그 이후에도 계속해서 지불을 해나가기로 했다. 계속적인 지불은 비로소 미래에 일어날 죽음을 고려한 것이다.

물론 위의 경우는 협약 차원의 민사 손해 배상에 관한 것이지, 살인이나 과실치사 혐의로 기소된 개인이나 기업에 대한 형사 소송은 아니다. 진짜 재판에서는 이런 차이를 중요하게 다룰 것이다. 그러나 여기서는 가상의 재판이니만큼 민법과 형법 사이를 자유로이 넘나들고자 한다. 킬 스코어를 심리하는 법정에서 우리는 모종의 타협을 해야 할 것이다.

1998년에 통과된 위의 협약에서의 막대한 보상금은 미국에서 향후 25년간 흡연으로 말미암아 유발되는 총경제적 비용의 대략 3퍼센트만 커버하는 것으로 나타났다. 그런데 어쨌든 여기서 눈에 띄는 것은 이런 협약이 아직 죽지 않은 생명에 대한 가격을 상정할 때 한 생명, 한 생명의 가치를 온전히 쳐주지 않는다는 것이다. 그러나 미래 생명의 가치가 어떻게 평가되든 간에 이 책에서 다루는 범죄 현장에서 사람들이 죽는다는 사실은 논란의 여지가 없다. 이것은 또한 블랙스톤에 의거한 살인의 첫 번째 기준이 충족된 것으로 볼 수 있다는 뜻이다. 자, 원고 측은 만족하고, 변호인 측은 긴장한다. 1:0이다.

살인의 두 번째 기준은 누군가가 이 죽음을 야기했다는 것이다. 이제 수많은 학자가 증인으로 소환되고, 이 연구들이 믿을 만한지 아니면 기각되어야 하는지 논쟁이 시작된다. 그러나 우리의 증인들은 우선은 법정에 있지 않고, 대신 귀인 연구가 이 세계의 증인석에 굳게 자리를 잡았다.

최근에 다시금 민법 영역에서 심리되었던 흥미로운 사례는 페루에서 농민이자 산악 가이드인 사울 루치아노 리우야가 제기한 소송이다. 사울은 약 12만 명의 주민이 거주하는 안데스산맥 인근의 후아라즈 출신으로, 후아라즈는 코르디예라 블랑카(Cordillera Blanca) 기슭에 위치하여, 늘 눈사태와 범람의 위험에 노출되어 있다. 2015년 11월, 사울은 독일 법원에 독일의 에너지 기업 RWE를 상대로 2만 3700유로의 손해 배상 소송을 제기했다. 후아라즈에서 기후 변화로 말미암은 범람을 막을 대책을 강구하려면 이 정도 비용이 필요하다는 이유였다. 사울의 이런 요구는 4장에서 언급한, 역사적으로 이산화탄소 배출의 책임을 다룬 연구에 근거한다. 이 연구에 따르면 RWE가 이런 배출에 담당하는 몫은 약 0.5퍼센트로 추정되며, 이로부터 이 기업이 기후 변화를 얼마나 초래했으며, 기후 보호 대책에 어느 정도 기여해야 하는지를 산출할 수 있다.

사울이 독일 법원에 합법적으로 소송을 제기할 수 있는 것은 책임법이 피해가 발생한 국가(페루)나 피해를 야기한 나라(독일)에 적용되기 때문이다. 2016년에 에센 지방 법원은 맨 처음 배출과 피해 사이에 "선형적 인과 관계가 없다"는 이유로 소송을 기각했다. 하지만 항소에 성공했고, 이 사건은 계속해서 독일 법원에서 심리 중이다.

후아라즈 사례에서는 2021년 〈네이처 지오사이언스(Nature Geoscience)〉에 실린 한 귀인 연구가 중요한 역할을 한다. 이 연구는 이마다 팀(3장) 연구와 비슷하게 진행되어 다음과 같은 결론에 이른다. 이 내용을 논문에 실린 그대로 인용해 보자. "1880년 이래 섭씨 1도 상승한, 이 지역 전체 온난화 중 인간이 만들어낸 온난화가 …… 85~105퍼센트를 차지하는 것으로 보인다. 우리의 인식에 따르면 오늘날까지 진행되고 있는 팔카라후 빙하의 쇠퇴는 자연적인 요인만으로는 설명할 수 없으며, 이미 1941년 이래로 자행된 인간에 의한 온실가스 배출의 결과로 보아야 한다는 것이 99퍼센트 이상의 명백한 사실이다. ……그로 인해 호수와 계곡의 공간적 구성이 변화하여 대홍수가 일어날 위험이 급격히 증가했다." 재판은 아직 진행 중이지만 사울의 사례에서뿐 아니라 우리의 다른 범죄 현장에서도 인과 관계는 명백하다. 여기에는 불가항력, 즉 더 높은 힘이 아니라 명백히 인간의 힘, 즉 피해자의 환경에 남기는 무수한 발자국이 있다.

살인에 대한 세 번째 기준에 따르면, 죽음이 인간에 의해 야기되었음이 명백해야 한다. 물론 위에 언급한 귀인 연구에도 빈틈이 있다. 게다가 사회과학자들은 인과 관계의 사슬을 샅샅이 살펴보고, 누군가가 어려운 유년 시절을 보냈거나, 그 밖에 다른 트라우마를 경험했는지 여부에 따라 책임 소재를 달리할 준비가 되어 있다. 하지만 법정에서는 유죄를 입증하는 것이 중요하며, 여기서 사회과학적 관점들은 결코 판결을 무효화하지 않으며 기껏해야 약간 형을 경감해 주는 상황으로 고려될 뿐이다.

인간이 기후 변화와 우리의 다른 범죄 현장에 주도적 역할을 했음이 기본적으로 확실하다면, 죽음을 유발한 것도 그들임이 확실하다. 그러므로 살인에 대한 세 가지 기준은 점검했고, 그 세 가지 모두 충족되므로 원고 측은 아쉬울 것이 없다.

피고인의 입장에서는 이제 좀 사정이 바뀌면 좋으련만, 그럴 기미가 보이지 않는다. 살인의 네 번째 시금석은 바로 사람이 죽었는데 이것이 불법적으로 저질러진 일이라는 것이다. 그로써 정당방위, 긴급 구조, 처형, 또는 전시국제법의 적용을 받는 폭력 행위와 같은 합법적 형태의 살인과 범죄로서의 살인을 구별해야 한다는 것이다.

국제법에서는 이런 구분이 어렵다. 무엇보다 한쪽에서는 합법으로 간주된 살인이 불법으로 판명될 수 있기 때문이다. 1945/1946년의 뉘른베르크 재판만 생각해 봐도 그렇다. 이 재판에서는 나치 정권하에서 합법적으로 간주된 행위가 비인도적 범죄로 처벌되었다. 일반적으로 법치주의 국가는 그 누구도 행위 이후에 새로 도입된 법에 근거하여 유죄 판결을 받지 않도록 하고 있다. 이 원칙은 미국 헌법에도 명시되어 있다. 다행히도, 우리의 조사에서는 그런 섬세한 부분까지는 신경 쓸 필요가 없다. 우리는 그저 살인을 금하는 법에만 의거하면 된다. 물론 언제나 그렇듯이 정치는 폭력에 대한 독점권을 지니지만 말이다.

정부에서 정한 긴축 정책의 구조적 결과만 생각해 봐도 그렇다. 뮌헨의 학자들은 그리스에서 정부 지출을 1퍼센트 줄이면 자살률이 0.3퍼센트 증가한다는 사실을 발견했다. 그렇다고 이런 경우 시민의 생명을 위험에 빠뜨린 정부에 유죄를 선고할 법원은 없을 것이다. 하지만 여기에도 예외는 있다. 인간의 생명을 보호할 의무가 실제 법 적용에서도 나타난다. 나중에 다시 살펴보겠지만, 2021년 3월에 있었던 기후 보호에 대한 연방 헌법재판소의 판결이 일례다. 그러나 이런 예는 차치하고, 여기에서는 국가가 아니라 우리가 문제다. 우리는 우리의 책임을 국가의 책임과 비교하거나 국가에 전가할 수 없다.

피고인 측은 압박을 받고 있지만 새로운 기회를 엿본다. 변호인 측은 다섯 번째 요건을 도구로 하여 전세를 뒤집을 수 있기를 바란다. 그러나 언뜻 쉽지 않아 보인다. 다섯 번째 요건은 살인이 작위, 즉 행동에만 연결되지 않고, 또한 부작위, 즉 행동하지 않음 때문일 수도 있다고 이야기한다. 따라서 누군가가 한 사람의 (또는 한 생물의) 죽음을 막지 않은 것 때문일 수도 있다고 말이다. 피고인들은 단순히 아무 행동도 하지 않음으로써 죄를 범하고, 심지어 사람을 죽일 수도 있다. 하지만 여기서는 중요한 제한이 적용된다. 모든 종류의 부작위에 동일하게 책임이 따르는 것은 아니기 때문이다.

엄밀히 말해 이와 관련해 여러 가지 차원이 있다. 첫 번째 차원은 도움을 베푸는 것을 게을리하는 것이다. 이것은 최소한 법적으로 살인이나 과실치사와는 관련이 없다. 독일 형법 323c조는 개인이 원하건 원치 않건 간에 도움을 제공할 의무가 있다고 규정하고 있다. “누군가 사고를 당했거나, 일반적 위험 혹은 곤경에 처했고, 도움이 꼭 필요하며 상황상 도움이 요구되는데도, 특히나 스스로에게 별다른 위험이 없고, 다른 중요한 의무에 저촉되지 않는데도 도움을 제공하지 않는 사람은 최대 1년의 징역 또는 벌금형에 처한다.”

일반적 곤경은 어디에나 있다. 케냐의 거리뿐 아니라 독일의 거리에도 있다. 그러나 이 원칙에 따르면 행동하지 않는 것이 곧 살인을 의미하는 것은 아니다. 이웃집에서 사고가 일어난다고 해보자. 한 여성이 창밖으로 너무 많이 몸을 기울인 나머지 균형을 잃고 한 손으로 창문턱을 집고 매달렸다. 하지만 안타깝게도 결국은 추락해서 죽었다. 이 경우 우리가 그녀를 돕지 않는다고 하여, 결코 살인이나 과실치사 혐의를 받지는 않을 것이다. 그녀가 창문턱에 매달려 있는지 전혀 알지 못했다면, 그녀를 돕지 않았다고 어떻게 우리를 비난할 수 있겠는가? 하지만 이 전체 사건을 목격하고 있었으면서도 아무런 도움도 제공하지 않았다면 상황은 다르다. 하지만 여기서도 과실치사나 살인죄로 기소되지는 않는다.

우리의 킬 스코어에서 심리되는 케이스는 또 다르다. 즉 우리는 이웃이 창문턱에 매달려 있게 만들지만, 그것에 대해 아무것도 알지 못한다. 〈라이온 킹〉의 스카처럼, 우리는 무파사를 떠밀지는 않지만, 그냥 나 몰라라 함으로써, 일이 진행되게 내버려둠으로써 무파사를 죽게 만든다. 우리의 삶은 때때로 우리가 태어나면서 총구에서 발사되어 정해진 목표를 따르는 총알과 같다. 우리가 많은 경우에 범죄 현장에서 손님처럼 느껴지며, 우리 삶의 방관자처럼 살아가는 마당에 범행에 대해 이야기하는 것은 낯설게 느껴질 것이다. 우리에게 직접적 책임이 없고, 독일인 혹은 유럽인이기에 우리에게 귀속되는 우리의 탄소 배출량과 관련하여, 우리는 작위를 하고 있는 걸까 아니면 부작위를 하고 있는 것일까?

여기서 변호인 측이 우리의 엄청난 죄과에서 특정 행동은 좀 빼달라고 요구한다면, 이런 제안은 그리 무리해 보이지는 않을 것이다. 우리가 행동의 결과를 기준으로 평가받아야 한다면, 우리는 행동의 결과들을 알고 있어야 하기 때문이다. 이웃이 지금 창문턱에 매달려 있다는 사실을 알고 있어야 하기 때문이다. 이것은 지금 자신이 위반하고 있는 법을 몰랐다는 것과는 약간 다른 것이다. 법을 모르는 것은 감안이 되지 않는다. 그러나 자신의 행동이 어떤 결과를 초래할지를 몰랐다는 점은 좀 감안이 된다. 중요한 뉘앙스 차이다!

다섯 번째 요건에 관한 한, 원고 측과 변호인 측은 약간 교착 상태에 빠진 듯 보인다. 부작위의 측면, 그리고 행위의 결과를 알지 못했다는 측면이 중요한 역할을 함으로써 피고인들의 죄는 틀림없이 경감될 것이다. 그리하여 더 이상 과실치사나 살인이 아니라 기껏해야 부주의해서 사람을 죽게 만들거나, 살인을 방조한 정도가 될 것이다. 그러나 그로써 죄가 없어지는 것은 아니다. 그리하여 법정 심리도 계속될 수 있다. 위에서 언급했듯이 모든 행동에 정상 참작이 되는 것은 아니기 때문이다. 그리하여 심리는 살인죄가 성립되는 마지막 여섯 번째 요건인

"악한 의도"가 있었는가 하는 것으로 이어진다.

악한 의도를 상정하는 것은 내가 이 책에서 논하는 사례들에서는 애초부터 배제된다. 검찰 측은 자가용을 운전해서 출근을 하거나, 플라스틱을 함부로 버리거나 소셜 미디어를 사용하는 사람들이 악한 의도가 있다는 걸 거의 증명할 수가 없기 때문이다. 하지만 의도적으로 누군가를 죽이려 할 때만 악의적 의도가 있다고 볼 수 있는 건 아니다. 가령 미국 법은 동료 인간에 무관심하고 배려가 없게 된 "황폐하고 악한 마음"을 죄의 요건으로 인정한다. 그런 무정한 사람들은 동료 인간들이 위험에 처하거나 피해를 입는 상황을 차가운 미소로 가볍게 날려버린다. 여타의 경우에서도 그렇지만 여기서도 법률가들의 시적 단어 선택에 놀라게 된다. 윌리엄 블랙스톤이 변호사가 되기 전에 시를 끼적였던 것도 우연이 아닐 것이다. 1744년에 그는 시 몇 편을 발표했는데, 그중에는 일상의 모든 즐거움을 뒤로하고, 정의를 위해 삶을 바친 영웅적인 법률가의 삶을 소재로 한 〈그의 뮤즈에 보내는 변호사의 작별 인사〉라는 시도 있다.

실제로 있었던 다음 사건은 "악한 마음"이 어떤 것인지를 인상적으로 보여준다. 1946년, 펜실베이니아주 대법원은 특히나 슬프고 까다로운 사건을 심의해야 했다. 17세의 제임스 J. 멀론과 그의 친구인 13세의 윌리엄 H. 룽은 러시안 포커 게임을 하기로 했다. 러시안 포커는 러시안룰렛과 비슷한 게임이지만, 한 가지 결정적인 점에서 다르다. 이 게임은 참가자가 권총을 자신에게 겨누지 않고 다른 사람에게 겨눈다는 사실 말이다. 제임스가 세 번째로 방아쇠를 당겼을 때 총알이 발사되었고, 윌리엄은 사망했다. 변호인은 제임스가 살해 의도가 없었으며 심지어 총알이 발사되지 않기를 바랐다고 제임스를 변호했다. 그러나 법원은 범인이 해를 끼칠 의도가 없었다는 변호인의 견해를 받아들이는 동시에, 제임스가 부주의하고 무자비하게 상대가 죽을지도 모른다는 가능성을 감수했기에 설사 죽일 의도가 없었다 하더라도 "무정함에서 비롯된 살인"으로 보아야 한다는 견해를 지지했다.

내가 한 친구에게 이 사건에 대해 이야기하자, 친구는 내게 2017년에 살인 혐의로 유죄 판결을 받은 베를린 "쿠담 거리의 폭주 운전자"를 상기시켰다. 당시 이 운전자는 베를린 시내에서 불법 자동차 경주에 참가하여 빨간불을 무시하고 질주하다가 엄청난 속력으로 은퇴한 노인이 몰던 차량을 들이받았고, 노인 운전자는 그 사고로 즉사하고 말았다.

이것은 물론 자동차 운행의 간접적 결과로 여겨지는 기후 변화의 희생자와는 상관없는 사례다. 그러나 다른 사람에게 해를 가하는 이런 두 가지 형태, 즉 폭주를 하는 것과 자동차를 몰고 다니면서 기후 변화를 일으키는 것이 정확히 어떻게 다른가 하는 좀 특별한 질문을 던져볼 수 있다. 두 경우 모두 부주의한 행동 때문에 희생자가 발생하는 것은 마찬가지다. 과속을 하는 것은 자신과 타인에게 위험한 행동일 뿐 아니라 더불어 이산화탄소 발자국도 증가시킨다. 위험의 정도는 서로 다르지만, 피해 혹은 위험이라는 원칙은 동일하다. 부주의에 대해서도 그렇게 말할 수 있을까? 우리가 살아가면서 하는 선택을 통해 우리는 다른 사람들의 생명으로 러시안 포커 게임을 하는 것이다. 그로써 우리는 스스로 무정하다는 것을 입증하는 것이며, 앞의 다섯 가지 요건도 충족되어 있다. 그리하여 우리가 지은 죄는 살인일 뿐 아니라 "무정함에서 비롯된 살인"이다. 우리가 얼마나 많은 사람을 죽였는지 정확히 알지 못한다 할지라도, 그 수가 0이 아니라는 것은 안다. 하지만 이것을 안다고 해서, 우리가 지금까지의 생활 방식을 버릴까? 우리는 생활 습관을 흔들림 없이 고집할 것이며, 이런 행동은 사실 굉장히 악의적이고 무정한 것이다.

그렇긴 해도 이산화탄소 발자국과 사망 사이의 관계에는 약간 주의가 요망된다. 이들의 관계를 과학적으로 검증하는 일은 아직 시작 단계에 있기 때문이다. 물론 4장에서 이미 이야기한 바와 같이 온실가스와 기후 변화가 기본적으로 연관된다는 것은 적어도 200년 전부터 알려져 있었다. 하지만 그럼에도 이에 대한 귀인 연구는 새로운 영역이다. 플라스틱 폐기물과 그것이 노동계와 익명의 소비와 연결되어 미치는 장기적 영향에 대한 연구도 마찬가지다.

앨튼 옥스너(Alton Ochsner) 박사의 인상적인 지적이 생각나는 상황이다. 앨튼 옥스너는 의대생 시절에 이미 담배 소비와 폐암 사이의 연관성에 주목하여, 그 연관성을 최초로 발견한 사람 중 하나다. 옥스너는 저명한 의사인 조지 도크 교수가 자신의 강의에서 폐암 환자를 소개하면서 폐암은 매우 드물기 때문에 "우리가 평생 이런 케이스를 결코 다시 만날 수 없을 것"이라고 큰소리쳤던 것을 회상하며, 폐암과 흡연의 연관성에 대해 목소리를 높였다. 조지 도크가 폐암 발병률을 착각했던 것처럼, 우리 역시 우리의 범죄 현장을 알아가는 길에서 오류를 범할지도 모른다는 사실을 염두에 두어야 한다.

이런 문제는 사망과 사망 원인이 굉장히 다양한 것으로 말미암아 더 불거진다. 기후 변화는 아주 커다란 시스템이고, 그 안에서 우리는 우리가 온실가스로 짠 거대한 천 아래 앉아 있다. 폐기물과 환경오염은 전 지구적 과정을 원인으로 하지만, 무엇보다 지역적으로 국한되어 나타나고, 지구상의 특정 지역들이 그로 말미암아 고통을 겪는다. 이렇듯 아주 여러 문제가 복잡하게 얽혀 있어, 나는 이 책의 제목을 "Murder Score"가 아니라 "Kill Score"(Kill은 광범위하게 죽인다는 뜻, Murder는 고의적 살인 행위에 주로 쓰는 단어—옮긴이)라고 붙였다. 우리가 사람을 죽이고 있음은 확실하지만, 고의로 살해를 하는 것은 아니기 때문이다. 그리하여 살해 혐의는 인정되지 않더라도 죄와 책임에 대한 질문은 남는다. 피고인들은 어느 정도로 책임이 있을까? 그들은 어느 정도로 거기에 연루되어 있을까? 또는 책임이 있다고 비난하는 것도 너무 과장되고 근거가 박약한 것일까? 이제 변호인이 발언할 차례다.

10

변호

"'범죄? 대체 어떤 범죄인데?' 그는 목소리를 높이며 벌컥 화를 냈다. '내가 역겹고 악한 이 같은 존재, 아무에게도 필요 없는 고리대금업자 노파를 죽인 거? 가난한 사람들의 피를 빨아먹는 그 노파를 죽인 일로 아마 마흔 가지 죄를 용서받아야 마땅할 텐데?'" 잠시 후 그 살인자는 사실 자신은 그 행위를 통해 "모종의 독립성을 확보하기를" 원했고, "그 행위는 그 첫걸음으로 필요한 자금을 손에 넣는" 과정이 되어야 했다고 말한다. "그렇게 되었더라면 그로 말미암은 어마어마한 이익이 그 모든 행위를 상쇄시켜 주었을 것"이라고 말이다. 도스토옙스키의 소설 《죄와 벌》의 주인공 로디온 라스콜리니코프는 그의 살인을 그렇게 변호한다.

그의 방어는 우리의 것이기도 할 것이다. 우리는 라스콜리니코프의 후예들이다. 우리는 정욕이나 정열 때문에 사람을 죽이지 않는다. 죽음은 오히려 우리에게 번영과 부를 가져다주는 우리의 경제 활동의 (의도치 않은) 부작용이다. 목적은 수단을 정당화한다. 우리는 실로 우리의 희생자들에 대해 라스콜리니코프만큼 그렇게 비하적으로 생각하지는 않지만, 그리고 라스콜리니코프와는 달리 "어마어마한 이익"을 기대하지는 않지만, 어쨌든 우리도 우리의 유익을 추구하는 것이다. 유익은 킬 스코어에 대한 경제적·실리적 논증의 토대로서, 또는 우리가 왜 죄가 없는지에 대한 근거로 기능한다.

실제 법정에서 전문 변호인이 이런 식의 주장을 한다면, 이 주장은 단번에 기각될 것이다. 경제적 이익은 살인을 "정당화"하기에 충분하지 않기 때문이다. 그러나 우리는 실제 법정에 있는 것이 아니다. 오히려 우리의 행동에는 대중의 판단이 중요하다. 여기서는 다른 규칙이 적용되고, 다른 요구가 제기된다. 아마도 대중은 이익의 관점을 기꺼이 고려하고, "올바른" 킬 스코어를 윤리적으로 판단하는 데 있어서 윤택한 삶을 누리는 일을 참작해 줄 준비가 되어 있을 것이다. 올더스 헉슬리의 소설《멋진 신세계》에 나오는 "인공 부화, 조건 반사 연구소" 소장이 단도직입적으로 "자연에 대한 사랑은 공장을 바쁘게 돌아가게 하지 못한다"라고 말했던 그런 의미에서 말이다.

그러나 우리가 곧장 깨닫게 되는바, 이런 변호 논리는 진부한 가정에 기초하고 있다. 즉, 이런 변호는 우리의 행동으로 말미암은 자신과 주변 세계의 유익을 우리의 행동으로 삶을 마치게 되는 생명의 가치보다 더 높게 치는 것이다. 우리는 우리와 주변 세계의 유익과 그로 말미암아 희생되는 생명, 이 두 가치를 점검해 보아야 한다. 하지만 이 일에서 신중해야 한다. 이 일은 위험한 물속에서 움직이며, 날카로운 모서리가 있는 윤리적 절벽을 피해 가는 일과 같다. 생명에 값을 매길 수 있을까? 그래도 될까? 측정 단위와 척도를 인위적으로 설정 내지 고안하여 손익 계산을 해도 되는 것일까? 이와 같은 콩알 세기는 실제 법정에서는 통하지 않을 것이다. 하지만 이제 세간의 판결에서는 이런 콩알 세기가 허용될 수 있을까?

도덕적 혹은 윤리적 곤경에 처할 때마다 등장하는 인물이 토머스 홉스다. 이 경우에도 토머스 홉스를 소환해 보자. 토머스 홉스는 1651년 《리바이어던》에 이렇게 쓰고 있다. "한 인간의 가치는 다른 모든 것과 마찬가지로 그 값과 다름없다. 즉 그 값은 그 사람의 능력을 활용하는 데 얼마를 지불할 것이냐에 따라 정해진다. 그리하여 그 값은 절대적이지 않다. 그것은 다른 사람의 필요와 평가에 좌우된다." 홉스는 완전히 부당하지는 않다. 그는 아주 냉정하게 손익 분석을 하고 있지만, 결국 매일같이 정치와 사회에서 이런 손익 분석이 행해지고 있지 않은가. 심지어 우리의 사생활에서도 그런 일이 일어나고 있다. 우리는 단기적 즐거움을 누리기 위해 미래의 건강을 담보하고, 작은 만족을 위해 커다란 위험을 감수하며, 생명 보험에 가입하고, 우리가 사망하면 얼마가 나오느냐를 묻지 않는가. 홉스의 말은 우리 마음에는 안 들지 몰라도, 우리가 살아가는 세상에는 들어맞는다. 하지만 인간의 "가치"를 어떻게 정확히 매길 수 있단 말인가?

인간의 값을 따지기 위해 첫 번째로 소환되는 증인은 회계사나 경제학자가 아니라 역설적이게도 법률가다. 그냥 변호사가 아니라 20세기 후반 가장 중요한 환경 변호사 중 한 사람인 대니얼 파버(Daniel Farber)다. 파버는 1993년 〈밴더빌트 로 리뷰(Vanderbilt Law Review)〉에 실린 한 논문에서 사고 실험을 제안했는데, 여기서 그 실험을 약간 변형에서 소개해 보기로 하겠다. 자, 핵폐기물 최종 처리장 건설과 관련해 두 가지 시나리오가 있다고 하자. 1번 시나리오는 처리장을 건설하고 500년이 지나면 거의 확실하게 방사능이 누출되게 된다. 그런데 이때 누출이 아주 심각해서 약 5억 명이 희생될 것이 우려된다. 2번 시나리오에는 이런 우려가 없다. 하지만 2번 시나리오의 문제는 처리장을 건설하는 과정에서 필연적으로 2명이 죽게 된다는 것이다. 1번 시나리오에서는 처리장을 건설하면서 감수해야 하는 인명 피해가 없다.

자, 이제 우리가 어떤 시나리오를 선택할까, 그것이 문제다. 대부분의 독자는 별로 고민하지 않을 것이다. 오늘날 2명을 잃는 것이 500년 뒤에 5억 명을 잃는 것보다 더 낫지 않느냐는 것이다.

하지만 손익 분석의 결과는 다르다. 직관적으로 분석을 하지 않고, 수학적 방법으로 미래에 일어날 일에 대해 그 비중을 경감하고, 결과적으로 미래의 생명의 가치도 깎아내리기 때문이다. 따라서 500년 뒤 5억 명의 생명은 오늘날 5억 명의 생명만큼 높게 평가되지 않는다. 가령 감가율을 5퍼센트로 잡으면 500년 뒤 5억 명의 가치는 정확히 오늘날 0.01명에 해당한다. 손익 분석의 세계에 온 걸 환영하는 바이다. 이런 세계에서는 (미래의) 삶은 "고독하고, 보잘것없고, 역겹고, 천하고, 짧다".(홉스) 그리하여 미래에 5억 명을 구하기 위해 오늘날 2명은커녕 1명도 죽이지 않아야 한다는 결론이 나온다.

사실, "정당한" 감가율에 대해서는 경제학과 윤리학에서 뜨겁게 논의 중이다. 파버가 논문을 발표한 1993년에 또 다른 저자는 "대부분의 분석, 또한 굉장히 신중하게 손익을 계산하는 분석들마저도 감가율을 임의로 취하거나, 진열장에서 그냥 끌어다 쓴다. 그러면 행운의 숫자는 대부분 5퍼센트다"라고 지적했다. 어떤 사람들은 5퍼센트가 너무 높게 상정되었다고 보고, 어떤 사람들은 이 수가 심지어 너무 낮게 평가되었다고 말한다.

감가율을 아마도 "더 합리적으로" 낮추어, 3퍼센트 감가율을 적용하면 어떤 결과가 나올까? 이 경우 기술 관료들이 정치권력을 장악하고 위의 사고 실험을 수행한다면, 그들은 2번 시나리오를 선택하고 2명을 죽일 것이다. 그러나 이 계산을 적용해도 현재 190명 이상을 죽이지는 않을 것이다. 따라서 500년 뒤 5억 명을 구하기 위해 지금 191명을 죽이는 것은 손익 분석상 손해다. 그러므로 3퍼센트 감가율을 토대로 기술 관료들은 이렇게 선언할 것이다. 191명을 구하라! 미래의 5억 명을 구하기 위해 지금의 191명을 희생시키는 건 그만한 가치가 없는 일이다!

3퍼센트라는 숫자는 다른 곳에서도 등장한다. 코로나 팬데믹 기간에 우리 싱크탱크에서는 팬데믹에 대한 정치적 대응이 기후 변화에 대한 대응과 어떻게 비교되는지를 살펴보았다. 우리의 분석에 따르면, 코로나 첫해에 서유럽의 정부들은 한 생명을 구하기 위해 평균 68만 달러를 지출했다. 기후 변화 희생자 1명을 막기 위해서는 아마도 그 절반, 즉 34만 달러를 들이면 될 것이다. 이 계산은 훨씬 더 저렴하게 나올 수도 있다. 그런 조치로 사람의 목숨을 구할뿐더러, 일반적으로 경제적 피해를 상당히 줄일 수 있을 것이기 때문이다. 그러나 이러한 추가 효과는 제쳐두어도 좋다. 그것이 없어도 기후 정책이 더 돈이 안 든다. 그렇다면 왜 정치인들은 팬데믹과 동일한 방식으로 기후 변화로부터 생명을 보호하지 않는 것일까? 답은 바로 감가 때문이다. 약 3퍼센트의 감가 말이다.

나는 정치인들이 콩알 세는 자들처럼 의식적으로 손익을 고려하고, 감가하고, 인간의 생명을 수치로 환산하고, 나누거나 곱할 것이라고 생각하지 않는다. 그렇다. 정치인들은 의식적으로는 그렇게 하지 않는다. 그러나 그들의 행동은 대부분 바로 그런 결과를 초래하고 있다. 따라서 공적·사적 영역에서 모두 일종의 감가가 행해지고 있다. 우리의 법정 심리 차원에서 이런 감가를 받아들일 것인지 차츰 보도록 하자.

이 책의 시작 부분에서 했던 이야기를 상기해 보자. 21세기 우리의 글로벌한 킬 스코어는 어림잡아 대략 5억 명 이상으로 추정된다. 그런데 만약 이런 5억 명의 희생이 비로소 500년 뒤인 2522년에야 발생한다고 하면 무엇이 달라질까? 대니얼 파버가 제안한 5퍼센트 감가율을 토대로 계산하면, 우리가 오늘날 0.01명을 죽이는 것으로 환산된다. 하품이 나온다! 그러나 우리의 킬 스코어는 500년 뒤 미래에 대한 것이 아니라, 현재의 추세로 갈 때 이번 세기의 몇 십 년간에 벌어질 희생과 관련한 것이다. 기후 변화로 말미암은 희생자 수는 일단은 서서히 증가할 것이다. 그리하여 3퍼센트 감가율을 적용하여 100년 뒤 5억 명이 사망한다고 하면 오늘날 2600만 명이 사망하는 것과 같다. 이것만 해도 상당히 많은 수이지만, 실제 희생자 수의 극히 일부이다. 그러다 보니 사망자 수가 그다지 충격적으로 받아들여지지 않는 것이다.

게다가 우리의 현재 행동은 커다란 시스템 안에서 간접적으로 영향을 미친다. 우리의 현재 이산화탄소 발자국은 몇 십 년이 지나면 기후에 막대한 영향을 미칠 것이며, 치명적 영향력이 나타나려면 시간이 좀 걸리겠지만, 그 뒤에는 더 이상 제어할 수 없는 규모로 나타날 것이다. 오늘날에도 이미 폐기물로 말미암아 사람들이 죽고 있다. 그러나 오늘 우리의 행동은 내일, 그리고 이어지는 몇 십 년간 더 많은 사망자를 낼 것이다.

감가율(=할인율)을 선형으로만이 아니라 쌍곡선 함수를 적용해 계산하면 상황은 더 복잡해진다. 쌍곡선 함수 방식의 할인율은 약간 과장하자면, 우리가 쿠키를 오늘 받을지 내일 받을지는 굉장히 신경을 쓰는 반면 365일 뒤에 받을지 366일 뒤에 받을지는 크게 신경 쓰지 않는 현상을 말한다. 이런 인식은 새로운 것이 아니다. 사람들이 의식적으로 혹은 무의식적으로 적용하는 할인율과 씨름하는 것은 일반적인 효용 함수의 개념만큼이나 오래된 일이다. 공리주의의 창시자인 제러미 벤담(1748~1832)도 이미 사람들이 계속해서 "자신의 이익에 위배되는 행동을 한다"는 사실에 괴로워했다.

감가의 세계에서는 우리의 킬 스코어에 귀속되는 미래의 죽음과 더불어 생명은 어느 정도의 가치가 있는가 하는 질문이 제기될 뿐 아니라 생명의 부분적 가치는 무엇인가 하는 질문이 제기된다. 물론 감가가 허용되는 이유들이 있다. 무엇보다 장기간을 고려하는 경우에는 그렇다.

우선 아직 시간적 여유가 있으니 우리는 미래에 몇 백만 명이 사망하지 않도록 막는 기술을 개발할 수 있을지도 모른다(우리가 의학의 발전으로 라이프스타일로 말미암아 죽는 시대에 도달할 수 있었던 것처럼 말이다). 또한 우리가 지구를 파괴하거나 우리의 잘못된 행동으로 말미암은 여파가 가시화되기 전에 지구가 운석과 충돌해서 종말을 맞을지도 모르지 않는가.

감가의 표면적 이유는 이런 계산이 없이는 미래 세대를 미국 철학자 로버트 노직(Robert Nozick)이 만든 용어인 "유용성 괴물(utility monsters)"로 전락시킬 수 있다는 완전히 근거가 없지는 않은 두려움이다. 무슨 뜻이냐 하면 미래 세대의 관심사를 강하게 대변하다가, 오늘날을 살아가는 우리 세대가 하고 싶을 것을 하지 못하거나, 최소한 욕구를 제한당함으로써 미래 세대를 괴물로 만들 수 있다는 것이다. 물론 그럴 일은 없어 보인다. 오늘날의 사회가 이토록 냉정하거나 교만할 수 있는 것은 감가라는 널리 퍼진 전략 덕분이다.

지금까지는 (죽음을 미래에 일어나는 것으로 상정하고) 시간적 관점을 고려한 감가의 이유들을 살펴보았다. 그러나 시간과는 관계없이 생명에 대한 감가를 적용하는 또 다른 이유들이 있다. 이미 슬쩍 말하고 지나갔듯이 (시간과 상관없이) 아마도 사람들이 전혀 죽지 않을 거라는 믿음도 그에 속한다. 놀라운 기술이 그들을 곤경에서 구해줄 것이기 때문이라는 것이다. 이런 이유는 다소 선의에 기초한 생각이다. 하지만 전혀 존경할 만하지 않은 동기들도 등장한다. 그것은 바로 사회적 혹은 환경적 요인으로 인한 사망은 미래에 놓여 있지 않고, 주로 유색 인종들이 사는 대륙이나 지역에서 일어날 것이라는 점이다. 인종 차별적 세계관을 가진 사람은 이런 지역의 사망자들을 별로 중요시하지 않으므로 감가를 적용하게 되는 것이다. 아무튼 어떤 경우든, 우리는 앞으로 직면하게 될 적잖은 불확실성 앞에서 겸허한 태도로, 조심스럽게 미래를 마주해야 할 것이다.

우리는 어떤 기준으로 생명을 평가하고 있는가, 또는 어떤 기준으로 생명을 평가해야 할까? 이것은 어려운 질문으로, 결국 우리는 이런 질문에 주관적으로 대답할 수밖에 없다. 각자의 삶의 상황과 사정에 따라 우리는 젊은 사람보다 나이 든 사람을 우선시할 수도 있고, 반대로 나이 든 사람보다 젊은 사람을 우선시할 수도 있다.[11] 바스툴 스포

츠(Barstool Sports)라는 기업의 설립자이자 재담꾼인 데이비드 포트노이(David Portnoy)는 트위터에 정말 정곡을 찌르는 말을 했다. "늙은 사람은 아무튼 뭔가로 인해 죽는다"고 말이다. 어쨌든 늙음과 젊음의 트레이드오프를 고려하는 것은 많은 국가의 의료 시스템에서의 일반적 관행이다. 가령 영국에서 의료 개입의 결정은 그것으로 생명을 구할 수 있느냐가 아니라, 얼마나 많은 질 보정 수명(Quality-Adjusted Life Year, QUALYs: 질병 없이 건강하게 사는 연수—옮긴이)을 삶에 추가할 수 있느냐에 달려 있다. 이에 따르면 의료 개입으로 젊은 사람이 심각한 질병을 이기고 살아남을 수 있게 하는 것은 기왕에 노인이 된 사람을 치료하는 것보다 훨씬 더 가치가 있다.

내가 이 책을 쓰려고 하는 중에 런던의 한 모임에서 핀테크 유니콘(10억 달러 이상의 가치를 지닌 스타트업)의 설립자를 만나 이 책에 대한 생각을 이야기하자, 그는 기후 변화로 말미암은 결과에서 가까운 시일에 심장마비로 사망할 노인과 다른 어려움으로 생명을 잃을 젊은이를 한 통속에 집어넣는 것은 약간 문제가 있지 않겠느냐고 했다.[12]

인간의 생명을 평가하거나 심지어 평가 절하하는 숙고는 윤리적으로 상당히 거슬리는 것이지만, 사실은 우리 모두가 이런 감가에 참여한다. 더욱이 우리 모두는 심지어 자신의 미래 삶의 가치를 감가하고 있다. 적어도 이런 논리에 따라 스스로를 파괴하게끔 돌아가는 서구 세계에 살고 있다면 말이다. 흡연, 음주, 수면 부족, 운동 부족 …… 이 모든 것의 배후에는 미래 행복의 가치를 경시하는 결정이 숨어 있다. 의식적이거나 의지적으로 그렇게 하는 것은 아니겠지만, 여하튼 그런 일이 일어난다.

우리가 미래에 일어날 일에 더 적은 가치를 둔다는 증거는 아주 많다. 하지만 일상적으로 그렇게 하고 있다고 해서, 반드시 그렇게 해야 한다는 뜻은 아니다! 미국 법학 교수인 벤 트랙턴버그(Ben Trachtenberg)는 "윤리적" 이유들은 의식적으로 언급하지 않지만, 이런 감가적 경향이 사람들이 자신의 미래와 더 나은 삶의 조건을 위해 기꺼이 애쓰고 노력하는 속성과 경험적으로 부합하지 않는다는 점을 지적한다.

나아가 경제적 논지 외에 감가에 반대하는 중요한 윤리적 논지들이 있다. 2021년 3월 연방 헌법재판소는 기후와 관련하여 선구적 판결을 하여, "미래 세대"의 권리를 전혀 아무런 감가 없이 온전히 고려해야 한다고 보았다. 미국 철학자 조엘 파인버그(Joel Feinberg)는 1974년에 이미 비슷한 윤리적 입장을 옹호했다. "지구를 우리가 우리 조상들에게 물려받았을 때보다 훨씬 쾌적하지 못한 상태로 후손에게 남겨줄 것인가. 이것은 오늘날 우리의 힘에 달려 있다. 우리는 계속해서 스스로를 더 많이 확장해 나가고, 비옥한 토양을 점점 더 황폐화시키고, 쓰레기로 강, 호수, 바다를 질식시키고, 숲을 벌목하고, 유독가스로 대기를 오염시킬 수 있다. 사려 깊은 모든 동시대인은 우리가 그렇게 해서는 안 된다는 데 동의한다. 우리 대부분은 나아가 환경 보존은 (그냥 바람직한 것에 그치지 않고) 도덕적으로 요구되는 일일 뿐 아니라, 후손들을 위해 마땅히 해야 할 의무라고 말할 것이다."

미래 생명에 대한 감가율을 어떤 비율로 적용하든, 0퍼센트로 보든, 1퍼센트로 보든, 5퍼센트로 보든 간에, 생명이 가치가 시간적 관점에서 어느 정도 달라질 수 있다고 해도, 생명에 우선은 원래의 값을 온전히 부여해야 한다는 것은 불가피한 사실이다. 위에서 언급한 대니얼 파버의 시나리오에서 이런 점이 눈에 띄지 않았던 것은 거기서는 인간의 생명은 인간의 생명과, 사망은 사망과 비교되었기 때문에, 따라서 어느 정도 같은 통화가 적용되었기 때문이다. 그러나 비용과 유익을 보다 넓게 비교하면, 제반 조건은 변한다. 비용이 전적으로 사람의 생명이고, 유익은 특별한 재화라면, 한 사람이 감당해야 하는 비용과 다른 사람이 얻는 유익을 어떻게 비교할 수 있단 말인가? 이런 경우 비용과 유익 사이에서 균형을 맞추는 일은 애초부터 성공할 수가 없다. 그러나 사람들은 늘 이런 고려를 하며 살아간다.

영국 국립보건원(National Health Service, NHS)은 이와 관련해 가장 흥미로운 예 중 하나다. 전체 영국 국민을 위해 세금으로 운영되는 이 국립보건원의 예산은 정책적으로 결정된다. 그리고 위에서 이미 암시한 대로, 이런 결정은 의료 조처의 손익 분석에 의거한다. 보통 질 보정 수명 1년당 2만 파운드에서 3만 파운드 이상 비용이 들지 않는 개입은 승인된다. 반면 그보다 더 비용이 많이 드는 개입은 승인되지 않는다. 누군가가 5만 파운드의 비용이 드는 치료를 원하는데, 연구의 관점에서 보면 그 치료로 기대되는 질 보정 수명이 1년뿐이라면, 이런 치료는 대부분 몇몇 예외를 제외하고는 국가의 원칙에 근거하여 거부된다.

생명의 가치가 삶의 끝자락에서만큼 정확하게 수치화되는 때는 없다. 이것은 의료계에서도 그렇지만 범죄의 세계에서도 마찬가지다. 영국에서 살인 피해자의 유가족은 보통 1만 1000파운드를 받는다. 그 외에 소득 손실 보상금, 장례비, 심리적 스트레스 등의 명목으로 추가 보상금이 나올 수도 있다. 아니면 청부 살인 비용을 한번 살펴보자. 1983년에는 《살인 청부업자: 독립 업자를 위한 기술 설명서》라는 책이 출간되었는데, 이 책에는 청부 살인 비용이 3만 파운드라고 나온다. 이 책은 이런 분야를 잘 알지 못하는 플로리다 출신 주부가 썼다고 하지만 말이다. 2009년 온라인 잡지 〈슬레이트(Slate)〉에 실린 기사는 청부 살인에 수십만 달러의 비용이 들 수 있지만, 한 청소년이 자신의 라이벌을 살해해 주는 데 "아타리 컴퓨터 게임 7개, 지폐로 3달러, 동전으로 2.3달러"를 제공했다며 기이한 케이스를 전해준다.

생명(그리고 죽음)의 가치는 돈으로만 환산되지는 않는다. 2021년 여름 나는 몇몇 지인과 함께 야외 나이트클럽에 갔다. 그 뒤 그 사실을 안 한 친구가 내게 마구 화를 냈다. 베를린은 좀 수그러졌어도, 세계 다른 지역에서는 코로나 팬데믹이 여전히 맹위를 떨치고 있는 와중에 내가 부주의하고 이기적으로 행동했다는 것이다. 따라서 다시금 생명과 개인의 삶의 질에 영향을 미치는 행위상의 트레이드오프가 문제다. 나이트클럽에 간 우리의 행동을 정당화할 수 있을까? 나는 물론 모호한 논의에 만족할 수 없었다. 그래서 코로나로 다른 사람을 죽음에 이르게 하려면 우리가 나이트클럽에 얼마나 자주 가야 할지를 통계적 확률로 한번 따져보았다. 그 답은 우리가 감염되어 다른 사람을 감염시키고, 이 사람이나 혹은 제3자가 결국 코로나로 죽을 확률이 얼마나 되는지에 달려 있다. 내 계산에 따르면, 그러려면 우리는 100만 번을 나이트클럽에 가야 한다. 이건 맥주 컵 받침에 대략적으로 해본 계산이라는 점을 고백해야겠지만 말이다.

내가 방금 제시한 예는 사실 말도 안 된다. 클럽에 100만 번 갈 사람은 없다. 만약 그렇게 할 수 있다 해도, 가정한 인과 관계가 불확실하여 이런 생각의 집은 카드로 만든 집처럼 폭삭 주저앉을 것이다. 이것은 다시금 "1000번의 칼질로 말미암은 죽음"과 비슷하다. 즉, 무수히 작은 행위로 이루어진 세상에서 책임 소재를 찾고자 하는 것이다. 그리하여 한 사람이 클럽에 100만 번 갈 가능성은 굉장히 희박하지만, 100만 명이 동시에 클럽에 갈 확률은 높다. 그러면 이 경우 100만 명의 클럽 방문객은 한 사람의 죽음에 책임이 있게 된다. 우리가 귀스타브 르봉이 이야기했던 군중의 일부가 되어 우리 즐거움의 제단에 다른 한 사람을 제물로 바치는 데 참여하게 되는 것이다.

여기서 행해지는 모든 계산은 삶과 죽음을 금전적 가치 혹은 효용 가치와 연결시킨다. 따라서 토머스 홉스의 의미에서 "타인의 평가"에 말이다. 그리하여 언급된 숫자는 엄밀한 의미에서 생명의 가치가 아니라 우리가 그것을 위해 지불하고자 하는 가격, 또는 시체 자루에 달린 암묵적 가격표를 반영한다. 이 가격은 가령 너무 이르게 삶을 박탈당한 사람의 생명의 가치와는 무관하다. 여섯 살짜리 아들을 열사병으로 잃은 부모가 아들의 생명의 가치를 수로 환산할 수 있을까? 로사문트 아두 키시 데브라가 그렇게 할 수 있을까? 그녀의 손실은 정말 측정할 수 없다.

그러나 그럼에도 현대 경제의 시장이 인명 손실을 예상한 채 지금처럼 돌아간다는 사실은 변하지 않는다. 좌파 이론가들은 이를 두고 네크로자본주의(necrocapitalism: 네크로는 죽음, 시체라는 뜻. 죽음과 이윤을 맞바꾸는 식으로 죽음을 토대로 이윤을 추구하는 자본주의라는 뜻—옮긴이)라는 단어를 만들어내기도 했다! 이런 거래를 혐오하고, 그 기본이 되는 계산에 이의를 제기할지도 모른다. 그러나 그런 이의는 과녁을 빗나가는 것이다. 지속가능성 문제에서는 무지가 진실로부터 보호해 주지 못하고, 사실을 전복시킬 수도 없다. 우리가 편안한 내지 불편한 삶에 부합하는 가격표를 기입하고 싶지 않을지라도 우리는 정확히 그렇게 하고 있다. 나는 여기서 이것을 기본 전제로 한다. 전기 자동차 대신 연소 엔진 차량을 구입하는 소비자는 다른 사람의 죽음에 기여하거나, 기여하는 것을 허락하는 것이다.[13] 그리고 이런 희생을 간접 비용으로 본다면, 이 비용 대비 효용 효과가 존재한다. 그것은 바로 이런 자동차를 사는 것으로 말미암은 비용 절감과 만족이다. 일단 차량을 구입할 때 이미 연소 엔진 차량이 더 저렴하다. 그리고 전기 자동차가 충전하는 데 최소 20~30분 걸리는 데 비해, 연소 엔진 자동차는 3~5분이면 기름을 채울 수 있다. 그러므로 아무리 채식을 하고 자전거를 타고, 재생 에너지가 공급되는 탄소 중립적 집에 거주하는 사람이라도 아주 적게라도 다른 사람들의 죽음에 참여한다. 이런 참여율은 결코 0이 될 수 없다. 서구 세계에 사는 모든 이는 킬 스코어를 갖는다. 모든 이는 시간, 사랑, 즐거움, 편안함, 오락, 그 외 다양한 것을 상징하는 재화가 거래되는 시장에 다소간 적극적으로 참여한다. 이번 장 시작 부분에서 나는 헉슬리의 《멋진 신세계》에 나오는 "인공 부화, 조건 반사 연구소" 소장의 말을 인용했다. 하지만 우리는 아마도 그 만족과 편안함의 시장에서 벗어나기를 원할지도 모른다. 그리하여 우리는 다음과 같이 자랑스럽게 외치는 헉슬리의 "야만인"과 닮아 있는지도 모른다. "나는 편안함을 원하지 않아. 나는 신을 원해, 시를 원해, 진정한 위험과 자유와 미덕을 원해. 나는 죄를 원해."

이런 말이 문제가 있는 것은, 혹은 웃긴 것은 '야만인'이 말하는 모든 것이 사실은 돈으로는 살 수 없기 때문이다. 이런 통찰을 카를 마르크

스만큼 탁월하게 표현한 사람은 없을 것이다. 그의 언어의 힘을 느껴보기 위해 그의 말을 직접 인용해 보자. 1844년 마르크스는 이렇게 쓴다. "돈은 특정 능력, 특정 사물, 인간의 본질적 능력과 교환되는 것이 아니라, 인간적이고 자연적인 대상적 세계와 교환되므로, 따라서 돈은 화폐 소유자의 관점에서 보면 모든 속성을 그에 모순되는 속성을 포함하는 모든 속성 및 대상과 교환한다. 이것은 불가능한 의형제 맺기이며, 서로 모순되는 것들이 키스를 하도록 강요하는 것이다. 인간을 인간으로 전제하고, 세계와 인간의 관계를 인간적 관계로 전제한다면, 그대는 사랑은 사랑과만, 신뢰는 신뢰와만 교환할 수 있다."

감정적 손실은 측정할 수 있는 성질의 것이 아니다. 감정적 이득도 종종 마찬가지다. 한 친구가 내게 말하기를 장거리 연애를 막 시작했는데 도덕적 딜레마가 느껴진다는 것이다. 아무래도 장거리 연애를 계속하려면 비행기도 자주 타야 하지 않느냐는 것이다. 사랑 때문에 킬 스코어를 높여도 되는 것일까? 파리의 생안 거리에 있는 멋진 일식당 코에츠에서 둘이서 맛있게 스키야키(쇠고기 요리!)를 먹는 건 얼마나 좋은가. 흠, 그건 정말 맛있어서, 나 역시 전에 그곳에 종종 갔다. 그런데 킬 스코어를 생각하면 이런 시간을 어떻게 해야 할까? 어디에 선을 그을 수 있을까? 우리는 여기서 주관적 결정을 해야 하는 영역에 다다른다. 도덕적 판단이 어렵고, 법적으로 유효한 판단은 더더욱 어렵다.

그 밖에도 생명을 구하기 위해 할 수 있는 실제적인 방법들은 제한적이다. 우선 우리는 얼어 죽지 않으려면 집에 난방을 해야 하며, 너무 더운 날씨에는 온열 질환에 걸리지 않게 에어컨을 켜야 한다. 4장에서 언급한 일본의 폭염 기간에 그곳의 에너지 기업은 노인들이 에어컨을 마음

놓고 사용할 수 있도록 고령자를 위해 전기 요금을 낮춰주기까지 했다.

이 모든 것이 굉장히 헷갈린다면, 그건 단순히 정말 헷갈리는 상황이기 때문이다. 우리는 한 사람의 생명이 다른 사람이 삶을 향유하는 일과 교환된다는 메시지를 듣는 동시에, 이런 거래의 환율을 고정시킬 수 없음을 알게 된다. 또한 이미 언급한 것처럼, 어떤 사람들은 다른 사람들보다 우리에게 더 중요하고 가치가 높다. 이웃보다 가족이 더 중요하고, 다른 주민들보다는 이웃이 더 가깝다. 다른 주민들은 다시금 외국에서 온 사람들보다 더 가깝게 느껴진다. 그리고 우리가 파버의 견해를 받아들인다면, 외국에서 온 사람들은 미래에 태어날 사람들보다 우리에게 다시금 더 가깝다. 이렇게 계속된다. 이런 등급을 반영하여 가치를 계산하는 보편적 방법은 없지만, 대부분의 사람은 어떤 식으로든 이런 등급을 염두에 두고 산다.

어떤 사람들은 사람이 죽어간다는 생각만 해도 견딜 수 없고, 다른 사람에게 가하는 고통을 정당화하는 손익 분석 같은 것은 상상하지 못한다. 또 어떤 사람들은 계속해서 미래 생명의 가치를 절하하는 감가의 세계에 살아간다. 무수히 많은 일상적·사적·공적 행동을 하는 동안 우리가 지켜야 할 요구와 도덕적 명령은 불확실성의 안개에 둘러 있다.

그러나 산업 시스템을 변화시키는 것에 관한 한 안개가 걷힌다. 기후로 사람들이 희생되지 않도록 하는 것은 코로나 팬데믹 기간에 인명을 구하는 것보다 두세 배 비용이 적게 든다. 생명을 구하는 손익 효과를 겨루는 월드컵이 열린다면, 베팅숍은 누가 우승할지 확실히 점칠 수 있게 될 것이다. 실로 기후 변화에 대한 대책에 앞서, 대기 오염을 위한 대책을 세우는 쪽이 우승할 것이다. 이산화탄소가 얼마나 빠르게 감축

될 것인지, 환경 정책이 얼마나 야심하고 급진적인 것이어야 하는지는 논란의 여지가 있을 것이다. 하지만 모종의 대책이 실행되어야 한다는 기본적 통찰은 의심의 여지가 없다.

진짜 법정에서는 손익 계산과 감가가 고려될 가능성이 없을 것이다. 진짜 재판에서는 그 누구도 다른 사람의 생명과 폭주 운전자의 삶의 즐거움을 양쪽에 두고 저울질할 생각을 하지 않을 것이다. 하지만 재판이 이제 막바지에 다다르고, 우리 피고들이 거의 출구가 없어 보이는 상황에 서게 될 때, 우리는 마지막 발언에서 마법처럼 소매에서 에이스를 꺼내 보일 수 있다. 우리는 이렇게 말한다. 재판장님, 우리 개인을 피고인석에 앉히지 말고, 기업을 이 자리에 앉혀야 합니다. 무기(킬 스코어로 이어지는 모든 수단을 말함—옮긴이)를 만들어내고 스스로 책임이 있는 건 바로 기업들이기 때문입니다! 우리는 단지 행동을 수행하는 심급일 따름입니다.

살인 사용 설명서인 《살인 청부업자》라는 책이 절판된 것은 다 그럴 만한 이유가 있다. 이 책이 이른바 여러 살인 사건을 조장한 것으로 알려진 뒤, 이 책은 법률적 조정에 의해 판매 금지되었다. 이를 여기서 심의되는 사건에 적용하면, 법정은 개인들이나 작은 물고기들만 피고석에 앉혀서는 안 되고, 주모자도 소환해야 한다는 것이다. 범죄 현장을 살펴보면 분명 기업들의 지문이 발견되거늘, 검찰 측은 지금까지 우리들, 개인 소비자들만 손가락질해 왔다. 다른 용의자, 공모자들은 어디에 있는가, 그들은 법정에 서지 않는가?

기업과 금융 기관의 대표들은 이런 목소리에도 동요하지 않을 것이다. 그들은 그들이 판매하는 차로 사람이 죽을 수 있어도 자동차를 파는 것은 불법이 아니라고 주장한다. 입법부는 총기의 경우에도 일반적으로 그런 논지를 따랐다. 2005년 이래로 무기 거래의 보호에 관한 법률(Protection of Lawful Commerce in Arms Act, PLCAA)에 의거하여 총기 사망 사건에 대해 미국 총기 제조업체에 책임을 지우지 않고 있다. 전미총기협회 의장은 이를 "총기 소유와 관련하여 지난 20년간 (통과된) 가장 중요한 법"이라고 평가했다. 이런 법의 기본 특성을 자동차를 이용하는 일에 빗대어 보면, 여기서도 죄가 완전히 소비자와 이용자에게 있다는 소리다.

그러나 미국에서도 이 법이 비로소 2005년 이래로 존재하게 되었다는 것은 이것이 약간 의아한 법임을 보여준다고 하겠다. 1990년대에 미국 법정은 무기 제조업자와 판매상의 운신의 폭을 제한하는 수많은 판결을 내린 바 있다. 따라서 법이 늘 융통성이 없는 것은 아니다. 사실 총기 친화적인 PLCAA에조차 기업에 책임을 전가하는 예외 조항들이 있다. 이런 예외는 무엇보다 "부주의한 위탁"이라는 상당히 매력적인 규정이다. 부주의한 위탁이란 누군가가 다른 사람에게 어떤 물건을 건넬 때, 그 사람이 그것을 가지고 사람을 죽이려 하거나, 죽일 수도 있음을 알면서도 그 물건을 위탁하는 것을 의미한다. 이런 규정은 1816년에 일어난 슬픈 사건에서 비롯되었다. 당시 딕슨이라는 소년은 자신의 집에서 하녀로 일하던 열 살짜리 소녀(문서에는 이름이 남아 있지 않다)가 쏜 총에 맞아 죽었다. 일인즉슨 집주인인 미스터 벨이 그 어린 하녀에게 자신의 연발 권총을 가져오라고 시켰고, 하녀는 실수로 그것으로 아홉 살짜리 소년을 쏘았던 것이다. 법정은 미성년자인 하녀에게 부주의하게 치명적 무기를 위탁했다는 이유로 미스터 벨에게 유죄 판결을 내렸다.

부주의한 위탁이라는 규정이 생긴 것은 어떤 물건이 서로 다른 쓰임새를 갖고 있어서, 한편으로는 생명에 위험이 될 수도 있지만, 한편으로는 사회적으로 바람직하거나 합법적인 목적으로 사용될 수 있기 때문이다. 총기는 사냥용이나 호신용으로 사용할 수 있으며, 무엇을 사냥으로 보든 사냥은 어쨌든 (밀렵과 별개로) 합법이다. 그러나 이론적으로 총기를 구매하는 사람이 누군가를 살해하려고 한다는 걸 알면서도 총기를 판매하면 판매상은 형사 처벌을 받을 수 있다.

부주의한 위탁이라는 생각을 따른다면, 사람을 죽이는 건 사용자와 구매자라 할지라도, 죄의 일부를 기업(제조업체와 유통업체)에 전가할 수 있다. 기후 재해와 환경오염에도 이 논리를 적용할 수 있다. 자동차 제조업체는 구매자가 차를 운전할 의도가 있으며, 그렇게 함으로써 사람을 죽일 거라는 걸 알고 있다. 총기 산업의 경우, 법정은 총기 제조업체 스스로가 죽이는 것이 아니고, 제조업체는 기껏해야 방조를 한다는 결론을 내릴 것이다. 하지만 누군가가 온실가스를 배출하도록 만들어진 자동차를 운전한다면, 누가 방조를 하고, 누가 직접적으로 가해를 하는 것인가?

가해자와 방조자 간의 역할 교체는 널리 퍼져 있으며 물론 형법보다 민법에서 나타난다. 스텔라 리벡이라는 이름은 몰라도, 스텔라 리벡과 관련한 이야기는 들어보았을지도 모른다. 스텔라는 어느 날 아침 눈을 떠서 맥도날드에 가서 커피를 사야겠다고 생각했다. 당시는 스타벅스가 개선 행진을 시작하기 전인 1994년이었다. 그런데 이날 커피를 받아 든 스텔라는 허벅지에 커피를 쏟아 화상을 입고, 맥도날드를 고소했다. 첫 번째 재판에서 법정은 맥도날드가 "징벌적 손해 배상"으로 270만 달러를 지급하라고 판결했고, 두 번째 재판에서는 일반 손해 배상으로 16만 달러를 지급하라고 판결했다. 이 사건 배후의 논리는 행동을 수행하는 (즉 컵을 엎어버린) 사람에게 실제 책임이 있지 않고, 그녀에게 그런 컵을 제공한 주체에게 책임이 있다는 것이다.

이런 사건을 보면서 별일 다 있다고 웃거나 혀를 차는 것은 인간적 반응이다. 그러나 이 사건에는 진지한 면이 있다. 여기서는 79세가 된 스텔라와 같은 사람이 손을 약간 떠는 상태는 아니었는지, 시력이 떨어져 컵을 안정감 있게 잡지 못하는 상태는 아니었는지 하는 것은 중요하지 않다. 중요한 것은 맥도날드가 너무나 뜨거운 커피를 팔아서, 고객을 불필요한 위험에 노출시켰다는 것이다. 실제로 맥도날드의 커피는 너무나 뜨거웠다. 그리하여 스텔라는 8일 동안 병원에 입원해 피부 이식 수술을 받아야 했고, 그 뒤에도 2년간 사후 관리를 받아야 했다. 피해가 아주 적지는 않다. 스텔라는 툭하면 싸움을 거는 그런 유의 고객은 아니었다. 우선 그녀는 맥도날드에 찾아가 2만 달러의 합의금을 제안했다. 그리고 맥도날드가 이 제안을 거절하자, 맥도날드에 소송을 걸었다. 상황을 조사한 12명의 이성적인 배심원단은 맥도날드가 거의 300만 달러 가까운 배상액을 물어야 한다고 주장했다. 그 뒤에야 한 판사가 배상액을 270만 달러로 낮추었다.

이러한 세부 사항은 제쳐두더라도, 우리는 맥도날드가 사람을 죽이거나 직접적으로 부상을 입히지는 않았지만 위험한 제품을 판매하여 유죄 판결을 받았다는 사실을 확인할 수 있다.

그렇다면 사용자가 주의해서 사용하더라도 자동차가 위험하다면, 자동차 제조업체를 유죄로 판단할 수 있지 않을까? 제품이 고객에게 피해를 주는가(따라서 커피가 스텔라에게), 혹은 제3자에게 피해를 주는가(이 책에서 다루는 자동차 배기가스와 다른 사망 원인들)는 물론 상당한 차이다. 제조업체와 구매자 사이의 계약 관계에는 이 점이 중요할 것이다. 그러나 법정 심리에서는 별 차이가 없다.

이것은 결코 법률을 둘러싸고 장난스레 하는 이야기들이 아니다. 기업과 금융 기관에 환경 피해 책임을 묻고자 하는 소송이 점점 많아지고 있다. 귀인 연구가 발전하면서, 기업들이 점점 더 기후 피해로 소송을 당할 위험이 늘어나고 있다. 사울이 RWE에 소송을 건 사건은 지난 장에서 언급했지만, 이제 투자자도 이런 소송을 제기할 수 있다. 가령 오스트레일리아에서는 25세의 마크 맥베이가 자신의 연금기금인 소매직원퇴직연금신탁(REST)을 상대로 소송을 제기했다. 마크는 기후 변화 문제와 관련해 REST가 너무 편안하게 쉬고 있는 것 아니냐(말장난을 용서하라)고 했다. 마크와 REST는 이런 소송에 법정 밖에서 합의를 했다. 양측 모두 유죄 선고를 목적으로 했던 것 같지는 않고, 사회에 경종을 울리고자 했던 듯하다.

불안정한 고용 관계를 심리하는 공판들도 굉장히 많다. 이런 재판은 이와 관련해 가장 큰 위험이 도사리는 개발도상국에서는 거의 열리지 않는다. 과로로 말미암은(6장을 참조하라) 숨겨진 죽음의 위험은 지금까지 그다지 도마 위에 오르지 않고 적극적 예방이 이루어지지 않았다.

과학적 통찰이 법원 심리에 반영이 될지, 어떻게 그렇게 될지 앞으로 드러날 것이다. 환경법과 의학과 같은 다른 분야에서는 오래전부터 이런 움직임이 있어왔다. 미국의 담배 산업에 대한 소송은 초창기에는 거의 사이언스 픽션처럼 보이기도 했지만, 나중에는 굉장히 진지하게 받아들여졌다. 이 모든 발전을 끌고 나가는 힘은 과소평가할 수 없다. 개인 기부자들이 수백만 달러, 파운드 혹은 유로를 그런 재판에 지원하여, 더 힘을 실어주고 있다.

기업과 금융 기관은 조심해야 할 것이다. 엄밀히 말해 사망과 직접 관련이 없는 곳에서도 그들의 지속가능하지 않은 사업 관행이 관심의 대상이 되고 있다. 물론 산업계도 이를 익히 의식하고 있다. 미국 석유 산업이 미국에서 공식적으로 탄소세 지지를 표명했을 때, 그들은 이런 지지를 기후 변화로 말미암아 그들을 위협할 수 있는 소송에서의 면책 요구와 연결시켰으며, 이런 설명이 아주 깨알 같은 글씨로 문서화되었다.

그리하여 개인을 변호하기 위해 또는 우리를 변호하기 위해 기소를 당해야 할 원래 주체는 금융 기관이나 기업이라는 주장이 제기되었다. 금융 기관과 기업 사이의 차이는 거의 무시할 만하다. 법적 분쟁 비용을 포함한 재정적 책임은 결국 소유자, 즉 투자자에게 있기 때문이다. 모든 것 뒤에 사람이 있다.

이제 변호인 측이 모든 논지를 제시했고, 개인들 혹은 우리는 피고인석에 남아 재판의 마지막 단계를 기다리기 시작한다. 배심원단은 심의를 위해 물러나고 청중은 초조하게 결정을 기다린다. 주지하다시피 《죄와 벌》에서 라스콜리니코프는 결국 자신의 행동을 정당화할 수 없었다. 우리의 경우 이야기가 어떻게 끝날까? 판결은 어떻게 나올까? 우리는 결국 무엇에 책임이 있는 걸까? 이런 질문에 답하기 위해서 우리의 생태학적·사회적 발자국을 더 정확히 살펴보아야 할 것이다. 우리가 할 수 있는 행동들은 무엇일까? 우리의 힘의 한계는 어디에 있으며, 우리가 해야 할 의무는 어떤 것일까?

11

판결

한 여성—이름을 사라라 하자—이 현장에서 붙잡혔다. 그녀는 어둠을 틈타 몰래 집을 나와 다른 남자의 품에 안겨 키스하고 사랑을 나눴다. 사라가 처음으로 “사랑해”라고 말했을 때 남자는 파라다이스가 어떤 곳일지 상상할 수 있는 느낌이었다. 그녀가 아니면 안 된다. 반드시 그녀여야 한다고 남자는 생각했을 것이다. 다만 유감스럽게도 그는 그녀의 남편이 아니었다. 이것은 금지된 사랑이었다. 사라를 어떻게 처벌할 것인지 결정하기 위해 모인 마을 원로들은 특히나 경건한 사람에게 조언을 구하기로 했다.

마을 원로들이 조언을 구한 특히나 경건한 남자는 바로 예수였다. 예수는 정황상 함정에 빠졌던 듯하다. 그가 이제 그 여인을 무죄라고 하면, 그것은 그 시대의 도덕규범을 위반하는 처사일 것이다. 반면 그 여인이 죄가 있다고 선언한다면, 그는 굉장히 엄격하고 무정해 보일 것이었다. 정말 쉽지 않은 딜레마였다. 그러나 예수는 이런 딜레마에서 출구를 찾았다. 바로 "죄가 없는 자가 먼저 돌로 치라"는 것이다. 이 말로 예수는 두 가지를 이야기한다. 여인에게 죄가 있다는 것이며, 통용되는 법상으로는 처벌을 받아야 한다는 (따라서 돌팔매질을 당해야 한다는) 것이다. 그러나 동시에 예수는 돌을 던지는 자는 죄가 없어야 한다고 요구한다. 이에 아무도 돌을 던지지 않았고 예수는 그 여인에게 죄에서 떠나라고 말한다. 그리고 모두가 나머지 인생을 행복하게 살았다(예수를 제외하고는 말이다). 그러나 이 이야기에는 "약간의 뒤끝"이 있다. 예수는 이어 자신을 믿지 않는 마을 원로들과 학자들이 "자기 죄 가운데서 죽을 것"이라고 선언하기 때문이다.

이 책에서 나는 돌을 던지지 않는 사람의 입장을 취하고자 했다. 그리하여 기소하는 측과 변호하는 측 모두에 여지를 두고자 했다. 우리 모두가 이마누엘 칸트의 말마따나 "뒤틀린 목재"로 이루어진 사람들이 아니던가? 내가 1장에서 이미 재판을 하겠다고 했는데, 판결이 아직도 나지 않았다. 우리는 전반적인 상황을 알았고, 범죄 현장을 살펴보고, 검찰 측과 변호인 측의 의견을 들었다. 예수와 같은 해결책은 여기서는 만족스럽지 못하다. 우리는 우리가 실제로 어떤 책임이 있는지를 알고자 한다. 범죄 소설의 이미지를 고수하여, 판결을 듣고자 한다. 이어지는 페이지들에서 나는 내가 책임의 문제를 가지고 씨름한 이야기를 하려고 한다. 내 설명을 정말 씨름으로 이해해 주기 바란다. 이것을 최종적이고 보편타당한 판결이 아니라, 증거들을 정리하고 그로부터 결론을 이끌어내 보려는 조촐한 노력으로 보아주기를 바란다.

책임 문제는 우리를 가해자로 만든 최초의 흔적에서 시작된다. 바로 발자국에서 말이다. 우리는 모든 범죄 현장에서 발자국을 찾아서 측정하고자 했다. 발자국은 각각의 범죄 현장, 즉 기후, 폐기물 및 배기가스, 노동, 익명 소비, 전쟁 및 분쟁에 대한 진술에서 우리의 킬 스코어를 계산하는 토대를 이루었다. 그러나 그것은 우리의 행동을 정리해 보는 것이었지 도덕적으로 분류해 보려는 것은 아니었다. 우리의 발자국을 윤리나 책임으로 수치화하는 일은 별개의 것이다. 죄와 책임, 발자국 사이의 관계를 이해하려면 발자국의 근원을 좀더 자세히 탐색해야 할 것이다.

"발자국"을 상정하고 이를 수량화해 보고자 한 것은 1990년대 초 브리티시컬럼비아 대학교의 윌리엄 리스(William Rees)와 매티스 웨커너겔(Matis Wackernagel)의 연구가 그 시초였다. 당시 그들은 생태 발자국이라는 용어를 만들었다. 그 뒤 이어지는 몇 년간 "발자국"이라는 말이 점점 대중화되면서 기업의 사회적 책임과 책임 투자가 부상했다. 새천년이 시작되면서 전 세계의 대기업마다 자신들의 "발자국"을 이해하는 데 도움을 줄 지속가능성 전문가들을 채용했다. 이어 국제연합(UN)은 8개의 글로벌 지속가능성 목표인 밀레니엄 개발 목표(Millennium Development Goals)를 천명했다. 물론 그 시기에 미국과 나머지 세계는 무엇보다 2000년 1월 1일 0시에 밀레니엄(Y2K) 버그로 시스템이 붕괴되는 일이 일어나지 않은 것을 축하하는 데 열을 올리고 있었지만 말이다. 서구는 탈냉전 골드러시 분위기에 취했고, 당시 지속가능성 전문가들은 맥킨지 경영 컨설턴트처럼 보였다. 지속가능성 전문가들은 대기업 중역들과 전략회의를 하고 본부를 제집 드나들듯 드나들었다. 당연히 NGO들 역시 끼어들었다. 2000년에 폴 디킨슨, 테사 테넌트, 폴 심슨은 오늘날

CDP라 불리는, 탄소 정보 공개 프로젝트(Carbon Disclosure Project)를 창립했다. CDP는 기업이 탄소 발자국을 공개하도록 하기 위해 만들어졌으며 세계에서 가장 큰 환경 NGO 중 하나가 되었다. 현재 CDP의 직원만 해도 500명이 넘는다. 투자자, 기업, 정부, 나아가 거리를 활보하는 일반 시민까지 모두 자신의 탄소 발자국에 대해 알고 싶어 했다. 지속가능한 기업의 멋진 신세계는 결코 끝나지 말아야 했던 것을! 그러나 지속가능성의 첫 번째 물결이 천둥처럼 치고 난 뒤 경멸적인 현실의 번개가 번쩍였다. 그러자 두 가지 일이 일어났다.

첫 번째로, 기업은 소비자가 지속가능성을 자신들의 예상과 다르게 대한다는 것을 알아차렸다. 기업에게는 1990년대 나이키 불매운동을 촉발했던 나이키 아동 노동력 착취 스캔들과 같은 불미스러운 스캔들을 어떻게 피할 것인지가 관건이 되었다. 오늘날로 말하면 기업은 어떤 이야기가 "바이러스"처럼 퍼져나가 한 기업 혹은 한 브랜드가 비방을 당하지 않도록 극도로 신경을 쓴다는 말이다. 그런 위험을 피하기만 하면, 기업은 평화롭게 계속해서 사업을 할 수 있었다. 부패나 불안정한 고용 관계, 생태 발자국은 거의 아무도 신경 쓰지 않았다. 아마도 이미 비웃음거리가 된 우리의 외코들만 빼면 말이다. 기업들이 이런 사실을 알아차렸을 때, 지속가능성 전문가들은 찬밥 신세가 되었다. 이들이 당시 푸념처럼 하던 이야기들은 웃프다. 자신들이 기업에서 처음에는 사장이나 이사를 상대했는데, 이어 부장을 상대하다가, 나중에 보니 인턴사원을 상대하고 있더라는 것이다. 그런 다음 마침내 그들은 단테의 지옥의 현대적 등가물이라 할 수 있는 마케팅 부서에 배치되었다. "그리고 그는 내게 말했다 '그런 비참한 삶을 살아야 하리/저 칭찬도 치욕도 없이 살아가는 사람들 / 그들의 우울한 영혼을 이끌어야 하리…… / 하늘은 그들과 더불어 자기 이름을 더럽히려 하지 않는다네 / 깊은 지옥도 그들에게 스스로를 닫는다네." 지속가능성 전문가들은 옷을 갈아입고, 지속가능성을 가장한 마케팅과 홍보 전문가가 되었다. 그리고 아무도 더 이상 그들과 함께 자신을 "더럽히려 하지 않았다".

이런 전개는 기업뿐 아니라 전문가들 자신들에게도 영향을 미쳤다. 나와 같은 콩알 세는 사람들과 협력하는 가운데 이루어졌던 지속가능성 계산은 현실 세계와 점점 더 동떨어진 것이 되기 시작했다. 우리의 구체적 활동은 일반인들에게는 와닿지 않는 수와 지표들의 혼란 속에서 흐지부지 그 영향이 묻혀버리고 말았다. 우리는 우리끼리만 이야기했고, 더 이상 세계와 소통할 수 없었다. 이 이야기의 시작 부분에서 이미 언급했듯이 지속가능성 지표는 갑자기 안개에 싸인 듯 뭐가 뭔지 잘 구분이 안 가게 되었다.

두 번째로 기업은 자신의 발자국을 소비자들에게 전가할 수 있다는 걸 알아차렸다. 영국의 석유 회사 BP가 이런 일에 특히 발 빠르게 대처했다. 그리하여 BP는 2004/2005년에 대규모 공개 캠페인을 벌여 "탄소 발자국 계산기"를 출시하고, 어떻게 "탄소 다이어트"를 할 수 있는지 대대적으로 홍보했다. 이런 식의 시나리오는 새로운 것은 아니었다. "미국을 아름답게(Keep America Beautiful)"라는 무해한 이름의 NGO가 1970년대에 이미 이와 같은 맥락의 공익 광고를 내보내 명성을 얻었기 때문이다. 이 공익 광고에서는 한 인디언이 등장하여 쓰레기가 버려지는 현실을 목도하는데, 특히 한 운전자가 자동차에서 함부로 쓰레기를 무단으로 거리에 내버리자 그 인디언은 눈물을 흘린다. 이 NGO는 코카콜라와 같은 다국적 기업의 후원을 받았고, 일시적으로는 다국적 담배 기업의 스폰서를 받기도 했다("지속가능성 전문가"로서 나는 이런 일은 결코 좋은 징조가 아니라고 단언할 수 있다). 어쨌든 BP가 벌인 캠페인은 탄소 발자국(또는 환경 발자국)을 일상어로 등극시켰다. 동시에 이 캠페인은 탄소 발자국을 사적인 것으로 만드는 데 성공했다. 거의 2004년만 해도 거의 28만 명이 BP의 탄소 발자국 계산기를 사용한 것으로 드러났다. 오늘날에도 수백만 명이 이 계산기를 애용하고 있다.

환경 분야에서 활동하는 많은 NGO가 그 이후로 개인의 발자국과 개인의 책임을 따로따로 분리해서 보기 시작했음은 놀랄 일이 아니다. 세계자연기금과 다른 몇몇 NGO들은 계속하여 탄소 발자국 계산기를 온라인으로 제공하고 있다. 그러나 다른 NGO들은 이것을 자신의 책임에서 시선을 개인에게로 돌리려는 기업들의 농간으로 본다. 2006년 〈뉴욕타임스〉에 실린 기사에서 2004년 BP 광고를 제작한 사람 중 한 사람은 캠페인은 "단지 마케팅"일 따름이지 결코 "공개적 논의를 불러일으키려는 진정한 시도이거나, 사회적 어젠다를 근본적으로 변화시키기 위한 기업 차원의 촉구" 같은 것은 아니라고 했다. BP 캠페인을 분석한 스탠퍼드 대학교 학생인 벤저민 프랜타는 이것을 "기존에 있던 가장 성공적이고 가장 위선적인 PR 캠페인"이라면서 이렇게 지적했다. "……그 전략은 가능한 한 많은 책임을 소비자에게 지우려는 것이다. 소비자들은 자신들의 상황을 조망하기가 힘들다는 것을 아는 가운데 그러는 것이다. ……그 전략은 결국 아무것도 변하지 않게끔 하는 것이다."

이런 말의 신랄함은 많은 말을 해준다. 탄소 발자국 대부분이 그냥 서구에 산다는 이유만으로도 채워진다는 것만 봐도 개인에게만 책임을 물어서는 안 된다는 것이 분명하다. 매사추세츠 공과대학의 연구자들은 2006년 연구에서 심지어 미국에 사는 노숙자도 1년에 탄소 발자국이 8.5톤에 이를 것으로 계산했다. 4장의 테킬라 샷이 기억난다.

이런 상황은 당연히 우리 개인의 행동을 주욱 기록하고 정리해 보려는 시도를 약간 미심쩍게 만든다. 개인에 대한 요구는 그저 마케팅의 트릭일 따름일까? 그러면 우리는 개인적 탄소 발자국이 없고, 개인적 책임도 없는 것일까. 판결 부분에서 우리는 헤아릴 수 없고 측량할 수 없는 늪에 빠졌다. 이제 어떻게 해야 하죠? 라는 실망한 독자들의 음성이 들리는 듯하다. 결론적으로 내 개인적 책임은 어디에 있는 겁니까?

이것으로 충분하지 않다. 우리에겐 두 번째 문제가 있다. 다음 일화가 이것을 보여줄 것이다. 자, 두 친구가 함께 제과점을 운영한다고 해보자. 마리아는 지분의 25퍼센트를 가지고 있고, 사라는 75퍼센트를 가지고 있다. 이 제과점은 지점이 두 개 있고, 각각 연간 50톤의 이산화탄소를 배출한다. 합쳐서 100톤이다. 자, 그러면 이산화탄소 데이터를 평가하는 지속가능성 전문가 또는 회사는 제과점의 지분에 의거하여 마리아의 탄소 발자국은 25톤이고, 사라의 탄소 발자국은 75톤이라고 알려준다. 물론 이것은 회사 지분을 마리아가 25퍼센트, 사라가 75퍼센트를 소유하기 때문이다. 공정하게 들린다.

그런데 마리아가 이제 킬 스코어에 대한 책을 읽고, 마리아의 친구 클레어는 그녀에게 어떻게 하면 제과점 두 개 지점의 탄소 발자국을 50퍼센트 감축할 수 있는지를 알려준다. 마리아는 엄청나게 열광한다. 그러고는 다음번 회의에서 사라를 만나 클레어의 제안을 소개하며, 그것을 실행에 옮기자고 한다. 하지만 사라는 고집스러운 기후 변화 부인론자라서, 그중 아무것도 실행에 옮기지 않겠다고 한다. 두 사람이 의견 일치를 보지 못했으므로 배출량 감축은 불발되고, 두 제과점은 다음 해에도 계속해서 100톤의 이산화탄소를 방출한다. 지속가능성 전문가는 마리아에게 평소에 해왔듯이 보고서를 보내며, 마리아의 책임을 25톤으로 잡는다. 이것이 여전히 공정한 일일까? 사라에게 12.5톤의 책임을 전가할 수는 없을까? 그도 그럴 것이 사라가 거부해서 마리아가 이런 양을 감축하지 못하도록 했기 때문이다. 따라서 마리아에게 책임이 있는 것은 12.5톤이고, 사라에게 새롭게 87.5톤의 책임을 지워야 하는 건 아닐까?

여기서 그치지 않을 수도 있다. 마리아는 이런 전반적인 상황에 계속 화가 나서, 이제 제과점의 지분을 사라에게 팔아버리기로 한다. "나는 나갈게. 나는 이런 말도 안 되는 일을 더 이상 계속할 수 없어. 내 지분을 네게 팔게"라고 마리아는 말한다.

"그래." 사라는 그렇게 대답한다. 그러고는 쿨한 사업가로서 100만 유로를 내어놓는다. 마리아는 그 제안에 응해, 그 돈을 받고 부자가 된다! 아울러 이듬해 마리아의 이산화탄소 발자국은 0으로 줄어든다. 그리고 전문가로부터 받은 인증서를 액자에 자랑스럽게 끼워 걸어놓는다. 이제 이것이 공정한 것일까?

물론 마리아는 자신의 탄소 발자국을 줄였다. 그러나 사라는 배출량을 줄이지 않고 빵집을 혼자 계속 운영한다. 그녀는 이것에 책임을 지고, 아무도 그것을 트집 잡지 않는다. 그러나 자신이 배출량을 급진적으로 줄였다는 마리아의 주장은 얼마나 설득력이 있는 것일까? 사실은 약간 카드를 다르게 섞은 것뿐인데 말이다. 게다가 더 안 좋은 것은 마리아가 지분을 팔아버림으로써 제과점 안에서 일관적으로 친환경적 조처를 대변하는 이성의 목소리가 실종되게 되었다는 것이다.

여기서 방향을 전환해 보자. 자, 이제 정부가 모든 제과점이 의무적으로 태양광 패널을 설치하도록 하는 새로운 법안을 통과시켰다고 해 보자. 사라도 물론 그 의무를 행할 수밖에 없다. 그녀가 고집 센 사업가이긴 하지만, 법을 위반할 수는 없기 때문이다. 그러면 이제 지속가능성 전문가는 계산을 새롭게 하여, 이 제과점이 탄소 발자국을 50퍼센트, 즉 50톤을 감축했다는 결론에 이른다. 이제 사라는 듣고 싶어 하든 그렇지 않든 모든 사람에게 자랑스럽게 자신이 제과점의 탄소 발자국을 절반으로 했음을 공표한다. 이것은 공정한 일일까? 원래 절반 감축은 법이 규정하고 있기에 가능하게 된 것인데도? 사라는 어찌하여 자신으로서는 원래 하려고 하지 않았던 일에서 인정을 받아야 할까?

이런 이야기는 현실 세계에서 줄곧 벌어진다. BP가 알래스카의 석유 회사에 주식을 매각했을 때 알래스카 석유 회사들의 매출은 4.7퍼센트 증가했으며 배출량은 8퍼센트 이상 증가했다. 그러나 알래스카 사업이 더 이상 BP에 속하지 않기에, BP의 지속가능성 보고서에는 배출량이 떨어진 것으로 나왔다.

이와 관련한 첫 번째 문제는 발자국 계산이 때로 남에게 죄를 전가하게끔 하는 상황을 포함하기도 한다는 것이다. 두 번째 문제는 발자국 계산이 우리의 책임을 정확하게 반영하고 있지 않다는 것이다. 그렇다면, 우리는 어떻게 발자국을 책임과 죄로 연결시킬 수 있을까?

이 질문에 대한 답은 다른 성경 구절에서 찾을 수 있다. "많이 받은 자에게는 많이 요구할 것이요, 많이 맡은 자에게는 많이 달라 할 것이다."(누가복음 12장 48절) 이런 의미에서 우리의 발자국은 우리의 책임과 정확히 일치하지 않는다. 발자국은 책임과 등가물이 아닌 것이다. 우리의 발자국이 남긴 흔적에서는 우리의 행동을 볼 수 있을 뿐 아니라 세상을 변화시킬 수 있는 우리의 힘과 능력의 한계를 볼 수 있다. 우리의 발자국은 우리 힘의 충실한 모상이 아니라, 세계를 바꿀 수 있는 우리의 잠재력과 그 잠재력의 한계를 보여준다. 이런 힘을 다룰 책임도 그로부터 나온다.

지속가능성 발자국은 우리가 세상에 남기는 발자국만을 측정하는 것이지, 우리가 세상을 어떻게 살아가려 하는지를 측정하지 않는다. 우리는 주어진 힘을 책임감 있게 활용해야 하지만, 이 과제는 우리 행동의 모든 결과를 책임지는 것과는 동일하지 않다. 우리의 힘이 이 발자국에 고르게 미치지 못하기 때문이다. 우리가 행동의 결과에 별달리 영향을 미치지 못할 때도 있다. 우리의 의지와 상관없이 외부적으로 규정된 것들이 좋든 나쁘든 우리의 발자국에 영향을 미치기 때문이다. 물론 때로 어떤 일은 힘과 책임이 온전히 우리에게 있기도 하다. 가령 페라리를 운전하고 출근할 것인지 도보로 출근할 것인지를 결정할 때 등이 그러하다. 때로는 영향을 행사할 수는 있지만, 우리의 힘이 매우 제한적이고, 자기 몫을 하는 것에 그칠 때도 있다. 가령 우리가 우리 삶의 공동의 제반 조건과 공공선에 영향을 미치고자 할 때가 그러하다.

우리에게 주어진 힘은 의무를 동반한다. 더 많은 것을 맡았을수록 요구되는 것도 더 많아진다. 그러므로 우리에게 내려지는 판결은 직접적으로 우리의 발자국에 달려 있다기보다는 우리가 우리에게 주어진 힘을 활용하며 주의 의무를 다하고 있는가, 어떻게 그렇게 하고 있는가에 달려 있다.

주의 의무는 이 책에 등장하는 모든 행위자, 즉 소비자·기업·금융 기관에 적용된다. 주의 의무가 이들 각각의 행위자에게 어떤 의미인지 금융 기관에서 시작해 역순으로 살펴보기로 하자.

금융 기관에서 이런 개념은 이른바 충실 의무라고 하는 자산 관리의 가장 중요한 원칙에 부합한다. 이런 의무는 민법에서 오랜 전통이 있으며, 금융 기관이 고객을 충실하고 성실하게 대해야 함을 의미한다. 자산 관리의 세계에서 고객은 자산의 소유자, 즉 연금기금, 보험 회사, 그리고 결국 (거의) 우리 모두를 의미한다. 충실 의무는 오랫동안 고객의 이윤을 극대화하고 위험을 최소화하는 일과 동일시되었지만 최근 몇 년 동안 생각의 전환이 이루어졌다. 이런 전환에 따르면 고객에 대한 충실은 고객의 목표를 이루기 위해 힘쓰는 것인데, 이들의 목표는 많은 경우 금전적일 뿐 아니라 비금전적 성격을 지닌다. 가령 지속가능성의 목표를 포함할 수도 있다. 설문조사에 따르면 인구의 60~80퍼센트가 투자에서 어떤 형태로든 지속가능성의 목표를 고려하기를 원하는 것으로 나타났다. 이를 위한 국제적 규정도 있다. UN의 책임 투자 원칙(PRI)과 유엔환경계획 금융이니셔티브(UNEP-FI)는 충실 의무에 대한 그런 진보적인 이해를 표방한다. 이에 따르면 충실 의무는 우리의 지속가능하지 않은 경제에 동반되는 재정적 위험으로부터 보호하는 일일 뿐 아니라, 또한 "의사 결정에서 수혜자와 고객의 지속가능성에 대한 목표"를 고려하는 주의 의무와 관련된다. "이런 지속가능성의 목표가 재정적으로 중요한 것인지와는 무관하게" 말이다.

주의 의무는 금융 기관과 기업에 두 가지 형태로 적용되는데, 둘 다 공적 영역의 부패 금지와 관련된다. 즉, 킬 스코어와 관련하여 소비자나 정책에 부정적 영향을 끼쳐서는 안 되는 것이다. "여러분들 중에서도 제자들을 끌어 자기를 따르게 하려고 어그러진 말을 하는 사람들이 일어날 줄을 내가 아노라."(사도행전 20장 30절)

우선 기업은 소비자와 관련하여 주의를 해야 하는바, 기업이 우리의 악덕을 활용하느냐, 그것을 더 크게 만드느냐는 별개의 것이다. 이것은 이 책 첫 부분에서 우마 서먼이 우리를 흡연으로 유혹했던 이야기를 할 때 이미 분명히 드러났다. 두 번째로 집단적 의사 결정에 부정적 영향을 미쳐서는 안 된다. 소비자에게 영향을 미쳐서 만들어내는 기업의 생태 발자국이 기업이 집단적 의사 결정에 미치는 부정적 영향보다는 덜 나쁘다고 보는 사람들도 있다. 이런 의사결정에 대한 영향이 결과적으로 지구와 우리에게 불리한 상황을 만들어내기 때문이다. 딜런 태너와 토머스 오닐이 창립한 인풀루언스맵(InfluenceMap)이라는 영국 NGO는 무엇보다 이런 전략을 연구하고 있다. 인풀루언스맵은 기업이 직접 또는 산업 협회에 참여함으로써 기후 정책에 어떻게 부정적 영향을 미치는지를 분석한다.

브뤼셀에서 플라스틱 산업의 수석 로비스트와 논쟁을 했던 기억은 지금도 뼈아프게 남아 있다. 당시 처음으로 플라스틱 제품에 세금을 부과할지, 어떻게 부과할지 논의가 이루어졌다. 아마 2017년쯤이었을 것이다. 트라우마 때문에 정확한 날짜가 잘 기억나지 않는다. 그 로비스트는 내게 플라스틱은 없는 곳이 없다고 지적했다. 내 안경에도 있고, 내 옷에도 들어 있다며 …… 그녀는 나를 굉장히 무시하는 말투로 일관했고, 태도도 냉소적이었다. 그녀는 플라스틱 판매량과 마진율에만 관심이 있을 뿐, 권한을 책임 있게 행사할 의무를 소홀히 하는 기업들을 대변했다.

유감스럽게도 의무 위반은 정치 영역뿐 아니라 마케팅과 광고에서도 볼 수 있다. 그것의 최악의 형태가 바로 소비가 "지구를 구하는 데" 도움이 된다고 하는 메시지다. 이로써 오웰의 "신어(Newspeak)"와 "이중사고(Doublethink)"가 완전히 새로운 수준에 도달한다. 그에 따르면 우리는 마구 쇼핑을 해대면서 생태 발자국을 줄일 수 있을 뿐 아니라 지구에 도움이 되는 일을 한다고 한다. 내가 좋아하는 매그넘 클래식 아이스크림 포장지에도 아주 두툼한 글씨로 "미래를 위하여(for the future)"라고 쓰여 있다. 따라서 미래를 위해 기여를 하고 싶다면 부디 매그넘 아이스크림을 먹어주세요!

이런 식의 마케팅 전략 예는 얼마든지 들 수 있다. 광택지에다 정확한 숫자를 적지 않은 채 도표를 공개하는 지속가능성 보고서로 시작하여, 허구로 녹색 성과를 자랑하는 기업 소개를 거쳐, 결국 이 책의 시작 부분에서 이야기했던 녹색 채권까지 여러 가지 예가 있다.

결국 기업과 금융 기관의 주의 의무란 자신의 발자국을 줄이기 위해 최선을 다하고, 달러와 유로화로 환산되는 실적만이 아니라, 그들의 활동으로 말미암은 생태학적·사회적 결과들에 주의하고, 지속가능한 생산과 소비 방식으로 나아가는 것일 터이다. 정치와 공공 영역에서 시민의 의무를 소홀히 하는 기업과 기관은 기본적인 통찰과 진실을 왜곡하고 은폐한다. 그들은 의심과 불신을 심고, 서로를 떼죽음으로 몰아가지 않는 세상으로 가는 길을 방해한다. 이런 행동을 보이는 기업에 책임이 있다.

개인의 삶에 주어지는 과제도 비슷하다. 기업과 금융 기관에서처럼,

주의 의무는 개인이 세상을 등지고 자기만의 아성으로 물러나, 모든 악을 떨쳐버리고 숲에서 살며 그곳에서 먹이를 찾고, 생태 발자국을 전혀 남기지 않은 채 살아야 한다는 의미가 아니다. 마리아와 사라, BP와 알래스카의 예에서 볼 수 있듯이 자신의 권한을 포기하는 것은 때로는 안 좋은 생각일 수 있다. 때로 우리는 긍정적 영향을 만들어내고, 그것으로 부정적 영향을 상쇄하는 것 이상의 효과를 거둘 수 있으며, 그런 계산도 우리의 발자국에 들어간다. 주의 의무란 우리가 신중하고 사려 깊게 결정을 내리고 선택하는 것이다.

이렇게 주의 의무를 다하고, "형제를 지키는 자"가 되는 것보다 인생에서 더 어려운 일은 없을 것이다. 우리는 늘 더 많은 것을 원한다. 우리의 소비에서 주의 의무 원칙은 늘 가장 마지막으로 밀려난다. 음식이 가장 좋은 예다. 육식을 하는 사람들과 채식주의자 사이의 논쟁이 뜨겁지만, 모든 음식의 30퍼센트가 결국 우리의 배 속으로 들어가지 않고, 집에서 마트에서 또는 농가에서 이미 버려진다는 사실을 생각하면 그런 논쟁은 참으로 무색해진다. 이런 높은 손실률은 또 다른 상황에서도 만날 수 있다. 연구자들은 사람들이 하루 평균 9개의 물건을 잃어버린다는 사실을 규명해 냈다고 한다. 이를 일생 동안으로 환산하면 잃어버리는 물건이 20만 개에 달한다(이것이 평균적 수치라면, 내 경우에는 얼마나 많을지 정말 후덜덜하다). 또 다른 연구에 따르면 평균적인 미국 가정에는 물건이 30만 개가 있다고 한다. 영국의 열 살짜리 아이는 평균 238개의 장난감이 있는데 그중 12개만 가지고 논다고 한다. 생산되고 우리가 구매하는 물건 중 다수를 우리는 결코 소비하지 않고 있는 것이다.

소비한다 하더라도 부주의하게 하는 경우가 많다. 자동차 운전은 그에 대한 좋은 예다. 가령 과격하게 과속 운전을 한다면, 이것은 우리의 이산화탄소 발자국에 굉장히 부정적 영향을 미친다. 그렇다고 그런 운전 스타일이 운전 시간을 과히 줄여주거나, 운전하는 걸 과히 즐겁게 해주지도 않는다. 이런 면을 무시하는 것은 주의 의무를 위반하는 것이며, 이런 경우 킬 스코어의 책임은 우리에게 있다.

이것이 판결이다. 물론 이것은 내가 내린 판결이다. 이 책을 쓰면서, 그리고 지난 10여 년 동안 다채로운 지속가능성의 세계에서 (무의식적으로) 나 자신과 씨름한 결과다. 나의 씨름은 양심의 가책을 동반했다. 욕구를 충족시키고, 헤세의 유혹자처럼 실망한 손에 고기만 들고 있을 때마다 그랬다. 이런 죄책감에 상응하는 올바른 답을 할 수 있는지 나는 모르겠다. 나는 도덕철학자나 판사가 아니라 그저 콩알 세는 자일 따름이다. 그러나 내 판결은 다음과 같다. 우리의 발자국으로 우리의 킬 스코어를 측정할 수 있다. 발자국은 킬 스코어를 줄이기 위한 우리 힘이 미칠 수 있는 범위를 보여준다. 킬 스코어에 대한 책임, 그와 관련한 우리의 죄는 우리의 발자국으로부터 연유하며, 우리가 우리의 힘을 얼마나 주의 깊고 양심적으로 행사하는지에서 비롯된다. 부주의하거나 생각 없이, 이기적으로 소비의 노예가 되는 순간 우리의 책임은 커진다. 그리고 우리가 크든 작든, 세상을 더 좋아지게 하는 순간 우리는 책임에서 자유로워진다. 우리가 발자국을 변화시킬 수 있는 작은 일들을 마지막 장인 다음 장에서 이야기해 보기로 하자.

12

작은 것들이 모여

존 스타인벡의 소설 중 최초로 대중적 성공을 거둔 《토르티야 마을》의 마지막 장에서 파이사노는 죽은 친구 대니의 집에 실수로 불을 낸다. 아무 생각 없이 불 붙인 성냥이 신문지 위로 떨어지면서 사달이 난다. 캘리포니아의 건조한 열기에 바싹 말라 있던 종이에 불이 확 붙었고 불은 온 집 안의 나무 벽으로 빠르게 퍼져나간다. 스타인벡은 이 사건에 대해 굉장히 묵직하고 시대를 초월하는 해석을 한다. "신은 그렇게 작은 원인들로 이야기를 한다"고 말이다.

나는 이 책의 원고를 영국의 한 출판사 대표에게 보여주었는데, 그는 이 책의 아이디어와 범죄 이야기에 시큰둥한 반응을 보였다. 그렇다면 본인이 살인자라는 이야기냐며, 게다가 "작은 것밖에 변화시키지 못한다니" 몹시 무력감을 느낀다고 항변했다. 나는 우리는 기껏해야 과실치사이지 죽음에 책임이 있는 건 아니라고 대꾸했다. 사실 우리는 "어쨌든 살인자"도 아니고, 사형 선고를 받지도 않을 것이다. 우리에겐 힘이 있다! 우리의 발자국이 그것을 말해준다. 그리고 우리에게 힘이 있다는 것은 우리가 다르게 행동할 힘이 있다는 뜻이기도 하다.

이 책의 시작 부분에서 나는 지속가능성 논쟁이 처한 홍보 위기에 대해 탄식했다. 우리는 틀림없이 우리의 생태적·사회적 발자국이 미치는 치명적이고 굉장히 좋지 않은 결과들을 적절하게 전달하지 못하는 것 같다. 사람들을 움직여 행동을 바꾸도록 할 수 있는 언어가 부족하다. 그러나 죽음은 우리를 움직이게 한다. 이런 감정을 영국 시인 존 던만큼 놀랍게 표현한 사람은 별로 없을 듯하다. 존 던은 17세기에 "어떤 사람도 섬이 아니다(No Man Is an Island)"라는 단순한 진리를 선포했다. 이 말은 그의 시 제목으로 그 내용은 이러하다. "모든 이의 죽음이 나 자신을 작아지게 하네. 나는 인류의 일부이기에. 그러니 누구를 위해 종이 울리는지 알고자 사람을 보내지 말라. 종은 그대 자신을 위해 울리는 것이니."

우리 인간들에겐 연대 의식과 공동체 의식이 있다. 이런 의식은 직접적인 주변 환경에만 국한되지 않는다. 존 던에게 안타깝게 다가온 것은 자신의 죽음이나 형제, 이웃, 혹은 편자 대장장이의 죽음이 아니다. 모든 이의 죽음이 그의 마음을 아프게 한다. 우리 모두는 막연하지만 무한히 서로 연결되어 있다는 것, 이런 생각이 존 던의 마음을 움직였다. 이마누엘 칸트는 그 생각을 자신의 "공적 인권" 이론의 기본 원칙으로 삼았다. "영원한 평화"에 대한 자신의 논문에서 칸트는 "지구의 민족들" 사이의 "공동체"에 대해 이야기하며, "지구상의 한 곳에서 일어나는 권리 침해는 모든 곳에서 느껴진다"고 강조했다.

연대와 단결은 동식물계에도 존재한다. 숲은 생태계를 이루는데, 그 생태계 안에서 나무는 뿌리를 통해 물과 양분을 공유하고, 냄새 물질을 분비해 위험을 경고하고, 때로는 심지어 죽은 형제들까지도 쓰러지지 않도록 곧추세운다. 죽은 나무가 쓰러져서 다른 나무까지 바닥에서 뽑히는 일이 일어나지 않도록 말이다. 나무의 세계에서 어떤 놀라운 일들이 일어나는지를 약간이라도 알면, 굳은 마음들마저도 트리 허거가 된다. 물론 자기 자신의 필요와 자연스러운 자기 보존 본능이 나무들의 이런 행동에 영향을 미칠 것이다. 나무들은 안정적 생태계에 의존한다. 이런 의미에서 나무는 애덤 스미스가 말한 "푸줏간 주인"이나 "양조업자" 혹은 "제빵업자"와 비슷하다. 애덤 스미스는 이들이 양질의 식품을 공급하는 것은 다른 사람에게 호의를 베풀기 위해서가 아니라, 자신들의 "자기 사랑"에 도움이 되기 때문이라고 했다.

그러나 존 던이 묘사한 현상, 〔그리고 애덤 스미스가 동료 감정(fellow feelig)이라는 상큼한 말로 부르는 동료로서 갖는 느낌〕 현상은 이런 자기 욕심을 위한 것과는 약간 다르다. 그것은 부분이 되어 참여하는 삶, 공감하는 삶에 관한 것이다. 우리는 누구를 위해 종이 울리는지 알아낼 필요는 없다. 친구가 죽어가는지, 적이 죽어가는지, 낯선 이가 죽어가는지가 문제가 아니다. 그것은 우리를 위해 울리는 종이다. 그럼에도 작은 행동은 필요하다. 바로 종소리를 듣는 것이다. 그 소리를 들을 때만이 우리는 마음에 거리낌을 느끼고, 당혹해하고, 마음이 움직여 염려하고 돌보려는 마음이 생긴다.

그래서 이 책에서 죽음과 살인을 살펴보기 위해 활용한 콩알 세기는 내가 전에 했던 콩알 세기와는 굉장히 다르다. 우리는 함께 죽음의 종이 울리는 미지의 땅을 측정하고 있다. 우리 행동으로 말미암아 희생되는 사람들의 이 땅은 너무 오랫동안 발견되지 않은 상태로 남아 있었다. 어니스트 헤밍웨이는 1940년에 출간된 그의 소설《누구를 위하여 종은 울리나》에서 거의 하룻밤 사이에 존 던의 시를 세계적으로 유명하게 만들었다. 그러나 처음에 헤밍웨이는 소설 제목을 다른 걸로 할까 했다. 바로 "발견되지 않은 땅"이라는 제목이었다. 우리가 이런 발견되지 않은 미지의 땅을 열어가야만, 지속가능성의 첫 번째 홍보 위기를 극복하고 우리의 인간성을 일깨울 수 있다.

우리는 이제 무엇을 해야 할까? 이 질문에 답하자면 우리는 지속가능성에서 두 번째로 비중 있는 홍보 위기와 마주해야 한다. 우리는 여기서도 외코들과 콩알 세는 사람들과 마주친다. 이들의 세계관은 모 아니면 도 식이다. 좋은 믿음에서의 근본주의자들이다. 어떤 사람들은 이렇게 말한다. 우리는 채식을 하고 자전거로 출근하고 자급자족을 하며 천사처럼 살아가든, 그렇지 않으면 사람들을 죽음으로 몰아넣는 범죄자가 되든, 둘 중 하나다. 우리는 개인적 책임을 져야 하고, 탄소 발자국 계산기를 손에 든 채, 지속가능한 삶을 살아야 한다는 것이다. 또 다른 사람들은 이렇게 말한다. 잘못된 체제 속에서 올바른 삶은 애초에 불가능하다. 소비를 변화시켜 봤자, 그것은 엄청나게 달구어진 돌에 물 한 방울 똑 떨어뜨리는 것밖에 되지 않는다. 탄소 발자국을 계산하는 이런 토론은 이미 다 해봤고 소용이 없다는 것이다. 이런 모 아니면 도 식의 세계관은 또한 정치적 논의를 마비시킨다. 그런데 정치적 논의 역시 보통은 "기후 목표에 도달할 수 있는지" 혹은 "글로벌한 파괴가 최종적이고 돌이킬 수 없는지"를 둘러싸고 이루어진다. 그 중간은 없는 것일까?

틀림없이 있을 것이다! 지속가능성 논의는 이런 중도의 목소리를 내지 못하게 만들 때가 너무나 많다.

이런 근본주의적 태도가 사실 이해가 간다. 인간들이 야기한 엄청난 파괴를 감안할 때 오늘날의 결정은 직선적이고 직접적이며 목표 지향적이어야 할 것이며, 타협적이어서는 안 될 것이다. 나는 직업 활동 가운데 수년간 게으른 타협에 맞서 싸워왔으며 기업과 정부가 지속가능성 면에서 (더) 야심 찬 목표를 세우게끔 하고자 애썼다. 그러나 비인격적 조직을 움직이게 하는 것과 개인의 행동을 이끄는 것 사이에는 중요한 차이가 있다. 내 경험에 따르면 구체적인 고발은 기업과 정부, 따라서 시스템의 대표자들을 드디어 적극적으로 행동하게끔 할 수 있다. 반면 개인적 반경에 있는 사람들은 상황이 다르다. 너무나 많은 사람이 그런 지속가능성의 변증법이라고 부를 수도 있을 이분법적 설명에 좌절감을 느끼고 있다. 근본주의는 아무런 행동을 할 수 없게 하며, 종종은 차가운 혐오감을 자아낸다. 최고의 선은 종종 도달할 수 없는 것처럼 보이고, 이룰 수 있고 실행 가능한 선은 나쁜 것이 과도하다 보니 너무 부족하게 느껴지는 것이다. 그렇게 이상에 좌절하면, 나는 족히 아무것도 할 수가 없고, 하지 말아야 하는 것이다.

킬 스코어를 다루는 책의 마지막에 죄책감과 절대적 요구에 대해 경고하는 것은 좀 낯설게 느껴질지도 모른다. 죽음만큼 절대적이고 최종적인 것은 없으며, 지금까지 우리 행동의 치명적인 영향과 무게를 다루고 난 마당에 말이다. 그냥 나 자신과 독자들에게 양심의 문제를 호소해야 하는 것이 아닐까? 그러나 바로 여기에서 박애주의적 실용주의가 요구된다. 이것은 바로 수용하는 것이다. 집단적 실패를 시인하자는 것이 아니라 우리 자신과 동료 인간들의 실수를 관용 있게 대하자는 것이다. 순수성 법칙(Reinheitsgebot: 맥주를 양조할 때는 보리, 홉과 물만 사용해야 한다고 1516년에 책정한 법칙—옮긴이)은 우리에게 아무런 도움이 되지 않는다. 에리히 케스트너의 짧은 시 〈도덕〉은 누구나 이해할 수 있는 말로, 나의 도덕철학적 토대의 정곡을 찌른다. 그것은 바로 이런 문장이다.

좋은 것을 하지 않는 한,
좋은 것은 존재하지 않는다.

무력하게 아무 일도 하지 않으면서 자기 연민에 빠져 있어서는 안 될 것이다. 사실 우리의 발자국을 줄이는 것은 생각보다 그리 어렵지 않고, 그 효과는 꽤나 크다.

구체적인 예를 들어보자. 우리가 넷플릭스를 볼 때 고선명(HD) 스트리밍이 아닌 표준 화질을 선택하면 넷플릭스 스트리밍에서의 발자국을 최대 80퍼센트까지 낮출 수 있다. 또한 우리의 식생활에서 비롯되는 이산화탄소 배출량의 3분의 1에서 5분의 2는 오로지 소와 쇠고기, 양고기로 말미암는다. 그리하여 우리가 쇠고기나 양고기를 먹지 않으면 그 정도 비율의 배출량을 낮출 수 있다. 그런 다음 우리가 다시 온전한 채식으로 옮아간다면, 그런 걸음으로 낮출 수 있는 배출량은 쇠고기, 양고기를 포기할 때 줄일 수 있는 비율의 20퍼센트에 "불과"하다.

기후 재앙과의 싸움에서 효과를 보이는 작은 것 속에 깃든 힘은 지속가능성의 다른 영역으로도 뻗어나간다. 또 하나, 신선하게 다가왔으면 하는 예는 바로 플라스틱 기저귀, 즉 종이 기저귀다. 환경 NGO 코먼시즈(Common Seas)의 설립자이자 CEO이면서 이 주제의 전문가인 조 로일(Jo Royle)은 "대양에서 가장 해로운 쓰레기"는 "오염된 기저귀"라고 목소리를 높인다. 코먼시즈는 몰디브, 그리스, 그리고 기타 다른 지역에서 플라스틱 폐기물을 수집하는 기술을 개발하고 있다. 어린 아들을 키우는 아빠로서 나는 재사용 가능한 천 기저귀만 사용하자고 생각하면, 눈앞이 약간 깜깜해진다. 하지만 이런 생각을 약간만 변화시키면, 그제야 변화를 줄 엄두가 난다. 급진적으로 아예 종이 기저귀를 전혀 쓰지 말라고 하는 대신, 나는 아이가 일단 대변을 보고 난 뒤에는 이제 천 기저귀를 채우라고 제안하고 싶다. 아이가 건강한 상태라면, 대변을 보고 나면 오줌만 쌀 확률이 거의 100퍼센트다. 그리하여 이런 전략으로 곧장 종이 기저귀 소비를 20~40퍼센트 줄일 수 있다. 아기를 키우는 가정에서는 그러잖아도 쓰레기가 많이 나오는데, 이런 방식으로 눈에 띄게 유해한 쓰레기를 줄일 수 있다. 일상에 지장을 받거나, 계속해서 똥 기저귀를 빨아야 하는 수고를 하지 않고도 그렇게 할 수 있는 것이다. 내가 제안한 방식으로 플라스틱 기저귀 사용을 80퍼센트 정도를 줄이지는 못할 테지만, 그럼에도 눈에 띄는 효과를 달성할 수 있다.

작은 원인은 때로는 정확히 작다. 그리고 위에 언급한 예들은 그저 예일 따름이다. 그러나 작은 것들은 "악마가 남긴 틈"을 보여준다. 완벽주의와 허무주의 사이에 아직 존재하는 잠재력을 보여준다.

"살인자"라는 낙인이 찍히는 것을 싫어했던 그 영국의 출판사 대표는 바꿀 수 있는 것이 아주 작은 것밖에 없지 않느냐며 우려를 표명했다. 그의 말이 틀리지 않았다. 그러나 그의 회의는 부적절한 것이었다. 작은 것 안에도 많은 놀라움, 통찰, 기회가 있다. "신은 작은 원인으로 이야기한다"고 하지 않는가.

우리의 발자국이 우리 힘의 한계를 보여준다면, 우리의 주의 의무는 바로 주어진 힘을 책임감 있게 다루는 것이 아니겠는가. 그렇게 하지 않는다면 우리는 우리의 발자국이나 킬 스코어를 경솔하거나 무분별하게 취급하는 것이고 죄를 범하는 것이라고 할 것이다. 이것은 큰 것이나 작은 것이나 모두에 해당한다. 그리하여 결정적 질문은 이것이다. 우리가 할 수 있는 작은 것들은 무엇이 있을까? 우리 안에 어떤 변화의 힘이 내재할까?

그 답을 찾기 위해 우리는 소비라는 코르셋을 넘어서 생각해야 한다. 이미 내가 지난 장에서 말했던 호소다. 소비자로서 우리 인간에게 초점을 맞추는 것은 지속가능성의 콩알 세는 자들의 세계에서는 오래된 문제다. 그러나 로마서 8장 37절에서 우리가 단순한 승리자 이상이라고 말하고 있듯이 우리는 단순한 소비자 이상이기도 하다. 지속가능성 논쟁에서는 개인적 책임과 시스템 책임 간의 관계가 불분명하기 때문에 개인이 코너에 몰리는 형국이 된다. 그리하여 몇 안 되는 선택지밖에 없는 소비 결정으로 커다란 변화를 일구어내야 한다는 생각에 완전히 부담을 느끼는 상태가 된다. 그러면서 우리는 우리의 발자국 중에서 우리 개인과 연결된 부분 말고, 우리가 태어난 세계와 관계된 연결된 부분들에도 영향을 미칠 수 있음을 간과한다. 하지만 우리 모두는, 최소한 민주주의 국가에 사는 사람들은 시스템에 속해 있으며, 유권자와 시민의 일원으로서 시스템을 떠받치고, 변화시킬 수 있다. 그러므로 우리가 살아가는 시스템의 제반 조건을 책임지지 않고, 그것을 긍정적으로 바꾸어갈 책임을 회피하는 것은 아주 안이하고 진부한 행동이라 할 것이다.

이 세상이 돌아가는 모습은 유감스럽게도 종종 인간상의 사회적 변화를 보여준다. 아리스토텔레스는 인간은 정치적 동물(zoon politikon)이라고 말했고, 이런 인간상은 나중에 빌프레도 파레토의 경제적 인간, 즉 호모 오이코노미쿠스(homo oeconomicus)라는 말로 대체되었다. 그러다가 이제 인간은 소비하는 인간, 즉 호모 컨슈멘스(homo consumens)가 되었다. 이 말은 1965년 철학자이자 심리학자인 에리히 프롬이 만든 용어인데, 이 용어를 조지 W. 부시 전 미국 대통령만큼 구체적으로 표현한 사람은 없을 것이다. 2001년 9월 11일 테러 공격을 당한 후, 부시 대통령은 미국인들이 "쇼핑을 중단할" 정도로 테러리스트들에게 주눅들지 않을 거라고 말했던 것이다. 그렇다. 우리는 소비하는 인간으로서, 소비 결정을 주체적으로 할 수 있다.

또 무엇이 있을까? 우리는 투자를 선택할 수 있음을 최소한 부분적으로 범죄 현장과 법원 심리에서 이미 설명한 바 있다. 우리는 돈을 이용해 슈퍼마켓에서만 선택을 할 뿐 아니라, 자본 시장과 주주총회 투표에서도 선택을 할 수 있다.

그 외에 삶에서 환경에 영향을 미치는 또 다른 일들이 있다. 우선 직업과 관련하여 그렇게 할 수 있다. 하지만 내 개인적으로는 발자국 논의에 직업적 결정을 포함하는 것은 어렵다고 생각한다. 물론 이런 결정들이 무의미하거나 소용없는 것은 절대로 아니다. 석유 회사와 가스 회사가 좋은 인력을 고용하는 것은 적지 않은 결과를 빚을 것이다. 하지만 직업적 결정이나 커리어에 대해 이야기하는 것은 마치 엘리트들이나 그런 영향을 끼칠 수 있지 하고 생각하게 되는 불쾌한 여운이 느껴진다. 경제적 또는 기타 제약들 없이 마음대로 일자리를 선택하기는 쉽지 않기 때문이다. 그리하여 여기서 나는 비과학적일지는 모르겠지만 일자리와 관련한 발자국을 지속가능하다, 허용할 수 있다, 더 이상 허용할 수 없다는 식의 범주로 규정하지는 못할 듯하다.

그러고 나면 사회생활의 영역이 온다. 우리는 친구들에게 영향을 미치고, 사회관계와 네트워크 안에서 역할을 하며, 가족들에게 쇠고기를 더 이상 먹지 못하게 설득할 수도 있을 것이다……. 이러한 비공식적 활동도 마찬가지로 우리 발자국에 영향을 미친다. 그러나 그것들까지 일일이 포함하는 것은 내가 여기서 펼쳐 보이는 파노라마와 겹치고, 혼선이 빚어진다.

직업이나 사회적 관계에서 빚어지는 일들은 약간 무시하더라도 우리가 점수를 올릴 수 있는 또 다른 측면에는 주의하도록 하자. 우리는 경제적 동물 혹은 소비하는 동물일 뿐 아니라 정치적 동물이기도 하기 때문이다.

그렇다면 정치를 위한 발자국 계산기도 필요할까? 처음에는 이상하게 들린다. 지속가능성 전문가의 씨름에서 개인의 책임과 시스템(그리고 정치)의 책임이 대비된다는 이야기는 이미 했다. 그런데 어찌하여 아무도 여기서 씨름은 고사하고 헤아리는 노력도 하지 않는 것일까?

나는 이 콩알 세기의 마지막 장에서 바로 이런 노력을 해보고자 한다.[14] 정치 선거에서 열려 있는 선택지에서부터 시작해 보자. 독일의 싱크탱크 "콘첩트베르크 노이에 외코노미(Konzeptwerk Neue Ökonomie)"는 2021년 연방선거를 앞두고 5대 정당의 정치 프로그램을 살펴보고, 이들의 "기후 예산"과 "이산화탄소 예산"을 평가해 보았다("인간으로 말미암은 기후 변화를 부정하는 정당은 기후 정의 관점에서 중요하지 않다"는 이유에서 독일대안당의 선거 공약은 고려되지 않았다).

분석 결과 자유민주당은 공약상으로 9.4기가톤의 이산화탄소 배출을 상정했고, 기독교민주연합/바이에른 기독교사회연합, 사회민주당은 각각 7.1기가톤, 녹색당은 5.3기가톤, 좌파당은 4.2기가톤을 상정하고 있었다. 이 양은 각각 2022년부터 기후 중립에 도달하는 시점까지 배출하는 양을 의미한다. 하지만 이런 분석을 도구로 하여 어떻게 유권자에게 발자국을 분배할 수 있을까? 이를 위해서는 약간 계산을 해야 하며, 때로는 추측도 해야 한다. 정당들이 내세운 발자국은 15~30년에 관계되어 몇 번의 선거를 거치게 되기 때문이다. 그리고 독일에서는 거의 예외 없이 연정을 하기 때문에, 어느 정당도 자신의 정치적 비전과 관심사를 직접적으로 실현할 수는 없다. 국제적·세계적 영향도 추가된다. 그것으로 충분하지 않다. 정당 강령의 이산화탄소 예산을 유권자들과 연결시키기 위해서는 특정한 가정을 해야 하고, 이런 공약이 어느 정도까지 실제로 구현될 거라고 보아야 한다.

하지만 이 모든 것을 다 고려하면 1장에서 경고했듯이 나는 이야기라는 걸 할 수가 없게 된다. 그러므로 그냥 필요하고 가능한 정도로만 계산을 하자. 그러면 가령 독일 유권자가 자유민주당에서 사회민주당으로 갈아타면, 자신의 정치적 이산화탄소 발자국을 1년에 6871킬로그램 줄일 수 있을 거라는 결과가 나온다. 연간 6871킬로그램 감소하는 것은 상당한 양이다. 유권자로서의 행동을 통해 0.5명을 덜 죽이게 된다는 이야기가 되기 때문이다.

유권자가 더 나아가 자유민주당에 표를 주지 않고, 좌파당에게 주면

(드라마틱한 정치적 전환이다) 어떻게 될까? 그러면 그 유권자는 연간 1만 6183킬로그램의 이산화탄소 발자국을 줄이게 될 것이다. 물론 좌파당은 2021년 선거에서 참패하여, 독일의 연정에도 속하지 않고, 결과적으로 현재 정치에 별로 영향을 못 끼치며(적어도 주도적 영향은 못 미치며), 선거 공약을 정치적으로 실현할 수 있을지도 100퍼센트 믿을 수 없다. 이것은 모든 정당의 약점이기도 하다. 그러므로 어떤 유권자가 찍은 정당이 기후 친화적 정책을 실행할 수 없다면, 그 유권자의 이산화탄소 발자국(또는 그의 킬 스코어)이 줄어든다고 칭찬하는 것이 의미 있는 일일까?

이미 말했듯이 발자국은 우리 행동의 책임이나 구체적 영향이 아니라 우리 힘의 정도와 한계를 측정하는 것이다. 실제 세계에서의 배출량 증감을 측정하는 것은 탄소 발자국에 속하지 않는다. 이산화탄소 발자국은 한 개인에게 그의 결정을 근거로 한 배출량을 귀속시킬 따름이다. 우리 유권자들은 좌파당을 찍을 때 탄소 발자국이 더 조그마해진다. 그들이 고기를 구입하지 않거나 비행기 대신 기차를 타고 여행을 할 때 탄소 발자국이 줄어드는 것이나 마찬가지다. 이런 결정의 그 어느 것도 그 자체로는 총배출량에 직접 영향을 미치지 않는다. 고기는 계속 생산이 되고, 그들을 태우지 않고도 비행기가 계속해서 날아다니는 한 말이다. 발자국/킬 스코어와 그것이 세계에 미치는 효과가 다름을 구분하면서 나는 이미 이 점을 시사한 바 있다.

어떻게 보면 지속가능성을 발자국으로 측정하는 접근은 말도 안 되는 것 같기도 하다. 우리는 우선 발자국이 우리의 생태적 행동이 세상에 어떤 영향을 미치는지를 보여준다고 가정한다. 이런 가정은 수긍이 간다. 발자국은 우리가 모래, 석고 또는 콘크리트를 걸은 뒤에 보이는 것이기 때문이다. 그러나 환경에서는 회계가 다르게 작동한다. 11장에서 이미 언급했듯이, 발자국은 세상을 변화시키는 우리의 잠재력을 측정하는 것이지, 이런 변화 자체를 측정하는 것이 아니다.

이런 의미에서 발자국을 생각하면 까다로운 결정 앞에 놓이게 된다. 가령 우리는 태평양의 한 섬으로 이주하고, 기존의 시민권을 포기할 수도 있을 것이다. 그러면 우리가 선거에서 찍은 당의 이산화탄소 예산으로 말미암아 발생하는 발자국은 사라질 것이다. 하지만 우리는 그로써 또한 독일에서의 정치를 변화시킬 힘, 최소한 우리의 시민권이 우리에게 부여하는 힘은 잃게 되는 것이다. 하지만 우리가 계속해서 이산화탄소 배출량이 높은 서구에 거주한다면, 이것은 또한 우리의 발자국에도 영향을 미친다. 생태적·사회적 지속가능성에서 우리의 관심사는 한편으로는 현실 세계에 미치는 효과를 측정하는 것이며, 다른 한편으로는 누구에게 책임이 있는지를 명명하고, 변화의 전략을 개발하고자 한다. 그런데 비극은 이 두 관심사가 맞아떨어지지를 않는다는 것이다. 현실 세계에 미치는 결과가 종종 일대일로 가해자에게 귀속되지 않기 때문이며, 많은 좋은 행위는 그것들이 간절히 고대하던 변화로 연결되지 않기 때문이다.

불만족스러운 상태다. 투자에 눈을 돌리면, 우리는 유감스럽게도 비슷한 딜레마를 경험한다. 실제로 투자는 얼마나 지속가능하게 이루어질까? 5000유로로 주식 투자를 하면서 저탄소 전환 펀드로 갈아타는 사람은 연간 자신의 탄소 발자국을 약 1500킬로그램 줄일 수 있다.

소비 면에서의 결정은 어떨까? 음식을 채식이나 비건 채식으로 전환하면, 독일인의 전형적인 개인 탄소 발자국은 연간 800~1000킬로그램 줄어든다. 그리고 내연기관 자동차에서 전기 자동차로 바꾸면, 다시금 비슷한 정도로 이산화탄소 배출을 줄일 수 있다. 여행할 때 비행기를 이용하지 않고 기차를 타면 평균 500킬로그램이 절감되며, 녹색 전기를 사용하는 것도 다시금 비슷한 효과를 가져온다. 그런 다음 이제 이 사람이 이 모든 것을 실천한다고 가정한 다음, 이런 효과를 합산하면 연간 약 3000킬로그램의 이산화탄소를 덜 배출하게 된다는 결론이 나온다. 상당한 성공이다.

선거에서 민주적인 정당들 사이에서 갈아타는 사람은 (너무 "낙관적인" 갈아타기가 아닌 경우) 연간 이산화탄소 발자국을 약 6800킬로그램 줄일 수 있다. 음식, 전기, 교통수단 면에서 더 지속가능한 소비를 하는 사람은, 이것의 절반 정도를 줄일 수 있다. 그리고 다시금 5000유로를 기후 친화적으로 투자하면 그 양(그러니까 소비를 더 지속가능하게 하여 줄이는 양)의 절반 정도가 추가로 줄어든다.

이미 말한 것처럼 이 모든 것에는 난점이 있다. 가령 이제 우리가 쇠고기나 양고기를 더 이상 먹지 않는다면, 탄소 발자국 계산기에 자랑스럽게 이런 정보를 입력하고, 이것이 우리의 생태 결산에 어떤 영향을 미치는지를 조마조마하게 기다릴 수 있다. 그러면 이제 어떤 결과가 나올까? 우리가 일주일에 한 번 볼로네제 스파게티를 만드는 데 들어가는 쇠고기 분쇄육을 구입하는 걸 포기한다고 하자. 그러면 우리의 결정으로 유발된 이런 "작은 물결"은 우리가 가는 마트에 당도하고, 마트는 도매업자에게 쇠고기와 양고기를 더 적게 주문할 것이다. 그러면 도매업자는 쇠고기의 수요가 감소된 걸 알아차리고, 쇠고기 내지 쇠고기 분쇄육 주문을 줄일 것이다. 그러면 이를 공급하는 공급업자는 고기를 덜 생산할 것인지 말 것인지를 결정해야 할 것이다.

이런 개별 사례에서는 아마 주당 200그램, 따라서 연간 10킬로그램 정도의 적은 양의 쇠고기 소비가 줄어든다. 도미노가 공급업자에게까지 이르러야 비로소 이산화탄소 배출량은 감소한다. 그러므로 효과와 발자국 사이에는 넓은 골이 파인다. 아마도 우리 모두는 "어차피 살인자"라고 한 그 냉소적인 출판사 대표의 말이 옳았는지도 모른다.

투자도 비슷하다. 비트코인을 팔아버리는 사람은 비트코인을 세상에서 사라지게 하는 것이 아니라 다른 소유자에게 양도할 따름이다. 그리하여 암호화폐는 지속적으로 서버 전력을 잡아먹으며, 거래 때문에 심지어 추가로 에너지가 들어간다.

그러나 소비와 투자는 몇몇 부분에서 상당히 다르다. 분쇄육을 구입하지 않는 사람은 육류 산업에서 돈을 빼는 것이며, 육류 산업의 매출은 떨어진다. 투자의 경우는 다르다. 투자의 경우 나는 팀에게서 주식을 구입한다. 그런데 팀의 주식은 해나에게 구입한 것이고, 해나의 주식은 마리아에게서 구입한 것이다. 그러므로 주식시장에 투자를 할 때는 보통의 경우 회사에서 주주로 또는 주주에게서 회사로 돈이 흘러가는 일은 일어나지 않는다. 배당금이 지급되거나 주식을 최초로 발행하는 경우를 제외하면 말이다. 소비의 경우는 돈의 직접적 이전이 이루어진다.

볼로네제 스파게티의 예에서처럼 소비자는 간접적이고 연쇄적인 효과를 낼 수 있으며, 이로써 직접적으로 영향을 행사할 수 있다. 자동차를 타는 대신 걸을 때마다, 동영상을 고화질이 아닌 표준 화질로 볼 때마다, 조명을 끄고, 난방 온도를 낮출 때마다, 마트에서 제공하는 비닐

봉지를 받지 않을 때마다, 세상은 아주 조금 달라진다. 지각할 수 없는 정도로 조금이지만, 세상은 변한다.

문화적 영역에서도 긍정적 영향이 있을 수 있다. 물론 사회 규범, 가치, 행동 패턴의 변화는 느리지만 확실히 많은 사람의 일상적 의사 결정에 스며든다. 내가 내 주식으로 기업에 압력을 가해 그 기업이 비즈니스 관행을 바꾸도록 하면, 이것은 우리 자신의 투자 발자국에 영향을 미칠 뿐 아니라 동료 인간들의 발자국에도 영향을 미친다. 그 사람들은 의도하지 않았지만, 지속가능한 기업의 제품을 구입하게 되기 때문이다.

투자로 인한 발자국을 줄이는 것은 슈퍼마켓에 남기는 발자국을 줄이는 것보다 훨씬 쉽다. 스스로를 "지속가능"하다고 명시한 펀드들은 "보통" 펀드들보다 더 높은 수수료를 받지도 않는다(물론 예외도 있지만 말이다). 그리고 "지속가능한" 펀드의 수익은 "일반" 펀드의 수익과 거의 동일한 수준이며, 일부 연구에 따르면 때로는 더 높기까지 하다. 게다가 지속가능한 투자는 비교적 쉽다. 맡기기만 하면 자산 관리사가 나머지는 다 알아서 처리해 준다. 우리가 매일 혹은 매주 슈퍼마켓에서 아쉽고 슬픈 표정으로 아보카도를 구입하고 싶은 마음을 매번 물리치는 것과는 완전히 다르다.

몇 줄 앞에서 나는 스스로를 지속가능하다고 명시한 펀드라는 말로, 약간의 유보적 뉘앙스를 표했다. 사실 "지속가능한 투자"에 도사리고 있는 함정에 대해서는 따로 책 한 권을 쓸 수 있을 정도다. 이 책의 시작 부분에서도 이미 녹색 채권과 관련된 문제를 언급하지 않았던가.

이 주제에 대해 내가 즐겨 들곤 하는 예는 2015년에 처음으로 저탄소 지수를 도입한 지수 제공업체 MSCI에 관한 것이다. 지수는 펀드 설계의 지침 역할을 한다고 보면 된다. MSCI 세계 저탄소 리더 지수(MSCI World Low Carbon Leaders Index)도 이런 지수에 속한다. 이 지수가 시장에 처음 도입되었을 때, 아주 희한한 점이 있었다. 바로 전반적인 주식 시장보다 이 지수에서 세계 최대의 석유 및 가스 회사인 엑손모빌이 더 좋은 평가를 받았던 것이다. 그리고 (MSCI 추종) 펀드가 출시되었을 때, 엑손모빌이 기업 전체 중 가장 투자를 많이 받았다. 제정신이 박힌 사람이라면 "저탄소 리더"를 표방하는 지수에서 엑손모빌에 최대의 몫을 주지 않았을 것이다. 아무리 기술적 이유를 내세워도 무리가 있다(무엇보다 탄소 중립 투자와 캐나다 오일샌드 회사들에는 되도록 투자하지 않으려는 노력에 고무되어서 말이다). 환경 펀드 또는 이른바 ESG 펀드(환경·사회·거버넌스)에도 유사한 문제가 만연해 있다. 몇 년 전 나는 맥도날드에 가장 많이 투자하도록 설계된 ESG 펀드도 보았다.

2015년 이후로는 약간 달라졌다. 무엇보다 지수의 세계는 말이다. 오늘날 주식 시장은 하이테크 분야 기업들이 장악하고 있다. 이것은 그들 상위 10대 기업이 또한 지속가능성 측면에서도 해법을 마련하고 있다는 뜻이 아니다. 다만 적어도 이제 엑손모빌이 더 이상 1위는 아니라는 뜻이다. 원한다면, 진보라고 부를 수도 있을 것이다.

그러나 자본 투자뿐만 아니라 이런 펀드의 마케팅에도 문제가 있다. 그리하여 한 대형 자산 관리 회사는 유럽의 고객들에게 이렇게 설명했다. "이 펀드에 10만 유로를 투자하면 당신은 이산화탄소 배출량이 400톤 줄어들도록 하는 것이며, 이것은 자동차를 타고 60번 세계 일주를 하는 것과 맞먹는다."

앞에서 언급했듯이 내가 자동차로 세계 일주를 하는 걸 포기하느냐,

내 자산을 다르게 관리하느냐는 같은 것이 아니다. 화석 연료에 투자하지 않는다고 뽐내는 펀드에 작게 인쇄된 글씨를 보라. 한 연구에 따르면 석탄 산업에 투자하지 않는다고 천명한 펀드 두 개 중 하나는 포트폴리오에 석탄이 있었다. 깨알 같은 글씨 속에서 드러나는 구멍은 유조선(또는 석탄 열차)이 통과할 수 있을 만큼 크다.

일반 소비자가 이렇듯 얽히고설킨 가운데서 제대로 방향을 잡는 것은 쉽지 않다. 이것은 소비와 투자에도 동일하게 적용된다. "지속가능한 소비"의 의미에서 소비자로서 최선의 선택을 해야겠다고 마음먹은 사람은 슈퍼마켓과 백화점에서 빠르게 곤경에 처하게 될 것이다. 가령 NGO '변화하는 시장(Changing Markets)'은 의류 업체 H&M의 "의식 있는 컬렉션(Conscious Collection)"에 "일반 컬렉션보다 합성 섬유가 더 많이" 들어 있으며, "조사한 의류 5점 중 1점은 100퍼센트 화석 연료를 원료로 한 합성 섬유로 제조되었음"을 규명했다. 이 NGO에 따르면 유럽의 이 의류 기업이 마케팅에서 내세운 주장 중 59퍼센트가 "사실 무근"이거나 "오해의 소지가 있는" 것으로 나타났다. 이제 다시 금융 분야와 관련하여, 또 다른 연구는 펀드들의 환경 특성에 대한 정보의 99퍼센트가 규정이 요구하는 만큼 "구체적이고 명확하며 정확하게 명시"되어 있지 않다는 결론을 내렸다. 어쨌든 이제는 비즈니스 세계의 그린 워싱(Greenwashing: 친환경적이지 않으면서 친환경적 이미지를 내세워 마케팅을 하는 위장 환경주의나 그런 마케팅—옮긴이)에 반대 목소리를 내는 더 정통한 소비자들이 점점 많아지고 있다. 여기서 많은 것이 더 좋은 쪽으로 바뀌었다.

과학과 법은 그린워싱과 지속가능성 전반에 관한 규칙의 토대를 제공한다. 하지만 이와 관련해 어떻게 행동할 것인가를 결정하는 것은 결국 소비자와 투자자다.

하지만 조금 수고를 하면 미로에서도 밝은 빛을 발견할 수 있다. MeinFairMögen이라는 플랫폼은 5000개의 뮤추얼 펀드를 조사해 놓았다. 그리하여 이용자들은 마우스 클릭 몇 번만으로 근로자 보호, 젠더, 동물권, 기후 보호 등 마음에 드는 주제를 선택할 수 있다. 가령 근로자 보호 면에서 두드러지는 회사만 있는 펀드를 1000개 찾을 수도 있다. 물론 그런 회사들 전체가 흠이 없다는 뜻은 아니다. 특정 기준이 모든 것을 포괄하지는 못한다. 그러나 없는 것보다는 낫다. 이런 주제에 관심을 가지고 알아보고, 주의를 기울여야 한다. 이것은 내가 투자 상담사와 판매 전문가들과 나눈 개별 대화의 결론일 뿐 아니라 학문적 연구의 결론이다. 정말로 창의적이고 야심 찬 투자 모델들이 있다. 영국 자산운용사 WHEB는 사회와 환경에 긍정적 영향을 미치는 기업에 투자하는 데 중점을 둔다. 그의 포트폴리오에서는 맥도날드나 석유 기업을 찾아보기가 힘들다. 이런 펀드는 리스크가 약간 높을지도 모르겠지만, 반대로 더 자주 더 높은 수익을 약속한다.

좋은 삶은 가까운 모퉁이만 돌면 기다리고 있는 것이 아니며, 단일 종목 ESG 펀드나 그 밖의 지속가능한 자금 투자에 달려 있는 것도 아니다. MeinFairMögen과 같은 플랫폼은 누군가가 "주의 의무"의 주관적 해석에 가장 잘 부합하는 자금 투자를 찾아낼 수 있게끔 하는 수고나 거래 비용을 대폭 낮추었다. 결국 어떤 펀드로 물망을 좁힐지는 개인의 선택이다. 어떤 사람들은 어느 정도 녹색 투자가 가미된 펀드로 만족한다. 그 펀드가 맥도날드에 막대한 투자를 하더라도 말이다. 또 어떤 사람들은 이것저것 꼼꼼히 살핀다. 이렇든 저렇든 지속가능성의 넓은 세계에서 투자 면에서 자신의 발자국을 변화시키는 것보다 쉬운 것은 없다고 하겠다.

물론 이런 간단한 길이 결국 가장 영향이 많은 길은 아니다. 가장 커다란 영향을 미칠 수 있는 분야는 여전히 사람들이 자신의 목소리를 낼 수 있는 정치 영역이다. 발자국을 분석했기에 우리는 그것을 알고 있다. 분석은 우리 힘의 한계뿐만 아니라 우리의 잠재력도 보여주었다.

힘으로부터 진정한 영향으로 나아가기 위해 우리는 공동체로 연대해서 줄을 잡아당겨야 한다. 이런 점에서 정치의 세계도 투자의 세계와 별로 다르지 않다. 투자의 세계에서 적은 지분을 가진 사람은 다른 사람들과 연대해야만 비로소 기업에 영향력을 행사하고 기업의 행동을 변화시킬 수 있다. 물론 다른 방식으로 나아가, 자신이 가진 모든 것을 작은 회사에 투자하여 개인적 꿈을 실현하고, 지역 공동체에 작은 봉사를 할 수도 있다. 이런 대안은 정치에서도 잘 알려져 있다. 지역 공동체에 정치적으로 참여할 수도 있는 것이다. 작은 노력, 작은 연합, 작은 변화도 소중하다. 혹은 자신의 영향과 목소리를 다른 사람들의 그것들과 합쳐서 민족적, 글로벌 차원에서 정책을 변화시키고자 애쓸 수도 있다. 커다란 노력, 커다란 연합, 커다란 변화다. 그러나 우리는 정확히 어떤 변화를 요구해야 할까? 정치적 질문 앞에 서면 나는 늘 한 카툰이 떠오른다. 두 남자가 풀밭에 서서, 약간 난감하다는 듯이 서로를 들여다본다. 한 사람은 "당장에 혁명을(Revolution Now)"이라는 슬로건이 적힌 티셔츠를 입었고, 다른 한 사람은 "적절한 틈을 타 점진적 변화를!"이라고 적힌 티셔츠를 입었다. 후자가 말한다. "우리 둘 다 운이 없군요."

나는 정치적으로 타당한 요구들을 제기해 보고자 한다.
다음은 열 가지 제안이다.

- 탄소세를 시급히 시행하자!
- 고속도로에 속도 제한을 도입하자!
- 일회용 플라스틱을 금지하자!
- 플라스틱세를 부과하자!
- 전 공급망에 걸쳐 산업 안전을 강화하자!
- 글로벌 공동체로서 함께 협력하자!
- 학문적 인식과 증거에 기반하여 정책을 수립하자!
- 미성년자를 소셜 미디어에서 보호하기 위한 규범을 도입하자!
- 문화를 변화시키고, 장기적 관점에서 생각하자!
- 화석 연료 보조금을 폐지하고 금융 부문의 세금 인센티브를 개혁하자!

모든 것이 맞는 이야기라고 여겨지길 바라지만, 지금의 문제는 내가 보기에는 요구가 부족해서는 아닌 듯하다. 정치적 지속가능성 논쟁은 결코 늘 썩 훌륭하지는 않지만, 늘 들먹여지는 논지는 잘 알려져 있다. 싱크탱크에서 일하고 있기에, 내 가장 중요한 업무 중 하나는 해결책을 제공하는 것이다. 그러나 문제는 정말 해결책이 부족한 데 있을까?

독일의 고속도로인 아우토반(Autobahn)은 속도 무제한 구간이 많은 것으로 세계적으로 유명하다. 이것은 더 이상 허용해서는 안 되는 믿기 어려운 사치가 아닐 수 없다! 연방환경청의 연구에 따르면 시속 100킬로미터의 속도 제한이 있고 모든 이가 이 제한을 준수하는 경우 고속도로의 배기가스 배출량은 20퍼센트 감소한다고 하는데, 이것은 연간 약 600만 톤의 이산화탄소에 해당한다. 그러면 6000명이 기후로 말미암아 사망하는 것(과속 운전 같은 것으로 말미암은 교통사고 사망자가 감소하는 것은 제외하고 말이다)을 막을 수 있을 것이다. 좀더 보수적인 추정치는 1500명의 사망을 막을 수 있다고 본다. 앞으로 매년 실제로 독일 전체의 발자국으로 76만 명 넘게 기후로 말미암아 사망한다는 전망 앞에서 이런 6000명의 사망자는 언뜻 적어 보인다. 즉 1퍼센트 미만이다. 그러나 단 한 사람의 생명도 우리의 라이프스타일로 말미암아 도구화되거나, 불가피하게 감수해야 하는 피해로 받아들여져서는 안 될 것이다. 6000명이든 76만 명이든 그래서는 안 된다. 이런 수를 읽고, 이런 수가 의미하는 바를 아는 것은 우리의 마음을 흔들어야 할 것이다. 다시 한번 말하지만, 신은 작은 원인으로 말한다. 예상되는 이산화탄소 배출 감소와 관련하여 학계의 의견은 어느 정도 통일되어 있다. 과속운전을 하면 킬로미터당 배출되는 이산화탄소량이 더 많아진다는 것은 명백하다. 그러나 자동차를 과속하지 않고자 하는 준비성은 부족한 듯하다.

따라서 나는 이런 예에서 속도 제한을 추천할 수 있을 것이다. 설사 모두가 제한 속도를 지키지 않는다 해도, 이로써 킬 스코어를 낮출 수 있다. 또는 쇠고기 판매를 금지하는 것은 어떨까? 우리는 즉각 쇠고기를 포기할 수 있고, 닭고기, 오리고기, 돼지고기, 또는 다른 야생동물 고기를 먹을 수 있을지도 모른다. 어느 순간에는 곤충을 먹을 수 있을지도 모른다. 그러나 2022년 현재 우리는 과속 운전을 하는 것과 쇠고기를 먹는 것이 기후 변화를 가속화한다는 말을 곧이들을 마음이 없는 듯하다.

정치적 행동과 관련하여, 우리에겐 세상이 어떻게 되어야 하는지, 많은 영역에서 어떤 정책들이 실현되어야 하는지 아이디어가 충분히 있다. 이 책과 관련하여 우리는 우리 개인의 행동을 변화시키는 정책들에 관심이 많다. 그런데 여기서 유감스럽게도 바람직한 행동으로 이어지기 위한 결정적 지렛대라 할 수 있는 '의사 거래 비용(transaction cost)'에 그다지 초점이 맞춰지지 않고 있다.

모든 쓰레기를 하나의 쓰레기통에 몰아넣는 것이 쓰레기를 열심히 다섯 종류로 분리해서 버리는 것보다 더 쉽다. 이것은 이곳에서 저곳으로 이동하는 방법에 대한 선택에도 적용된다. 택시를 탈까, 버스를 탈까, 자가용으로 갈까, 아니면 자전거를 타고 갈까? 의사 거래 비용을 낮추는 것은 지속가능성 분야에서 영향력 많은 전략을 개발하기 위한 핵심 요소다. 이를 약간 살펴보기로 하자.

킬 스코어와 관련된 전략들에 잘 부합하는 의사 거래 비용을 낮추는 일에 대해 도로 교통에서 교훈을 얻을 수 있다. 정확히 말해 빨간 신호등에서 길을 건너는 보행자를 어떻게 할 것인가 하는 문제에서 말이다. 이 사례는 정치적·행정적 조치에 대한 논의를 위해 내가 즐겨 드는 예 중 하나다. 빨간 신호등 사례에서는 신호등을 지킬 것인가 하는 일상적 행동이 공공장소의 사람들에 의해 좌우되며, 킬 스코어에 영향을 미치는 행동에서처럼, 당사자들은 본인들이 어떤 규칙과 상황에 의하여 행동하는지 종종 스스로도 알지 못한 채, 매일매일 결정을 내린다. 가령 신호등이 빨간불일 때 길을 건너는 것은 그리 영리하지 않은 일이다. 초록불일 때 횡단하는 것보다 자동차에 치일 위험이 10~20배 높다.

아무리 정부에 꼬박꼬박 복종하고 규칙도 잘 지키는 독일인에게 불만을 늘어놓고 싶다 해도, 보행 신호를 무시하는 것은 위험한 일이다. 물론 사람들은 스스로가 늘 예측할 수 없는 상황에 충분히 대처할 만큼 순발력이 강하다고 여긴다. 그러나 세계 복싱 챔피언이었던 마이크 타이슨의 말을 빌리자면, "한 대 처맞을 때까지는 누구나 계획이 있다".

미국의 연구에 따르면 보행자가 교통사고로 사망할 확률은 500분의 1이다. 빨간불에 거리를 횡단하는 경우는 사망률이 더 높아져서 이런 사망이 모든 보행자 사망 사고의 15~20퍼센트를 차지하며, 전체적으로는 총 3000명의 사망자 중 1명꼴이다.[15] 빨간불에 길을 건너다 사망하는 모든 이의 평균 연령을 40세로 잡아보자. 이는 평균 수명을 약 80세로 보았을 때 한 사람이 사망할 때마다 40년의 수명이 손실된다는 소리다. 이로부터 전체 평균을 내어보면, 빨간불에 길을 건너곤 하는 모든 이의 기대 수명이 약 5일 감소한다는 결론이 나온다(모든 추가 사망 건당 평균 1만 4600일이 손실되지만, 이런 경우는 3000분의 1의 확률에 불과하므로). 그로써 모두는 리하르트 바그너의《니벨룽겐의 반지》시리즈 전체를 일곱 번 볼 시간, 더 시대에 맞게 표현하면 시트콤 〈프렌즈〉 시즌 1을 볼 시간이 부족해지는 것이다.

빨간 신호등에 걸려 기다리는 일은 늘 짜증이 난다. 그런데 우리는 자신의 킬 스코어를 줄이는 도전에서도 이와 비슷하게 짜증스러운 반응을 보인다. 이것은 모든 삶의 상황에서 세심하게 신경을 써야 하는 과제이고, 생명과 세상에 영향을 미치는 우리의 무수한 작은 행동에 분산되어 적용되는 과제인 것이다. 그런데 이제 짜증이 난 보행자를 어떻게 다룰 것인지 아주 다양한 전략을 생각해 볼 수 있다. 첫 번째 전략은 문화적 변화를 도모하는 것이다. 즉 사회적 압력으로 행동을 바꾸게 하는 것이다. 실제로 횡단보도 앞에 다른 보행자들이 서 있으면 보통은 본인도 빨간 신호등 앞에 서서 기다리게 되는 수가 많다. 이런 압력이 얼마나 강하게 작용할지는 사회적 결속과 여타 요인에 달려 있다. 이 예는 빨간 신호등에 길을 횡단하는 등 규칙을 위반하는 데는 의사 거래 비용이 따른다는 걸 보여준다. 물론 이런 의사 거래 비용은 금전적 비용만은 아니다. 반대로 규칙을 따르는 것은 또한 거래의 이익을 갖는다. 유아를 동반하고, 한적한 길모퉁이에서 빨간 신호등이 바뀌기까지 꾹 참고 기다리는 사람은 내가 무슨 말을 하는지 알 것이다.

여기서 몇 가지 점을 알아두어야 한다. 금전적·비금전적 압력이 합쳐져서, 교통 법규를 지키도록 (또는 그와 비슷하게 지속가능한 행동을 하도록) 고무할 수 있다. 위반하면 부정적 결과들이 커지기 때문이다. 이것은 보행자가 기다리는 것 때문에 자못 짜증이 나지만, 빨간 신호등을 무시하고 길을 건널 때 일어나는 일은 더 짜증이 나고 불쾌하다는 뜻이다. 그러나 모든 수준에서 거래 비용을 끌어 올리는 것은 첫 번째 옵션일 따름이다. 또한 다른 방법을 취해, 빨간 신호등 앞에서(또는 지속적인 행동에서) 기다리는 것에서 발생하는 거래 비용을 낮출 수도 있다. 부정적 제재를 가하는 대신 긍정적 매력을 작용하게 해, 사람들에게 기다리는 것도 좋은 일이라고 생각하게 하는 것이다. 결국 경제적 메커니즘만이 문제가 되는 것이 아니라 여기서는 이제 문화의 시간이 도래하는 것이다. 즉 특정 삶의 방식과 동일시하는 것 말이다. 이런 전략은 사람들이 이를 악물고 규칙을 따르기만 하는 대신, 행동 방식을 내면화하고, 가치들을 지향할 때 효과적으로 먹혀든다. 따라서 그들은 마침내 (독일 시인 프리드리히 횔덜린처럼) "나도 그렇게 되고 싶어요"라고 말하게 되는 것이다. 이런 전략은 신호등 앞의 보행자들에게도 적용되지만, 지속가능성의 세계에는 더 강하게 적용된다고 하겠다. 사람들이 "많은 것이 더 좋은 것" 또는 "빠른 것이 더 좋은 것"이라는 슬로건에서 떠나고, 이런 식의 삶을 손해가 아니라 유익으로 느끼게 될 때 말이다.

문화적 변화에 기대를 거는 전략 외에 "금지와 처벌"이라는 옛 방식으로 돌아가는 두 번째 전략이 있다. 일본에서는 빨간 신호등에서 무단횡단을 하는 것에 대한 범칙금이 특히 높다. 한 연구에 따르면 이 경우 약 260유로의 벌금을 물어야 한다. 동시에 일본에서는 이 교통 법규를 어기는 사람들의 비율이 지극히 낮다. 그러나 연구 결과에 따르면 법규는 그 자체로 존재하지 않고, 문화적 맥락과 연결되어야 한다고 한다. 일본에서 법규를 어기는 사람이 극히 적은 것이 벌금을 높게 매기기 때문이라고만 해석하는 것은 좀 어폐가 있다. 이것은 프랑스와 독일을 비교하면 드러난다. 이 두 나라는 범칙금 수준은 상당히 비슷한데(파리와 베를린의 경우 빨간불에 무단횡단을 하면 5~10유로의 범칙금이 부과된다), 규범 위반의 정도는 상당히 차이가 난다. 도로 교통과 비슷하게 지속가능한 행동에서 "금지와 처벌" 방법은 오히려 역효과를 유발할 수도 있다. 사람들이 의식적으로 규범을 위반하는 것이다. "하지 말라고 하면 더 하고 싶어져"라는 말마따나 말이다. 더욱이 우리는 유감스럽게도 규범을 알지 못하는 경우가 너무나 많다. 가령 빨간 신호등에서 길을 건너는 것이 법에 위배될까? 이를 어기다가 자칫 물 수 있는 범칙금은 얼마일까? 내가 시험 삼아 한 친구에게 이런 질문을 던지자 친구는 "빨간 신호등에서 길을 건너는 것이 법에 위배된다는 걸 아는 사람보다 《해리 포터》를 쓴 작가 이름을 아는 사람들이 훨씬 많을걸"이라고 말했다. 세 번째 전략은 스마트한 디자인이다. 이에 대한 한 가지 예는 영국의 횡단보도 정책이다. 영국은 이와 관련해 기존의 펠리컨(pelican) 모델(보행자가 버튼을 눌러 횡단보도의 신호등을 조작할 수 있게 한 모델—옮긴이)을 점차 퍼핀(Puffin)이라는 모델로 바꾸어가고 있다. 여기서 퍼핀은 바다오리를 의미하는 것이 아니라 보행자 친화적 지능형 횡단보도(Pedestrian User Friendly Intelligent)를 의미한다. 이것은 작은 넛지(nudge)들을 이용해서, 보행자가 길을 횡단하는 걸 세심하게 감지하도록 해서, 보행자가 빨간 신호등 앞에서 더 잘 기다리게끔 하고, 횡단보도 교통사고를 낮추는 효과를 내는 것으로 보인다.

어떤 전략이 특정 행동이나 의사 거래로 이끄는 매력을 행사할 때, 그 전략은 성공적이고 효과가 있다고 하겠다. 안톤 체호프의 한 소설에서 소볼 박사는 와인 한 잔을 더 따르기 전에 "반복은 연구의 어머니"라고 말한다. 우리는 보행자 신호등의 문제에서 배워야 할 것이다. 피해를 줄이기 위해 여러 해법을 활용할 수 있으며, 모두가 다 제각각 효과를 갖는다. 법의 강한 팔을 사랑하는 사람은 금지와 처벌이라는 방법을 활용할 것이다. 그보다는 좀더 리버럴한 생각을 가진 사람이라면, 앵글로 색슨 지역에서는 오래전부터 널리 활용되었던 넛지, 또는 티핑 포인트를 활용할 것이다. 규칙을 최소화할 것을 지지하는 자유주의자들에게도 뭔가가 있다. 모든 신호등을 없앰으로써 도로를 사용하는 모든 이가 불안한 마음에 더 주의하게 만드는 것을 통해서도 치명적 교통사고를 줄일 수 있을 것이기 때문이다〔실제로 네이키드 스트리트(naked street)라는 개념이 있다〕. 이 모든 접근 방식은 안달하는 마음으로 신호등이 마침내 녹색으로 바뀌기를 기다리는 사람의 (의사) 거래 비용에 영향을 미친다. 어느 정도 올바른 것을 하는 것이 더 비용이 절감되고, 쉽고, 스트레스가 없는 것으로 드러나기 때문이다. 도로 교통에서건, 또는 그와 유사하게 지속가능성에서건, 이로써 우리가 인도적으로 행동할 가능성이 높아진다.

이 책을 읽는 독자들은 대부분 특정한 세계관과 정치관을 가지고 있을 것이다. 이런 생각들은 보통 좌에서 우에 이르는 스펙트럼 안에 위치할 것이다. 나는 이런 견해를 바꿀 생각은 없다.

이런 의사 거래 비용 측면에 약간 주목하게 할 수 있다면, 나는 그것만으로도 만족이다. 나는 그것을 중요하게 생각한다. 의사 거래 비용은 정치 모델에 따라 다르게 표현되고, 거기서 중요한 것은 각 사람의 행동이다. 소비자·투자자·생산자는 '소프트 파워'를 가지고 있기에, 그들의 행동력을 강화하는 것이 중요하다. 정치는 이에 적극 관심을 가지고 사람들의 목소리를 진지하게 받아들여야 한다. 통계에 주의를 환기시키고, 빨간 신호등을 지킬 것을 당부하거나 쓰레기 분리 배출의 이점을 강조하는 것으로는 충분하지 않다. 정치는 우리가 킬 스코어를 줄이기 위해 "올바른 것"을 할 수 있는 조건과 틀을 만들어야 한다.

이것은 이윤을 높일 뿐 아니라 비용을 줄이는 걸 의미하기도 한다. 우리 각자가 어떤 정치적 세계관을 가지고 있는지와 상관없이 지속가능성 면에서의 의사 거래 비용을 낮추는 것은 진영을 초월해 우리를 열광시킬 수 있어야 한다.

우리의 '소프트 파워'를 투입하는 올바른 길에 대한 영리한 논의는 폐쇄 구역이 아닌 자유로운 공간을 열어준다. 위에서 언급한 것처럼 동시대인들과 연대하여 변화를 모색하는 사람들이 있다. 커다란 노력, 커다란 연대, 커다란 변화. 한편 개인의 삶에서, 많은 일상적 선택에서 변화를 도모하기 위해 힘과 노력을 기울이는 사람들도 있다. 작은 노력, 작은 연대, 작은 변화.

이런 서로 다른 길들은 한 가지 공통점을 지닌다. 목소리와 행동, "희망의 물결"에 기대를 거는 것이다. 반면 스스로의 빗장을 꼭꼭 걸어 잠가 버리면, 삶과 세상을 바꾸려는 생각과 의도는 세상에 들리지 않게 사그라들어 버린다. 여기 지구에서 우리의 외침이 들려야 한다. 메아리를 얼마나 강하게 희망하는가와 어떤 메아리를 바라는가 하는 문제에서 우리는 서로 차이가 날지도 모른다. 우리 모두는 살면서 매번 하는 선택과 결정에서 우리의 힘이 얼마만큼 큰지 알아차릴 수 없다. 그러나 중요한 것은 우리가 시작하고 있다는 것이다. "좋은 것을 행동에 옮기는 것 외에 좋은 것은 있을 수 없다." 완벽하게 해내지 못해도, 우리가 구석구석에서, 가장자리에서 작게 시작하는 것을 그 무엇도 막지 못한다.

이 책은 작은 원인에 대한 긴 설명이었다. 우리가 작은 선택으로 어떻게 사람을 죽이고 있는가 하는 이야기다. 존 스타인벡의 소설에서 파이사노가 경솔하게 떨어뜨린 성냥으로 집에 불을 낸 것처럼, 우리는 우리가 사는 세상에 불을 지르고 있다. 스타인벡의 주인공들은 불을 재빨리 끌 수 있었다. 그럼에도 그들은 "미소를 지으며 …… 거기에" 앉아 있었다. "불꽃은 뱀처럼 천장까지 기어올라 지붕을 뚫고 지지직거렸다. 그제야 친구들은 의자에서 일어나 꿈에 취한 사람들처럼 문 밖으로 걸음을 옮겼다." 너무 늦었다고 그들에게 외치고 싶다. 너무 늦었다! 그들은 버젓이 보고 있으면서도 불행이 진행되도록 내버려 두었다.

스타인벡의 이야기는 캘리포니아의 더운 도시 몬터레이에서 시작한다. 우리의 이야기, 아니 우리라는 표현이 너무 거만한 듯하면 어쨌든 내가 이 책에 기술한 이야기는 어느 추운 1월의 저녁에 목도리를 꽉 매고 발터 베냐민의 얼음 사막에서, 즉 지속가능성에 대한 추상적 담론 속에서 길을 잃고 헤매고 있을 때 시작되었다. 이렇게 헤매는 가운데 작은 일에서 시작하여 세상을 변화시킬 수 있는 사회적 힘에 눈을 돌리지도 못하고 있었다.

나는 우리의 이야기가 《토르티야 마을》에서와 똑같이 끝나지 않았으면 한다. 우리가 스타인벡의 파이사노처럼 꿈에 취한 듯 문밖으로 나가버리고, 이 세상이 불타게 내버려 두기를 바라지 않는다. 내면의 불이 우리를 움직여야 한다. 발터 베냐민과 더불어 우리의 이야기를 시작했으니, 그와 함께 끝을 맺어도 좋을 것이다. 매일 아침 침대에 놓여 있는 깨끗한 셔츠처럼 우리에게 놓여 있는 하루를 단호하게 시작하라는 그의 외침과 더불어 말이다. 그 셔츠를 입자. "다음 24시간의 행복은 거기에 달려 있으니." 따라서 우리 이제 우리의 의자에서 일어나, 불을 끄도록 하자! 지구를 구하자! 생명을 구하자!

감사의 글

디터 토메, 다니엘라 하르트만토메, 오토 토메윌포드, 뢰 윌포드, 안나 윌포드, 톰 크라우스하르, 페트라 에거스, 제인 피니건, 페르디난트 모브리, 숀 윌리엄스, 안네 쇠나우어, 알렉스 미히, 니나 콜터만, 라파엘 쇠틀러, 프란치스카 마거, 암르 아자드, 율리아와 굿벵거 가족들, 클레코타 출판사, 그리고 이 책이 나오는 데 도움을 주신 모든 분께 감사드린다.

주

1. 유럽연합 집행위원회는 2021년에 지속가능한 투자를 수월하게 해줄 목적으로 제정된 분류 규정에서 학술 자문 위원회의 권고에 반하여 원자력을 녹색 에너지원으로 분류했다. 원자력 외에 가스도 목록에 들어갔다. 물론 우크라이나 전쟁 전의 일이다.
2. 공정하게 말하자면 이것은 지속가능성 연구의 문제만은 아니다. 다수의 학문 분야가 "일반인"들이 알아듣지 못하는 용어를 사용하여, 아무나 자신의 전문 분야에 접근할 수 없게 만드는 걸 무슨 자랑으로 여기는 분위기다. 이런 분위기가 누구에게 도움이 될까? 또는 쿠오바디스('주여 어디로 가시나이까'라는 뜻—옮긴이)? 교양 있는 시민은 이제 그렇게 물을 것이다.
3. 리처드 판컷의 입장은 논란이 없지 않다. 2012년 그는 기후 변화 부인론자들을 사형에 처하자고 주장하는 바람에 반감을 샀고, 실제로 리처드 판컷의 징계 절차가 진행되기도 했다. 나중에 판컷은 자신의 발언을 사과했다.
4. 정확한 숫자는 알려져 있지 않다. 연구하다 보면 여남은 개의 출처에 1억 개체라고 나와 있는 것을 발견할 수 있는데, 이것은 매년 발생하는 플라스틱 폐기물이 1억 톤이라는 내용을 서로 베끼는 과정에서 와전된 것으로 보인다. 또 다른 출처들은 100만 개체가 희생된다고 말하는데, 이런 수 역시 1986년의 그다지 신빙성 없는 자료에서 기인하는 것으로 보인다. 그러므로 얼마나 많은 수의 동물이 희생되는지 우리는 알지 못한다.
5. 국가가 국민을 통제하고 호도한다고 느끼는 사람들은 특히나 몸을 사린다. 잘못된

정보에 휩쓸린 사람들 역시도 쉽지는 않다. 개인적으로 다른 사람들의 이런 고충을 목격했기에 이런 내적 갈등을 무시하고 싶지 않다. 물론 패럴은 이런 부류에 속하지는 않는다.

6. 휴엘의 효과는 학문적으로 명백히 밝혀지지 않았다. 그러나 휴엘 팬들은 대부분 그것이 건강에 굉장히 좋다고 열렬히 주장한다.
7. 2006년에 개봉한 〈이디오크러시(Idiocracy)〉는 똑똑하고 강한 자는 더 이상 살아남지 못하고, 약하고 멍청한 자들이 늘어나는 미래를 그린 영화다. 물론 이 영화가 학술적으로 증명된 명제에 기반하는 것은 아니다. 그럼에도 우리가 이제 자연 선택이 무마되어, 그 조절 기능을 잃어버린 시대에 살고 있다는 기본 가정 자체는 들어맞는다고 할 것이다.
8. 국제노동기구의 또 다른 연구는 더 최근의 통계를 기반으로 한 것으로 좀더 보수적인 결과를 제시하는데, 연간 사망자 수를 200만 명 이하로 본다.
9. 이 연구는 이미 20년 전의 것이긴 하지만, 그 이후 달라진 건 별로 없는 듯하다. 세계보건기구는 그 수가 2030년까지 25만으로 증가할 것으로 추정한다. 모내시 대학교 연구자들의 연구 결과는 훨씬 더 충격적이어서, 오늘날 이미 500만 명이 사망한다고 본다.
10. 블랙스톤이 제시한 기준이 정확히 몇 가지인지는 해석이 서로 다를 수 있다. 다섯 가지로만 기준을 상정하는 연구자들도 있다. 내가 여섯 가지를 활용한 것은 더 정확한 논의를 이끌어가기 위함이다.
11. 대부분의 서구 국가에서는 노인들이 우선적으로 코로나 백신을 접종할 수 있었다. 인도네시아에서는 반대로 젊은이들에게 우선권이 주어졌다(나이 든 세대와 젊은 세대에 대한 일반적인 문제와는 별도로, 코로나 19와 관련한 다양한 연령대의 위험성과 사망률이 알려져 있는 마당에 젊은이들에게 우선권을 주는 것은 점잖게 말해 정통적이지는 않은 처사라고 하겠다).
12. 콩알 세는 자 본연의 자세를 고집한다면 이 책의 제목을 '질 보정 수명 감소 스코어(Quality-Adjusted Life Years Reduction Score)'라고 해야 했을 것이다. 하지만 좀더 잘해보고자 하는 콩알 세는 자로서 나는 "킬 스코어"라는 제목이 더 낫다고 생각했다.
13. 완전한 진실을 말하자면 전기 자동차도 결점이 아주 없는 것은 아니다. 이미 다룬

주제인 분쟁 광물과 관련해서 특히 그러하다.

14. 여기 소개한 계산은 이미 발표된 2021년의 분석을 토대로 한다.
15. 보행자 사망의 6분의 1이 빨간 신호등과 관련이 있고, 보행자 500명 중 1명이 교통사고로 사망한다면, 빨간불에 무단횡단을 하는 사람은 3000명에 1명꼴로 사망한다는 계산이 나온다.

참고문헌

01 외코와 콩알 세는 사람들

Eugeni d'Ors, *La Vie de Goya*. Paris 1928. S. 41.

George Gordon Noel Lord Byron, "Manfred". In: Joseph Hilscher (Hrsg.), *Dichtungen: Originale und Übersetzungen aus Byron, Moore, Goldsmith, Southey, Waller, Lamartine, Ariosto, Foscolo*. Budapest 1840. S. 114.

Sahra Wagenknecht, *Die Selbstgerechten: Mein Gegenprogramm—für Gemeinsinn und Zusammenhalt*. Frankfurt a. M. 2021.

Walter Benjamin, zitiert in: Theodor W. Adorno, *Negative Dialektik*. Frankfurt a. M. 1975. S. 9.

Commerzbank, "Partner der Climate Bonds Initiative". *Commerzbank.de*.

Bundesfinanzministerium, "Grüne Bundeswertpapiere: Die grüne Renditekurve für mehr Nachhaltigkeit im Finanzmarkt". *Bundesfinanzministerium.de*.

2° Investing Initiative, "Infomaterial". *Meinfairmoegen.de*.

Frederick Fabian et al., "Swipe Left: Warum es bei nachhaltigen Finanzprodukten keine Matches gibt". *2° Investing Initiative*. Berlin 2020.

Damian Carrington, "Why the Guardian is changing the language it uses about the environment". *Theguardian.com*.

350.org, "History". *350.org*.

James Hansen et al., "Target atmospheric CO_2: Where should humanity aim?".

Open Atmospheric Science Journal Vol. 2. 2008. S. 217-231.

Umweltbundesamt, "Meine CO_2-Bilanz". *Uba.co2-rechner.de*.

Umweltbundesamt, "Treibhausgas-Emissionen in Deutschland". *Umweltbundesamt.de*.

TransitionMonitor, "Paris Agreement Capital Transition Assessment". *Transitionmonitor.com*.

Richard Parncutt, "Death Penalty for Global Warming Deniers". *Umwelt-watchblog.de*. 2012.

Richard Parncutt, "The Human Cost of Anthropogenic Global Warming: Semi-Quantitative Prediction and the 1,000-Tonne Rule". *Frontiers in Psychology Vol. 10*. 2019.

Der Standard, "Disziplinarverfahren gegen Grazer Professor nach Todesstrafe-Forderung". *Derstandard.at*, 14/01/2013.

Daniel Bressler, "The Mortality Cost of Carbon". *Nature Communications Vol. 12*. 2021.

The Ocean Conference, "Factsheet: Marine Pollution". *Sustainabledevelopment.un.org*.

J. K. Rowling, *Harry Potter und der Stein der Weisen*. Hamburg 1998. S. 194.

Judith Thomson, "Killing, Letting Die, and the Trolley Problem". *Monist: An International Quarterly Journal of General Philosophical Inquiry Vol. 59*. 1976. S. 204-217.

Michael Sandel, "Trolley Cart Dilemma". *Audience Debate—Harvard*. 2016. https://www.youtube.com/watch?v=TSH-m5GtrzE.

Leo Tolstoi, *Anna Karenina*. München 2015. S. 7.

Friedrich Nietzsche, "Die fröhliche Wissenschaft". In: Friedrich Nietzsche, *Werke in drei Bänden*. Band 2. München 1954. S. 165-166.

Isaiah Berlin, "Zwei Freiheitsbegriffe". In: Julian Nida-Rümelin et al. (Hrsg.), *Ethische und politische Freiheit*. Berlin 1998. S. 144.

02 라이프스타일 죽음에서 킬 스코어까지

NBC News, "Florida radio and Newsmax host who opposed Covid vaccine dies of Covid complications". *Nbcnews.com*, 08/08/2021.

Statistisches Bundesamt, "Sterbefälle—Fallzahlen nach Tagen, Wochen, Monaten, Altersgruppen, Geschlecht und Bundesländern für Deutschland 2016-2022". *Destatis.de*. 2022.

Office for National Statistics UK, "Avoidable mortality in Great Britain: 2019". *Ons.gov.uk. (Da aufgrund der Corona-Pandemie die Daten von 2020 nicht repräsentativ sind, wurde hier der ältere Datensatz berücksichtigt.)*

U. S. Department of Health and Human Services, Centers for Disease Control and Prevention, National Center for Chronic Disease Prevention and Health Promotion, Office on Smoking and Health, *The Health Consequences of Smoking—50 Years of Progress: A Report of the Surgeon General*. Atlanta (Georgia), USA, 2014.

Robert Koch-Institut, "Übergewicht und Adipositas". *Rki.de*. 2022.

G. B. M. Mensink et al., "Übergewicht und Adipositas in Deutschland: Ergebnisse der Studie zur Gesundheit Erwachsener in Deutschland". *Bundesgesundheitsblatt 2013 Vol. 56*. S. 786-794.

David Ludwig, *Always Hungry? Conquer Cravings, Retrain your Fat Cells, and Lose Weight Permanently*. New York 2018.

Taylor Miranda, "Daily Sugar Intake". *Los Angeles Institute*. 2022.

Gitanjali Singh et al., "Estimated Global, Regional, and National Disease Burdens Related to Sugar-Sweetened Beverage Consumption in 2010". *Circulation Vol. 132(8)*. S. 639-666.

IHME, "Global Burden of Disease—2019". *The Lancet GBD Special Issue*. 2020.

Statista, "Anzahl der Toten im 20. Jahrhundert nach ausgewählten Todesursachen". *De.statista.com*.

Anne Case & Angus Deaton, *Deaths of Despair and the Future of Capitalism*. Princeton 2021.

Steven Pinker, *Gewalt: Eine neue Geschichte der Menschheit*. Berlin 2011.

Ralph Waldo Emerson, *Essays*. Zürich 1983. S. 138.

Thomas Carlyle, *On Heroes, Hero-Worship & the Heroic in History: Six Lectures*. London 1841. S. 1.

History Today, "Is there Still Value in 'Great Man' History?". *Historytoday.com*. 2019.

Diarmaid MacCulloch, *Thomas Cromwell: A Revolutionary Life*. London 2018.

Bertolt Brecht, *Poetry and Pose*. London 2003. S. 62.

Leo Tolstoi, *Krieg und Frieden*. Darmstadt 1989. S. 828.

Change.org, "Tony Blair to have his 'Knight Companion of the Most Noble Order of the Garte' rescinded". *Change.org*. 2022.

Hannah Arendt, "Collective Responsibility". In: dies., *Responsibility and Judgment*. New York 2003. S. 147-158, hier S. 147.

Gustave Le Bon, *Psychologie der Massen*. Stuttgart 1982. S. 16.

William Shakespeare, "Wie es euch gefällt". In: Anselm Schlösser (Hrsg.), *William Shakespeare: Sämtliche Werke*. Band 1. Berlin 1994. S. 673.

Jean-François Lyotard, *Das postmoderne Wissen*. Wien 1996. S. 14.

Tamma Carleton et al., "Valuing the Global Mortality Consequences of Climate Change Accounting for Adaptation Costs and Benefits". *University of Chicago, Becker Friedman Institute for Economics Working Paper No. 2018-51*. 2018.

Jakob Thomä et al., "The Value of Life: What would climate policies look like if they mirrored the COVID-19 response". *2° Investing Initiative Working Paper*. 2022.

Antonio Gasparrini et al., "Projections of temperature-related excess mortality under climate change scenarios". *The Lancet Planetary Health Vol. 1*. 2017. S. 360-367.

Daniel Bressler, "The Mortality Cost of Carbon". *Nature Communications Vol. 12*. 2021.

Richard Fuller et al., "Pollution and Health: A Progress Update". *The Planetary*

Planet Health Vol. 6. 2022. S. 535-547.

Mari Williams et al., "No Time to Waste". *A report by Tearfund, Fauna & Flora International (FFI), WasteAid and The Institute of Development Studies (IDS)*. 2019.

P. Hämäläinen et al, "Global Estimates of Occupational Accidents and Work-related Illnesses 2017". *XXI World Congress on Safety and Health at Work, Singapore, Workplace Safety and Health Institute*. 2017.

International Labour Organization, "Summary of Work-Related Mortality". *ILO.org*.

WHO/ILO, "WHO/ILO Joint Estimates of the Work-related Burden of Disease and Injury, 2000-2016". *ILO.org*. 2022.

Carl Friedrich von Weizsäcker, *Der Garten des Menschlichen: Beiträge zur geschichtlichen Anthropologie*. München 1992.

Splendid Research, "Wie einsam fühlen sich die Deutschen?". *Splendid Research*. 2019.

Julianne Holt-Lunstad et al., "Social Relationships and Mortality Risk: a Meta-Analytic Review". *PLoS Med. Vol. 7(7)*. 2010. S. 1-20.

William Shakespeare, "Hamlet". In: Anselm Schlösser (Hrsg.), *William Shakespeare: Sämtliche Werke*. Band 4. Berlin 1994. S. 290 und 382.

Antimicrobial Resistance Collaborators, "Global Burden of Bacterial Antimicrobial Resistance in 2019: A Systematic Analysis." *The Lancet Vol. 399*. 2022. S. 629-655.

Statista, "Zahl der Einwohner der Weimarer Republik (Deutsches Reich) in den Jahren 1919, 1925 und 1933". *De.statista.com*.

Matthew White, "Historical Atlas of the 20th Century: Necrometrics". http://necrometrics.com/index.htm.

Office for National Statistics, "UK Population Estimates 1851 to 2014". *Ons.gov.uk*. 2015.

Gideon Polya, "Britain Robbed India Of $ 45 Trillion & Thence 1.8 Billion Indians Died From Deprivation". *countercurrents.org*.

Randeep Ramesh, "India's secret history: 'A holocaust, one where millions disappeared …'". *The Guardian*, 24/08/2007.

Charissa Chew, "The British Raj: The atrocities of British Colonial Rule in India". *Historiesofcolour.com*, 16/03/2021.

Alexander Koch et al., "Earth System Impacts of the European Arrival and Great Dying in the Americas after 1492". *Quaternary Science Reviews Vol. 207*. 2019. S. 13-36.

03 킬 스코어의 과학

C Kemeson & S A Glantz, "How the tobacco industry built its relationship with Hollywood". *Tobacco Control Vol. 11*. 2002. S. 81-91.

Todd Heatheron & James Sargent, "Does Watching Smoking in Movies Promote Teenage Smoking?". *Curr Dir Pyschol Sci. Vol. 18(2)*. 2009. S. 63-67.

Natalie Wolchover, "Can a Butterfly in Brazil Really Cause a Tornado in Texas?". *Live Science*, 13/12/2011.

Edward Lorenz, "Predictability: Does the Flap of a Butterfly's Wings in Brazil Set Off a Tornado in Texas". *Presented before the American Association for the Advancement of Science*, December 29, 1972.

Farnam Street, "The Butterfly Effect: Everything You Need to Know About This Powerful Mental Model". 2022.

James Gleick, *Chaos: Making a New Science*. New York: Penguin Books. 2008.

Imada, Y., H. Kawase, H. Watanabe, H. Shiogama, and M. Arai, "The July 2018 high temperature event in Japan could not have happened without human-induced global warming". *SOLA Vol. 15A*. 2019. S. 8-12.

Robert F. Kennedy, "Day of Affirmation Address, University of Capetown, Capetown, South Africa, June 6, 1966".

Timothy Brook et al., *Death by a Thousand Cuts*. Cambridge: Harvard University Press. 2008.

Jakob Thomä et al., "A Taxonomy of Climate Accounting Principles for Financial Portfolios". *Sustainability Vol. 10*. 2018. S. 1-18.

Amartya Sen, *The Idea of Justice*. Cambridge: Harvard University Press. 2011.

William Shakespeare, "Hamlet". In: Anselm Schlösser (Hrsg.), *William Shakespeare: Sämtliche Werke*, Band 4. Berlin: Aufbau Verlag. 1994. S. 382.

04 기후 변화

Robert Burns, "An eine Maus". In: Edmund Ruete (Übers.), *Gedichte von Robert Burns*. Bremen 1890. S. 27.

The Mainichi, "6-year-old boy dies from heatstroke after field study". *Mainich.jp*, 28/07/2018.

EOS, "The First Undeniable Climate Change Deaths". *EOS*. 18/08/2020.

Quartz, "A 1912 news article ominously forecasted the catastrophic effects of fossil fuels on climate change". *Quartz*. 24/10/2016.

NASA, "10 Interesting Things About Air". *NASA*. 12/09/2016.

QI Zhao et al., "Global, regional, and national burden of mortality associated with non-optimal ambient temperatures from 2000 to 2019: a three-stage modelling study". *The Lancet Planetary Health Vol. 5*. 2021. S. 415-425.

Tamma Carleton et al., "Valuing the Global Mortality Consequences of Climate Change Accounting for Adaptation Costs and Benefits". *University of Chicago, Becker Friedman Institute for Economics Working Paper No. 2018-51*. 2018.

Jakob Thomä et al., "The Value of Life: What would climate policies look like if they mirrored the COVID-19 response". *2° Investing Initiative Working Paper*. 2022.

Antonio Gasparrini et al., "Projections of temperature-related excess mortality under climate change scenarios". *The Lancet Planetary Health Vol. 1*. 2017. S. 360-367.

Daniel Bressler, "The Mortality Cost of Carbon". *Nature Communications Vol. 12*.

2021.
Bramka Arga Jafino et al., "Revised Estimates of the Impact of Climate Change on Poverty by 2030". *World Bank Research Working Paper 9417*. 2020.
Richard Parncutt, "The Human Cost of Anthropogenic Global Warming: Semi-Quantitative Prediction and the 1,000-Tonne Rule". *Frontiers in Psychology Vol. 10*. 2019.
Statistisches Bundesamt, "Lebenserwartung in Deutschland seit Beginn der Pandemie gesunken". *Destatis.de*. 2022.
Tagesschau, "Atmen wir das Klima kaputt?". *Tagesschau*, 11/10/2019.
Umweltbundesamt, "Meine CO_2-Bilanz". *Uba.co2-rechner.de*.
Umweltbundesamt, "Treibhausgas-Emissionen in Deutschland". *Umweltbundesamt.de*.
BAT, "BAT 2020 ESG Report". *BAT*. 2021.
BAT, "BAT 2021 ESG Report". *BAT*. 2022.
Florian Berg et al., "Aggregate Confusion: The Divergence of ESG Ratings". *Review of Finance*. 2022.
Statista, "Cigarette Volume of British American Tobacco by Region". *Statista.com*. 2022.
WHO, "Tobacco Factsheet". *WHO Factsheets*. 2022.
Tobacco Atlas, "Product Atlas". *Tobacco Atlas*. 2022.
Climate Accountability Institute, "Carbon Majors". *Climate Accountability Institute*. 2020.
Our World in Data, "Who has Contributed Most to Global CO2 Emissions". 2022.
Daniel Yergin, *The Prize: The Epic Quest for Oil, Money & Power*. New York 1990.
GHG Protocol, "GHG Protocol Corporate Standard Revised". *GHG Protocol*. 2015.
Railways Pension Scheme, "2021 Annual Report and Audited Financial Statements". *Railways Pension Scheme*. 2022.
Railpen, "Net Zero Plan". *RPMI*. 2021.

Statista, "Distribution of oil demand in the OECD in 2020, by sector". *Statista.com*. 2022.

05 폐기물

Wilhelm Busch, *Gedichte*. Berlin 2014. S. 119.

Nassim Nicholas Taleb, *Antifragile: Things that Gain from Disorder*. New York 2013.

BBC, "Ella Kissi-Debrah death: Family 'didn't know about toxic air'". *BBC News*, 07/12/2020.

Thomson Reuters Foundation, "Coroner urges UK to clean up toxic air after London girl's death". *Thomson Reuters Foundation*. 21/04/2021.

Undark, "Special Project: Breathtaking—The Weight of Numbers: Air Pollution and PM2.5". *Undark.org*. 2018.

The Guardian, "Microplastics cause damage to human cells, study shows". *The Guardian*, 08/12/2021.

Emily Elhacham et al., "Global human-made mass exceeds all living biomass". *Nature Vol. 588*. 2020. S. 442-457

Damian Carrington, "Bottle-fed babies swallow millions of microplastics a day, study finds". *The Guardian*, 19/10/2020.

Bart Koelmans, zitiert in XioaZhi Lim, "Microplastics are everywhere—but are they harmful?". *Nature News Feature*, 04/05/2021.

Anthony Boardman et al., "The Social Cost of Informal Electronic Waste Processing in Southern China". *Administrative Sciences Vol. 10(1)*. 2020. S. 1-21.

György Varga et al., "Saharan Dust and Gian Quartz Particle Transport towards Iceland". *Scientific Reports Vol. 11*. 2021. S. 1-12.

Federioc Karagulian et al., "Contributions to cities' ambient particulate matter (PM): A systematic review of local source contributions at global level". *Atmospheric Environment Vol. 120*. 2015. S. 475-483.

European Environment Agency, "Europe's Air Quality Status 2022". *EEA*. 2022.

European Environment Agency, "Air Pollution: How it Affects our Health". *EEA*. 2022.

Netherlands Environment Agency, "Cities in Europe". *NEA*. 2016.

UN Environment, "Global Environment Outlook—GEO-6: Healthy Planet, Healthy People". *UN Environment*. 2019.

Mari Williams et al., "No Time to Waste". *A report by Tearfund, Fauna & Flora International (FFI), WasteAid and The Institute of Development Studies (IDS)*. 2019.

Susan Anenberg et al., "A global snapshot of the air pollution-related health impact of transport sector emissions in 2010 and 2015". *International Council on Clean Transportation/Climate and Clean Air Coalition*. 2019.

Guillaume Chossiere et al., "Public health impacts of excess NO_x emissions from Volkswagen diesel passenger vehicles in Germany". *Environmental Research Letters Vol. 12*. S. 1-15.

Statista, "Where EU Air Pollution Kills the Most People". *Statista.com*. 2018.

Otto von Bismarck, *Briefe*. Hrsg. Hans Rothfels. Göttingen 1970. S. 87.

06 노동

Rainer Maria Rilke, *Sämtliche Werke, 1. Band: Gedicht, 1. Teil*. Frankfurt a. M. 1987. S. 399.

Elizabeth Day, "Moritz Erhardt: the tragic death of a City intern". *The Observer*, 05/10/2013.

Florian Hamann, "Erstes Interview: Moritz Erhardts Vater erzählt vom Tod seines Sohnes und beschuldigt die britische Regierung". *Efinancial Careers*, 07/10/2013.

Maev Kennedy, "Bank intern Moritz Erhardt died from epileptic seizure, inquest told". *The Guardian*, 22/11/2013.

Joanna Rothkopf, "Goldman Sachs reduces intern day to 17 hours after death of

Bank of America Corp. intern". *Salon*, 18/06/2015.

Jonathan Timm, "The Plight of the Overworked Nonprofit Employee". *The Atlantic August 2016 Edition*. 2016.

Henry David Thoreau, "Walden". In: Anton Zanker (Hrsg.), *Henry David Thoreau Gesammelte Texte: Die Welt und Ich*. Gütersloh 2021. S. 37.

International Labour Organization, "Summary of Work-Related Mortality". *ILO.org*.

WHO/ILO, "WHO/ILO Joint Estimates of the Work-related Burden of Disease and Injury, 2000-2016". *ILO.org*. 2021.

Erin Smith et al., "Health Trends among 9/11 Responders from 2011-2021: A Review of World Trade Center Health Program Statistics". *Prehospital and Disaster Medicine Vol. 36(5)*. 2021. S. 621-626.

Dan Latu, "Worker allegedly texted 'Amazon won't let us leave' before he was killed in tornado". *Daily Dot*, 13/12/2021.

Global Slavery Index, "GSI 2018 Download". *Global Slavery Index*. 2018.

Frank Pega et al., "Global, regional, and national burdens of ischemic heart disease and stroke attributable to exposure to long working hours for 194 countries, 2000-2016: A systematic analysis from the WHO/ILO Joint Estimates of the Work-related Burden of Disease and Injury", *Environment International, Vol. 154*, S. 1-15.

British Heart Foundation, "Facts and Figures". *BHF.org.uk*. 2022.

Werner Enz, "Martin Senn wählt den Freitod". *NZZ*, 30/05/2016.

Noelia Trujillo, "18 of the Most Dangerous Jobs Around the World". *Readers Digest*, 26/07/2021.

Alistair MacDonald et al., "The Hidden Deaths of Mining". *Wall Street Journal*, 31/12/2019.

07 익명의 소비

Oscar Wilde, *Lady Windermere's Fan: A Play About a Good Woman*. London

1893. S. 94.

Murasaki Shikibu, *Die Geschichte vom Prinzen Genji*. Zürich 2014.

Tess de la Mare et al., "Girl saw social media posts 'too disturbing for police' before taking her own life". *Mirror*, 26/09/2020.

Jamie Harris, "Psychiatrists call for social networks to hand over data amid suicide concerns". *Yahoo Finance*, 17/01/2020.

Julianne Holt-Lunstad et al., "Social Relationships and Mortality Risk: a Meta-Analytic Review". *PLoS Med. Vol. 7(7)*. 2010. S. 1-20.

Splendid Research, "Wie einsam fühlen sich die Deutschen?". *Splendid Research*. 2019.

Keith Oatley, "A feeling for fiction". *Greater Good Magazine*, 01/09/2005.

Sarvada Tiwari, "Loneliness: A disease?". *Indian Psychiatry Vol. 55(5)*. 2013. S. 320-322.

Shogo Toyama & Hemant Poudyal, "Prevalence of kodokushi (solitary deaths) in the Tokyo metropolitan area". *SN Social Sciences Vol. 1*. 2021.

Soprano, "Mon précieux". *Songtexte.com*. 2021.

Dalia Ramirez, "AI ChatBot has made 660 million best friends". *Medium*, 01/08/2020.

Mauro de Gennaro et al., "Effectiveness of an empathetic chatbot in combating adverse effects of social exclusion on mood". *Frontiers in Psychology Vol. 10*. 2020. S. 1-14.

Gilly Dosovitsky, "Bonding With Bot: User Feedback on a Chatbot for Social Isolation". *Frontiers in Digital Health Vol. 3*. 2021. S. 1-11.

Jacqui Taylor-Jackson, "The relationship between social media use and factors relating to depression". In: Ahmed Moustafa (Hrsg.), *The Nature of Depression*. London 2021.

Amazon, "Herzlichkeit ist das beste Geschenk". *Amazon YouTube Channel*, 08/11/2021.

Paul Haggis & Boby Moresco, "Crash Screenplay". *Bob Yari Productions*. 2004.

Bianca Bosker, "The Binge Breaker: Tristan Harris believes Silicon Valley is addicting us to our phones. He's determined to make it stop". *The Atlantic November 2016 Issue*. 2016.
MSCI, "MSCI World Factsheet". *MSCI Index Factsheets*. 2022.
WHO, "Physical Inactivity". *The Global Health Observatory—WHO*. 2022.
Kassandra Alcaraz et al., "Social Isolation and Mortality in US Black and White Men and Women". *American Journal of Epidemiology Vol. 188(1)*. 2019. S. 102-109.
Statista, "Percentage of disposable income spent online in selected countries in February 2012". *Statista.com*. 2012.

08 전쟁과 분쟁

Mexico Daily News, "19 bodies left on boulevard in Uruapan, Michoacán, as gang war flares". *Mexico Daily News*, 08/08/2019.
Michael Deibert, *In the Shadow of Saint Death: The Gulf Cartel and the Price of America's Drug War in Mexico*. Guilford 2015. S. 135f.
Franz Viohl, "Mexico's bloody fight over avocados". *DW News*, 03/03/2020.
Africanews, "Eighteen workers killed in Niger mine collapse". https://www.africanews.com/2021/11/09/eighteen-workers-killed-in-niger-mine-collapse/ 〔Letzter Zugriff: 29. 08. 2022〕.
Pete Pattisson et al., "Revealed: 6,500 migrant workers have died in Qatar since World Cup awarded". *TheGuardian.org*, 23/02/2021.
Nicolas Berman et al., "This Mine is Mine! How Minerals Fuel Conflicts in Africa". *The American Economic Review Vol. 107(6)*. 2017. S. 1564-1610.
ACLED, "Dashboard". *Acleddata.com*. 2022.
Zachary Wagner et al., "Armed conflict and child mortality in Africa: a geospatial analysis". *The Lancet Vol. 392(1050)*. 2018. S. 857-865.
Vally Koubi, "Climate Change and Conflict". *Annual Review of Political Science Vol. 22*. 2019. S. 343-360.

Dennis Mares & Kenneth Moffett, "Climate change and interpersonal violence: a global estimate and regional inequities". *Climatic Change Vol. 135(2)*. 2016. S. 297-310.

United Nations Office on Drugs and Crime, "Global Study on Homicide—2019 Edition". *UNODC*. 2019.

Marshall Burke et al., "Warming increases the risk of civil war in Africa". *Proceedings of the National Academy of Sciences, Vol. 106(49)*. 2009, S. 20670-20674.

Marshall Burke et al., "Climate and Conflict". *Annual Review of Economics Vol. 7*. 2015. S. 577-617.

Elizabeth Lung et al., "Social Isolation, Loneliness, and Violence Exposure in Urban Adults". *Health Affairs Vol. 38(10)*. 2019.

Margaret Cooke & Jeffrey Goldstein, "Social isolation and violent behavior". *Forensic Reports Vol. 2(4)*. 1989. S. 287-294.

Focus Online, "Millionen aus Deutschland für Putins 'Kriegskasse'? Habeck wiederspricht ARD-Mann deutlich".

Volker Quaschning, "Putins Krieg und unser Öl und Gas". *klimareporter.de*, 02/03/2022.

Statistisches Bundesamt, "Fakten zum Außenhandel mit Russland". *Pressemitteilung Nr. N 010*.

Aleksey Maltsev, "What's the cost of war for Russia, and what could be done with this money?" *Geneva Solutions*, 04/05/2022.

Tanisha Rajput, "Ukraine war: Russia shells out $ 900 million a day over 'special military operation'", *WION News*, 07/05/2022.

GunfreeFunds, "Invesco S&P Global Water Index ETF". *Gunfreefunds.org*. 2022.

Icke & Er, "Exit Strategie Songtext". *Lyrix.at*. 2022.

Arthur Schopenhauer, *Preisschrift über die Freiheit des Willens*. Hamburg 1978. S. 58.

09 공소장

Rachel Nuwer, "Investigating the case of the earliest known murder victim". *Smithsonian Magazine*, 27/05/2015.

William Blackstone, *Commentaries on the Laws of England, Book the Fourth*. London 1836.

Susan Frese, "Murder". *Crime Museum Blog*. 2015.

William Holdsworth, "Sir William Blackstone". *Oregon Law Review Vol. 7*. 1928. S. 155-157.

Strafgesetzbuch, § 211.

RP Online, "Weitere Mordfälle ohne Leiche. *RP Online*, 09/01/2008.

Ludwig Marcuse, *Obszön: Eine Geschichte der Entrüstung*. Zürich 1973. S. 184.

Muhammad Jawad Mughniyya, *The Five Schools of Islamic Law*. Qum 2003. S. 303.

DW Staff, "Polish Prime Minister Brings World War Two Into EU Vote Debate". *DW News*, 21/06/2007.

"Master Settlement Agreement". https://publichealthlawcenter.org/sites/default/files/resources/master-settlement-agreement.pdf.

Jakob Thomä et al., "A Burden They Will Carry: The Potential Economic & Financial Cost of Climate Liabilities to Companies and Investors". *2° Investing Initiative Working Paper*. 2021.

Germanwatch, "The Climate Case Saul vs. RWE". *Germanwatch.org*. 2022.

R. F. Stuart-Smith et al., "Increased outburst flood hazard from Lake Palcacocha due to human-induced glacier retreat". *Nature Geoscience Vol. 14*. 2021. S. 85-90.

Nikolaos Antonakakis, "Fiscal Austerity, Unemployment and Suicide Rates in Greece". *MPRA Paper No. 45198*. 2013.

Strafgesetzbuch, § 323c.

William Blackstone, "The Lawyers Farewell to His Muse". In: Robert Dodsley (Hrsg.), *A Collection of Poems in Six Volumes. By Several Hands. Vol. IV*. London 1763. S. 224-228.

Supreme Court of Pennsylvania, "Commonwealth v. Malone". *Supreme Court of*

Pennsylvania 47 A.2d 445. 1946.

rbb24, "Urteil gegen Ku'damm-Raser wegen versuchten Mordes ist rechtskräftig". *rbb Abendschau*, 25/01/2021.

Alton Ochsner, "My First Recognition of the Relationship of Smoking and Lung Cancer". *Preventive Medicine Vol. 2*. 1973. S. 611-614.

10 변호

Fjodor Dostojewskij, *Verbrechen und Strafe*. Frankfurt a. M. 1996. S. 701f.

Aldous Huxley, *Schöne neue Welt*. Frankfurt a. M. 1974. S. 30.

Thomas Hobbes, *Leviathan*. Frankfurt a. M. 1984. S. 67.

Daniel A. Farber, "The Shadow of the Future: Discount Rates, Later Generations, and the Environment". *Vanderbilt Law Review Vol. 46(2)*. 1993. S. 268-304.

M. Krahn & A. Gafni, "Discounting in the economic evaluation of health care interventions". *MedicalCare Vol. 31*. 1993. S. 403-418.

Markus Haacker et al., "On discount rates for economic evaluations in global health". *Health Policy and Planning Vol. 35(1)*. 2020. S. 107-114.

Shane Frederick, "Valuing future life and future lives: A framework for understanding discounting". *Journal of Economic Psychology Vol. 27(5)*. 2006. S. 667-680.

Thomas Hobbes, *Leviathan*. Frankfurt a. M. 1984. S. 96.

Jakob Thomä et al., "The Value of Life: What would climate policies look like if they mirrored the COVID-19 response". *2° Investing Initiative Working Paper*. 2022.

Jeremy Bentham, *An Introduction to the Principles of Morals and Legislation*. London 1970. S. 184 (Kapitel 15, Abschnitt 24).

Robert Nozick, *Anarchy, State, and Utopia*. New York 2013.

David Portnoy, "Tweet 17/12/2021". https://mobile.twitter.com/stoolpresidente/status/1471859356174016520.

Al Jazeera, "Young people first: Indonesia's COVID vaccine strategy questioned".

Al Jazeera, 13/01/2021.
Joy Ogden, "QALYs and their role in the NICE decision-making process". *Prescriber*. 2017.
Ben Trachtenberg, "Health Inflation, Wealth Inflation, and the Discounting of Human Life". *Oregon Law Review Vol. 89*. 2011. S. 1313-1348.
Bundesverfassungsgericht, "Beschluss vom 23. März 2021". *BVR 2656/18*. 2021.
Joel Feinberg, "Die Rechte der Tiere und zukünftiger Generationen". In: Dieter Birnbacher (Hrsg.), *Ökologie und Ethik*. Stuttgart 1980. S. 140-179, hier S. 170.
The King's Fund, "Ministers, not NHS England, should decide on the affordability of cost-effective new treatments". *The Kings Fund*. 08/02/2017.
Legal Expert, "Compensation For Murder Victims Families Partner Or Relative 2021 Update". *Legalexpert.co.uk*. 2021.
Rex Feral, *Hit Man: A Technical Manual for Independent Contractors*. Boulder (Colorado), USA, 1983.
Nina Shen Rastogi, "Dirty deeds done dirt cheap: How much does it cost to put a hit on someone?". *Slate*, 26/02/2009.
Aldous Huxley, *Schöne neue Welt*. Frankfurt a. M. 1974. S. 174.
Karl Marx, *Ökonomisch-philosophische Manuskripte*. In: ders./Friedrich Engels, *Werke, Ergänzungsband, I. Teil*. Berlin 1974. S. 465-588, hier S. 566f.
Joseph Blocher & Darrell Miller, *The Positive Second Amendment: Rights, Regulation, and the Future of Heller*. Cambridge 2018. S. 190.
Giffords Law Center, "Gun Industry Immunity". *Giffords Law Center Laws & Policies*. 2022.
Jefferson Fisher, "So how do you hold this thing again? Why the Texas Supreme Court should turn the safety off the negligent entrustment of a firearm cause of action". *Texas Tech Law Review Vol. 46*. 2013. S. 489-518.
Andrea Gerlin, "A Matter of Degree: How a Jury Decided That a Coffee Spill Is Worth $2.9 Million". *Wall Street Journal*, 01/09/1994.
Equity Generation Lawyers, "Mark McVeigh v. Retail Employees Superannuation

Pty Ltd". *Equitygenerationlawyers.com*. 2020.
Climate Leadership Council, "The Conservative Case for Carbon Dividends". *Clcouncil.org*. 2017. S. 1.

11 판결

Immanuel Kant, "Idee zu einer allgemeinen Geschichte in weltbürgerlicher Absicht". In: *Werke*. Band 9. Darmstadt 1983. S. 41.
Mathis Wackernagl & William Rees, *Our Ecological Footprint: Reducing Human Impact on the Earth*. Gabriola Island (British Columbia, Canada) 1996.
CDP, "CDP'S 20th Anniversary Video". *Cdp.net*. 2020.
Dante Alighieri, *Die Göttliche Komödie*. Band 1. Hermann Gmelin (Übers.). München 1988. S. 37.
Gregory Solman, "BP: Coloring Public Opinion". *Adweek*, 14/01/2008.
Mark Kaufman, "The carbon footprint sham". *Mashable*. 2020.
John Kenney, "Beyond Propaganda". *New York Times Op-Ed*, 14/08/2006.
David Chandler, "Leaving our mark: MIT class tracks carbon footprint of different lifestyles; finds even the smallest U. S. footprints are relatively large". *MIT News*, 16/04/2008.
Bloomberg News, "2021 Tracking Carbon emissions". *Bloomberg.com*. 2021.
UNEP-FI/PRI, "Fiduciary duty in the 21st century". *UNEP-FI/PRI Joint Report*. 2019.
Frederick Fabian et al., "Swipe Left: Warum es bei nachhaltigen Finanzprodukten keine Matches gibt". *2° Investing Initiative*. Berlin 2020.
InfluenceMap, "CA100+ Investor Hub". *Ca100.influencemap.org*. 2022.
George Orwell, *1984*. München 2021. S. 15.
Magnum, "Magnum Ice Cream Sustainability". *Magnumicecream.com/uk*. 2022.
FAO, "Global Food Losses and Food Waste: Extent, Causes and Prevention". *Study conducted for the International Congress SAVE FOOD! at Interpack2011 Düsseldorf, Germany*. 2011.

Joshua Becker, "21 Surprising Statistics That Reveal How Much Stuff We Actually Own". *BecomingMinimalist.com*. 2022.

12 작은 것들이 모여

John Steinbeck, *Tortilla Flat*. München 1987. S. 176.

Ernest Hemingway, *Wem die Stunde schlägt*. Berlin 1979.

Immanuel Kant, "Zum ewigen Frieden". In: ders., *Werke in zehn Bänden*. Darmstadt 1983. Band 9. S. 193-251, hier S. 216.

Peter Wohlleben, *Das geheime Leben der Bäume: Was sie fühlen, wie sie kommunizieren—die Entdeckung einer verborgenen Welt*. München 2015.

Adam Smith, *Der Wohlstand der Nationen*. München 1978. S. 17.

Adam Smith, *Theory of Moral Sentiments*. London 1812. S. 5.

New York Times, "The Private Hemingway". *New York Times Books*, 15/02/1981.

Erich Kästner, *Es gibt nichts Gutes, außer: Man tut es*. E-Book. 2015.

The Royal Society, "Digital Technology and the Planet: Harnessing Computing to achieve Net Zero". *Royal Society Report*. 2020.

GreenEatz, "Food's Carbon Footprint". *Greeneatz.com*. 2022.

John Vidal, "Baby Diapers Are Hiding Some Dirty, Dangerous Secrets". *Huffington Post*, 18/04/2019.

Aristoteles, *Politik*. Reinbek 1965. S. 10.

Pareto, Vilfredo, *Manual of political economy*. Oxford 2014. S. 9.

Erich Fromm, *Gesamtausgabe in zwölf Bänden*. Band V. München 1999. S. 309-331.

George Bush, "Presidential News Conference, 12/10/2011". *C-span.org*. 2011.

Jakob Thomä et al., "Citizen's Footprint: An analysis of the carbon footprint of our consumption, investment, and political choices for the UK and Germany". *2° Investing Initiative Working Paper*. 2021.

Konzeptwerk Neue Ökonomie, "Ist Klimagerechtigkeit wählbar? Eine Wahlprogramm-

Analyse". *Konzeptwerk Neue Ökonomie*. 2021.

MSCI, "MSCI Low Carbon Leaders Index Factsheet". *MSCI Index Factsheets*. 2015.

Jakob Thomä, "Cabinet of Curiosities: A very brief introduction to the wonderful and curious world of mainstream & low-carbon benchmarks". *2° Investing Initiative Working Paper*. 2022.

Stanislas Dupré & Pablo Felmer Roa, "EU retail funds environmental impact claims do not comply with regulatory guidance". *2° Investing Initative Working Paper*. 2020.

Changing Markets Foundation, "Synthetics Anonymous: Fashion brands' addiction to fossil fuels." *Changing Markets Working Paper*. 2021.

MeinFairMögen, "Fonds-Datenbank". *Meinfairmoegen.de*. 2022.

WHEB Asset Management, "FP WHEB Sustainability Fund". *Whebgroup.com*. 2022.

Umweltbundesamt, "Klimaschutzinstrument im Verkehr: Tempolimit auf Autobahnen". *UBA Kurzpapier*. 2021.

Marie Pelé et al., "Cultural influence of social information use in pedestrian road-crossing behaviours". *Royal Society Open Science Vol. 4*. 2017. S. 1-16.

Richard Osbaldiston, "It won't happen to me: The Optimism bias." *EKU Online Blog*, 02/03/2016.

Anwesha Nag, "'Everybody has a plan until they get punched in the mouth.'— How did the famous Mike Tyson quote originate?". *Sportskeeda*, 23/07/2022.

National Safety Council, "Odds of Dying?". *Injuryfacts.nsc.org*. 2022.

Gross & Schuster, "The Dangers of Running Red Lights". *Gross & Schuster Injury Lawyers*. 2022.

Patrick Logue, "Jaywalkers stroll through the laws". *Irish Times*, 17/01/2007.

Deepti Muley et al., "Does Pedestrian Penalty Affect Pedestrian Behavior? A Case of State of Qatar". *Procedia Computer Science Vol. 184*. 2021. S. 234-241.

Hannah McDonald, "Here's How Long it Takes to Binge-Watch More Than 50 Popular TV Shows". *Mental Floss*. 2020.

Lorena Hell et al., "Pedestrian Behavior in Japan and Germany: A Review". *2021*

IEEE Intelligent Vehicles Conference. 2021. S. 1529-1536.

Friedrich Höderlin, *Sämtliche Werke. Band 2: Gedichte nach 1800*. Stuttgart 1953. S. 153.

Wolf Biermann, "Was verboten ist, das macht uns gerade scharf". *Lied*. 1965.

Arnold Clark, "Everything you need to know about pedestrian crossings". *Arnold Clark Guide*. 2019.

Jessica Mairs, "Exhibition Road accident shows it's 'time to review shared space' says Labour MP Emma Dent Coad". *Dezeen*, 09/10/2017.

Anton Chekhov, *Meine Frau*. Wiesbaden 1958. S. 50.

Richard Thaler & Cass Sunstein, *Nudge: Improving Decisions About Health, Wealth, and Happiness*. London 2009.

Walter Benjamin, *Gesammelte Schriften IV*. Tillman Rexroth (Hrsg.). Frankfurt a. M. 1991. S. 142.